中国经济2021

开启复式时代

王德培 著

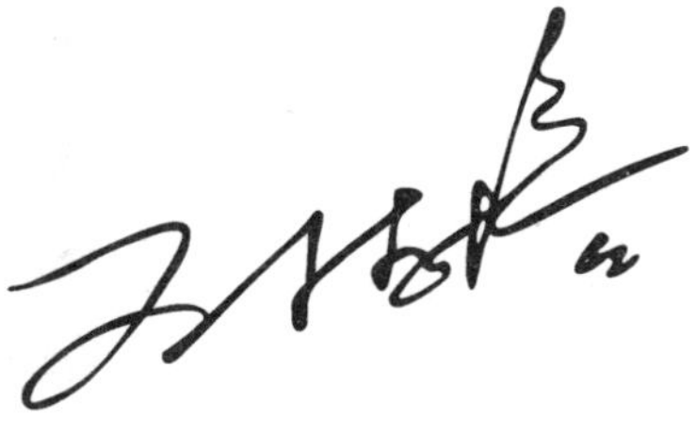

中国友谊出版公司

图书在版编目（CIP）数据

中国经济. 2021 / 王德培著. -- 北京：中国友谊出版公司，2021.1
　　ISBN 978-7-5057-5059-3

Ⅰ. ①中… Ⅱ. ①王… Ⅲ. ①中国经济－研究 Ⅳ. ①F12

中国版本图书馆CIP数据核字（2020）第218474号

书名	中国经济2021
作者	王德培
出版	中国友谊出版公司
策划	杭州蓝狮子文化创意股份有限公司
发行	杭州飞阅图书有限公司
经销	新华书店
制版	杭州真凯文化艺术有限公司
印刷	杭州钱江彩色印务有限公司
规格	710×1000毫米　16开 18.75印张　250千字
版次	2021年1月第1版
印次	2021年1月第1次印刷
书号	ISBN 978-7-5057-5059-3
定价	58.00元
地址	北京市朝阳区西坝河南里17号楼
邮编	100028
电话	（010）64678009

目 录

前言：复式时代，底部创新 /1

▷▶ **形势篇**

第一章 大疫情，大变局
新冠疫情持续时间有多长 /3
大疫情，大衰退 /5
大疫情，大变局 /8

第二章 "脱钩"与互联，谁代表未来
全球产业链面临"断链"困局 /12
"脱钩"与互联，谁代表未来 /14
"数字铁幕"与互联网时代相悖 /17
"脱钩"中国就是"脱钩"未来 /19

第三章 贸易全球化何去何从
全球贸易遭遇三重危机 /23
全球化"进二退一" /26
重塑贸易规则：从"三零"到"三补" /29
中国外贸大转型：由实转虚 /33

第四章　全球粮食危机或将爆发

粮食危机来袭 /36

最大消费国、产粮国格局之变 /39

解决粮食危机的根本之道 /42

遥望生物经济彼岸 /46

▷ 经济篇

第五章　中国成为世界经济安全岛

世界经济"缺魂少魄" /51

中国经济安全岛权重上升 /54

双循环背景下的内循环 /58

双循环背景下的外循环 /62

新基建概念多，老基建空间小 /65

第六章　复式危机与复式时代

复式危机全面爆发 /70

复式时代到来 /74

中国复式金融 /77

第七章　产业互联网让中国再获机遇

从消费互联网到产业互联网 /81

来自产业互联网的挑战 /83

产业互联网将在中国爆发 /87

第八章　财政压力凸显

"财政货币化"做反了　/91

财税改革根本在内部结构　/94

地方招商引资版本升级　/98

▷▶ **金融篇**

第九章　金融"末日大洪水"

弱国减"单位",强国发货币　/105

开放无限式金融调控有无底线　/108

央行数字货币,是挣扎还是引领　/111

金融投资的"诺亚方舟"何在　/117

第十章　股市"杂交牛"迷思

股市深不见底　/122

究竟是个什么牛　/123

改革决定股市走势　/127

股王老了,新王在哪　/131

第十一章　供需趋于平衡,房价蠢蠢欲动

疫情催化房价上行　/136

房市重回高位横盘　/139

学区房走向何方　/143

决定长租公寓的基本坐标　/147

香港房价走势　/151

▷▶ 区域与城市篇

第十二章 长三角一体化变局

长三角一体化版本升级 /157

一体化示范区战略意图 /160

上海"由硬变软" /164

浙江产业调整 /167

江苏"刚柔相济" /171

安徽成为"后起之秀" /176

第十三章 城市经济下半场

城市刮起"对标风" /184

灯光秀与夜间经济真假 /189

扩功能还是造新城 /193

总部在减少，高楼在"变矮" /199

经济引擎从城市到网络 /203

智慧城市：技术虚拟狂欢？ /207

▷▶ 企业篇

第十四章 企业危机战略

不怕"一万"就怕"万一" /213

产业与企业深度羁绊 /217

把握"迭代"时代 /220

企业"弹性与变形"机制 /223

爆炸式增长的基本条件 /226

第十五章 消费大变局

疫情倒逼零售改革 /231

新消费的幕后推手 /235

直播带货的真与假 /243

小品牌、大消费之困 /247

非正规经济爆发前夜 /251

下沉市场，无限潜能 /255

▷▶ 社会篇

第十六章 文化艺术已是经济基础

从"上层建筑"到"经济基础" /261

文化艺术陷入"冰火两重天" /265

粉丝文化：文化主体回归大众 /269

短视频，"长文化" /273

第十七章 教育回归初心

新时代教育的五大趋势 /276

从"教育投资"到"学习体验" /280

最困惑的群体——留学生 /282

复式时代，底部创新

2020年，新冠疫情在全球蔓延，突发的黑天鹅事件加剧百年未有之大变局的复杂程度，带来复式危机的全面爆发。从政治到经济，各领域的巨大变化揭开了世界格局的风云突变。

在史无前例的混沌时期，包括疫情在内的连续冲击，以及世界结构性矛盾的长期积累，使各国经济发展失去了"准心"，缺乏经济新增长极的抓手，无所依托。面对世界性的"缺魂少魄"，各国慌不择路，以邻为壑地应对危机，将局势越搅越乱。

第一，全球集体"放水"，经济共同下探。自2008年金融危机爆发以来，为了避免经济急剧下坠，以美国为首的国家纷纷实施变相的量化宽松政策，投放了大量货币。然而，所有的价格都由供求关系决定，这十余年来，在各国集体"放水"的驱动下，货币本身变得越来越不值钱。如今还迎来了负利率时代，从政策利率为负升级到存贷利率、债券利率纷纷为负，负利率愈发深化，开始影响社会。集体"放水"终究是无奈之举，经济发展的根本性和结构性矛盾并没有得到解决，这也注定了世界经济共同下探的发展趋势。

第二，市场经济全面出清，行业冷酷洗牌。前所未有的六大过剩——从商品过剩到商业过剩，从生产过剩到办公过剩，从产能过剩到分配过剩，从供给过剩到消费过剩，从货币过剩到调控过剩，从资本过剩到模式过剩——正渗透到社会的方方面面。过剩必然出清，而让范围如此广、规模如此大的市场过剩重归平衡，必然导致危机一浪接一浪地涌现。因此，2021年，世界经济将继续探寻底部。

然而，在探寻底部的基础上，更需要从底部突围，决战未来。关键在于创新。其一，从技术到科学，从实践到理论，进行基础理论创新。当下，区块链、虚拟现实（VR）、机器学习、基因编辑、自动驾驶等新兴技术均根植于基础科学的突破，在这些技术的更底部，就是数学、物理、化学等基础科学领域。这意味着，伴随着新一轮科技革命和产业变革的兴起，聚焦基础科学研究，方能打造面向未来的科技引擎。其二，经济发展永无止境，制度创新未有穷期。以中国为例，中国正在脱离以技术转移、外包生产为特征的追赶型增长时期，在此条件下，经济要再向前发展，主要靠技术创新，而技术创新需要更深刻的制度变革。其三，以组织创新为抓手，增强组织活力。复式时代正在到来，从宏观、中观到微观，从整体到局部，从国家到企业，全方位地掀起了重新组织化和组织创新的浪潮。换言之，在未来，个体将无法单独存在，而是必须在复式组织中兼容互联。这意味着，对于任何个体而言，若想搭上时代的"火车头"，都离不开组织创新这个抓手。概言之，2021年，突围底部既离不开基础理论创新，也离不开制度创新，更离不开组织创新的内在驱动力。在此基础上，进而培育出新生产力，为下一轮辉煌做准备。

虽然说2021年是探寻底部、突围底部的一年，但其间我们依然要看到希望和规律。回顾历史，从农业文明到工业文明，从现代化到后现代化，社会发展只是不断地经历和重复着否定之否定的螺旋式上升过程。同样，虽然世界经济前景迷雾重重，但正如哲学所揭示的否定之否定规律，未来，世界经济将在勾兑中夯实底部，这也注定了2021年将是勾兑的开始。一方面，国与国之间勾兑，寻找均衡、探索未来。经济全球化时代，国家经济上"你中有我、我中有你"的联结和渗透程度相当深刻。在此背景下，各国彼此之间快速驶离经济下行期的最佳道路，不是一味地互相竞争与敌对，而是进行充分的勾兑与融合，寻找均衡，探索未来。另一方面，政府和市场勾兑与平衡，探索第三条道路。当下，美国的混乱是过度放任市场、任由经典市场经济走到极端所导致的；而中国的过度放任政府管控，又造成了新一轮过剩。显然，单靠政府和市场"两条路线"中的任意一条推动经济发展，都将是穷途末路。与此同时，政府与市场之间却愈发难以割舍，二者的勾兑是值得探索的第三条道路。落脚到中国，典型如京津冀、粤港澳、长三角等国策的推进，本质上就是在大市场和大政府之间进行勾兑与平衡的一种探索，根本目的是推进中国在经济上的二次统一，打破行政区划的割裂，弥合市场经济的碎片化。

总而言之，勾兑是一个持续的过程，这也意味着，2021年既是世界经济继续探寻底部的一年，也是从底部再出发、创新突围底部的一年，更是勾兑开始的一年！

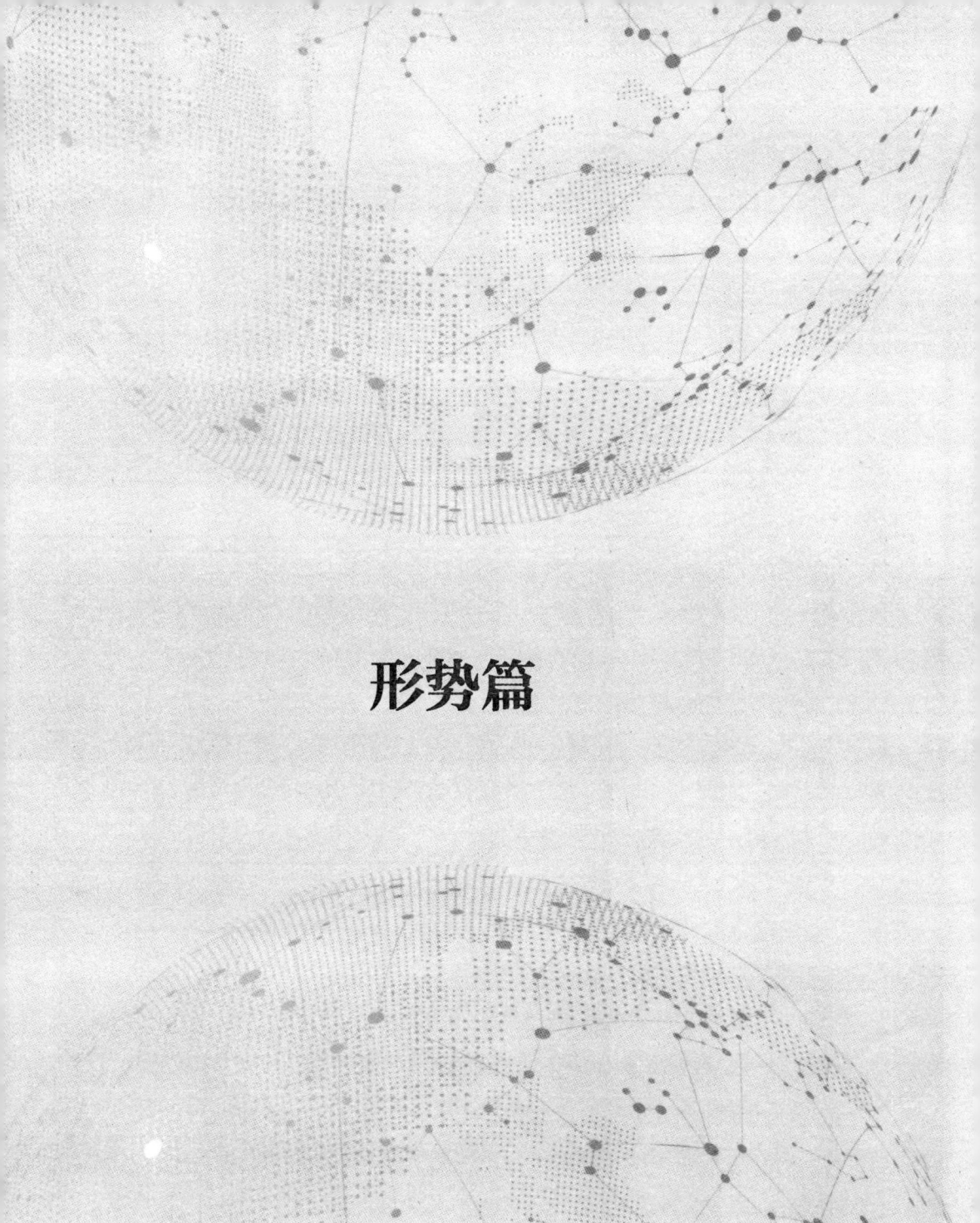

形势篇

第一章　大疫情，大变局

原以为这场新型冠状病毒（COVID-19）疫情只是一场可以速战速决的"遭遇战"，却不料疫情在全球蔓延，演变成一场"持久战"。新冠疫情长度取决于疫苗研发和病毒变异的赛跑速度，而由疫情引发的经济衰退与经典自由市场经济的大萧条有本质不同，其衰退深度由经济转型速度决定。大疫情必有大变局，正如经济学家托马斯·弗里德曼所言："这将会是两个世界——新冠以前的世界与新冠之后的世界。"

新冠疫情持续时间有多长

新冠疫情进入全球大流行阶段。约翰斯霍普金斯大学疫情实时数据显示，截至2020年11月10日，全球新冠肺炎累计确诊总人数已经超超过5000万例，死亡总人数超过111万人。其持续时间长度早已挣脱单个国家的掌控，转而极大地依赖世界范围内"最短的那块板"。随着生产生活的逐步恢复，稍有不慎，世界就会被拖入"群体免疫"的泥潭。如此，抗疫战线不断被反复拉长，直达人类免疫边界，而疫苗仍是结束这场疫情大流行的关键，因此疫情蔓延的极限将很大程度上取决于疫苗研制时间。尽管世界各国展开了新冠疫苗研发竞速赛——截至2020年6月20日，全球共有17种候选疫苗正在临床试验阶段，132种疫苗处于临床前评估阶段——但它们中的大多数可能永远也无法走出实验室，而已经进入临床阶段的项目则更具现实性。按照试验流程，疫苗的研发通常分为5个阶段，除了早期研究和临床前研究，还要经历临床一期、二期和三期的评估，只有三期临床的结果得到验证，疫苗才有获批上市的科学依据。截至2020年9月，全球已有8款冠病疫苗处在第三阶段试验，其中4款来自中国。加之新型冠状病毒这一"流氓病毒"不仅如流感般易传播，还具有艾滋病特征，能破坏人体免疫且很难康复，且极易变异，所以很难研发出通用型疫苗。

虽然疫情影响的底部取决于疫苗这一点相对确定，但经济转型程度与平衡地球透支二者之间的关联却是不确定的。在一定意义上，此次疫情是大自然给人类恣意破坏地球的警告，因为人类社会存在"4个过度"，才会导致这场疫情带来这么大的灾难：

第一个是产能过剩。自工业革命以来，生产力发展一路"开挂"，在地球村集中爆发，加之世界贸易组织（WTO）开辟了全球化时代，各国生产要素或资源禀赋在世界范围内自由流动、交易，在前所未有地提高资源配置效率的同时，也让局部过剩被无限放大和传导，为全球性过剩埋下伏笔。

第二个是金融过度。2008年金融危机爆发与金融资本的过度使用和过剩流通息息相关；后危机时代，美国为加速本土市场出清，更不惜利用制造美元过剩收割新兴市场国家市场，令全球经济陷入宽幅震荡。此次疫情暴发后，美国无限量宽松货币政策变本加厉。

第三个是市场经济发展过快。市场经济在全球化的加持下如水银泻地，虽然中国市场经济还没有完全到位，但美国进入市场经济最高阶段——玩金融。由于市场经济围绕着交易运转，最后走到过剩阶段也是必然，加之市场竞争内置优胜劣汰的马太效应，给全世界带来政治经济的不平衡。

第四个是地球过热。2020年2月9日，南极气温首次超过20℃；6月22日，北极圈内更出现38℃的高温。因为地球"发烧"，亚马孙和澳大利亚森林大火数月连绵不绝；也因全球变暖，北极海冰40年内减少了50%，伴随两极冻土融化，或释放出被冰封了数万甚至数十万年的微生物和病毒。早在2019年11月5日，就有1.1万多名科学家联合警告世界正面临气候危机，若不做出深刻且持续的改变，世界将面临"数不清的人类苦难"。

恩格斯在《自然辩证法》说过一段警世名言："不要过分陶醉于我们人类对自然界的胜利。对于每一次这样的胜利，自然界都对我们进行报复，我们最初的成果又消失了。"自然与人类的关系就是如此微妙，往往在"进二退一"中寻找彼此合理均衡的界面。

综上所述，疫情后的世界将不会是原来世界的线性演绎。未来，人类将与病毒长期共存。共存的方式可能会如科学家所言，新冠病毒逐渐演变成某种慢性疾病，经过中间宿主传播与人类的"相互筛选"，成为人类社会的一部分。

大疫情，大衰退

随着疫情时间长度延长，经济衰退深度的不确定性与日俱增。据国际货币基金组织（IMF）预测，2020年全球经济将萎缩4.9%。根据罗汉堂全球疫情经济追踪系统（PET）的测算，截至2020年6月26日，按美元现价计算，新冠大流行造成的全球直接经济损失总量约为2.59万亿美元，已经抹去了2019全年的经济增长［2019年全球国内生产总值（GDP）实际增速为2%，折合2.49万亿美元］。如此颓势难免让人将此次衰退与20世纪30年代的经济大萧条相提并论。从损失来看，1929~1933年间，全美25%的人口失业，欧美国家整体工业生产下降40%，贸易总额减少2/3。而如今，WTO警告2020

年全球商品贸易将萎缩多达1/3。

然而，此次衰退与20世纪初大萧条却有着本质区别。首先，如今的全球化程度前所未有。19世纪末20世纪初的全球化还主要局限于欧美西方国家的内部转移，而今，全球化之深入，小到一杯咖啡都可能需要18个国家的29家公司协作生产。同时，其脆弱性也越加凸显。新冠肺炎扰乱了全球供应链，中日韩供给、欧美消费、中东能源生产全部受到波及。其次，大萧条是对自由市场经济供需失衡、产能过剩的清算，而此次衰退背后则是国家经济抗拒市场修理所累积的"苦果"。彼时贫富差异巨大的美国百姓无法消化"咆哮的20年代"所产生的市场泡沫，以至于股市崩盘，疯狂的资产抛售加剧了流动性危机，而公众挤兑又迫使美联储收缩货币供应；还有胡佛总统大征关税，最终将整个世界都拖入了大萧条。直到罗斯福伸出"政府之手"，才缓解了这场由资本主义市场经济的内置矛盾所引发的危机，让美国经济得以重返正向发展轨道。而自2008年以来，政府救市后的危机隐性化，"货币洪水"滔天，疫情更是开启了美联储"无限量放水"。但现实却是，如今利率趋零，货币政策失去支点，再加上政府债务居高不下，国家引导下的宏观调节工具早已深陷窠臼，回天乏术。况且，此次疫情开启的衰退实质上是自然界对人类经济生产生活方式的"警告"。现代工业化养殖和工业化农业生产加速了病原体产生，同时全球互联互动又加速了病原体传播。即便没有此次的新冠病毒，"作妖"的人类迟早也会与病毒细菌狭路相逢。按目前全球变暖的趋势，南北两极地区的冰川将会在100年内全部融化，而这极有可能大面积复活封存在冻土层内的远古病毒。比如已在融化的冻土层中被发现的超大型西伯利亚阔口罐病毒，一旦其基因漂变[1]，很有可能在人类中暴发并引起高致死病症。未来或许将如比尔·盖茨所言，"威胁成千上万人生命安全

---

[1] 基因漂变，又称随机遗传漂变，指由于偶然发生的变动而造成下一代的基因频率不同于这一代的现象。——编者注

的将是病毒而非核武器"，而新冠病毒不过是敲响了警钟。

可见，大萧条虽然损失惨重，但仍未跳脱自由市场"过剩—平仓"的经济周期，而此次大衰退则是站在时代拐点上，面临着社会各方面的重构与协调。工业化大生产在科技和资本助推下，一面制造过剩，另一面不断激发消费主义，以致"加速制造—加速消费—加速废弃"形成循环。据世界银行估计，2050年世界各国所产生的垃圾总量将比2016年增长70%。地球早已不堪重负；根据全球足迹网络数据，如今人类需要1.75个地球，到2030年要2个地球才够人类挥霍。眼下若要重新使地球回归平衡，需要牺牲超1/3的经济。显然，社会不允许经济下滑1/3。换言之，经济与自然的矛盾将在一定时间内长期存在。故而从发展的角度看，新冠疫情所开启的经济衰退深度，本质上将由经济转型的速度决定。而经济转型需要一二十年的过渡，真正平衡对地球的透支，则至少需要三四十年。

归根结底，还是因为经济转型仍面临诸多困境。一方面，生产生活方式的转变无法一蹴而就。以消费习惯为例，其养成往往是多方因素长期培育的结果。比如美国每天浪费近15万吨食物的背后，就有高度发达的食品工业（食物便宜）和食品安全体系（蔬果有保质期）做支撑，而一旦习以为常，则很难在短时间内改变。更别提极简消费、精神消费，相较于眼下的消费主义和拉动消费的大势，只不过是沧海一粟。另一方面，颠覆性的技术革新还未出现。比如能源替代上，电动车不仅在源头上逃不开煤炭，还产生了新的废电池处理的问题。何况还有过不去的成本关，研究显示，在5年内行驶75000英里的情况下，电动车的年成本要比汽油动力的同类车高出600美元。加之核心技术还免不了国家间的竞争与垄断，尤其是新材料、基因工程、人工智能（AI）、量子科学和核聚变等领域，已成为大国竞争的焦点，毕竟谁先抢占优势，谁就极有可能成为国际政经格局的重塑者。因而技术保护主义甚嚣尘上，进一步拖慢了技术进步的脚步。

大疫情，大变局

瘟疫无形，不似枪炮钢铁，却也在冥冥之中影响着人类社会的走向，而且往往比战争或革命更为深刻和全面，因为疾病直接攻击文明的核心和根基——人类自身、躯体及心灵。在人类被欲望捕获而变得嚣张放肆时，瘟疫就如幽灵般隐现，打开这一潘多拉魔盒的还往往是人类自身，人类或许猜中了开始，却无法掌控过程，自然也猜不中结局。人类从来没有真正消灭瘟疫，即便瘟疫伴随人类医学技术的发达而有所掣肘，也只不过是暂时隐身了而已。瘟疫在与人类共生中推动人类发展，关键时刻就成为催化剂，引爆进而改变人类历史。

表面看，似乎每次瘟疫都成就了历史的拐点。但不可否认，瘟疫只是催化剂，不是疫情导致了变局，而是导致变局所谓的基础性问题早已存在，只不过被疫情捅破，进而加速了大变局浮出水面。这次新冠疫情同样是如此，疫情不是罪魁祸首，即便没有疫情，那些基础性问题也早就埋雷在那儿，爆发只是早晚的事。市场经济300年的高速发展早已从正面走向反面，埋下了产能过剩、金融过度、市场过快、地球过热四大"地雷"。恰恰是这次大疫情直接将这四个"过度"集中引爆，进而带来了三个"去"：

一是去意识形态化。这场疫情直接扯下了所谓自由、平等、博爱的西方普世价值观的面纱。且不说，当下美国无理取闹给新冠病毒贴上中国标签，并频频威胁盟友、制造阵营对立来"甩锅"中国，仅从以人权为由的反隔离游行从美国到欧洲此起彼伏，就可见，置科学于不顾，反以意识形态、政治准确来应对这场疫情的后果很严重，欧美成为疫情重灾区，即是明证。正如联合国人权事务高级专员米歇尔·巴切莱特所警示的，"以政治或经济为主导、以牺牲健康和人权为代价来推动新冠肺炎疫情应对措施，将会付出生命代价，并在短期和长期内造成更多损害，应确保没有人被排除在社会保护计划之外"。不管是韩国因新天地教会群体活动而引爆疫情,还是伊朗等中东地区因宗教集聚而加剧疫情,抑或是英国率先抛出"群体免疫",美国在疫情尚未控制住的情况下强行复工,无不明证:不管你的国籍、种族肤色、宗教信仰或者有怎样的意识形态,病毒面前人人平等。显然,因为这场疫情,社会制度、民族宗教的意识形态差别将缩小,但现实的对峙、文明的冲突依然存在。

二是去市场化,将由经典市场经济最高阶段大幅度地往后调。搞市场经济必须被"过剩"和"竞争"修理。虽然市场经济在建立初期认为供给能自动创造需求,只要生产出来就有人要,不存在产品过剩,但这一理论在1930年的经济大萧条中幻灭了。随后,过剩成为市场经济国家的常态,从商品过剩到产能过剩,从货币过剩到政策过剩……市场在资本逐利中不断制造生产,好处在于不断优化产品和服务,淘汰老的、差的,这是市场进步的动力,问题却是以无节制地消耗资源能源作为市场生存与发展的代价。更何况,如今经典的市场经济在美国已发展到最高阶段——金融脱离实体自己玩自己的,以致美国自身产业空心化。即便如中国尚未完全跨过市场经济的临界,也在高速发展中陷入了全面产能过剩。由此可见,若任由资本逐利、市场自由发展,不管是产能过剩还是金融过度,到最后都是在透支,只不过前者是透支生态,后者是通过过度金融炒作透支未来。可说到底,过剩就要平仓,通过经济危机定期消灭过剩已是常态。此次疫情的非常态现身,实则警告人类对地球的透支、对未来的透支都已到临界,该是人类反省自我,市场"以退为进",进行自我调整与修复的时候了!

三是去物质化。这是高质量的发展方式,极简的消费模式将大行其道。正如前文所述,在一定程度上,市场经济绕不开过剩,对于经济来说,扩大生产制造创造了GDP,但这些过剩并不满足需求,就是浪费资源。美国农业全球农业与食品营养问题委员会报告显示,全球每年浪费13亿吨食物,约占人类年食物总量1/3，其中超过半数水果和蔬菜被浪费，25%的肉类没有上过餐桌。仅在美国，每年就有差不多1600亿美元的农产品遭丢弃，接近25%的水资源被耗在了浪费掉的食物上。而为生产这部分最后被丢掉的食物所排出的温室气体有120亿立方米，相当于2000万辆轿车1年的排放量。可要知道，全球有30亿人尚面临食物缺乏或饮食不均衡。《全球生态足迹网络》报告亦显示，人类对自然资源的索取是在寅吃卯粮，且透支程度还在进一步加深。若以地球目前消耗自然资源的速度，需要1.75个地球生产的自然资源才能满足人类的需求。而如果地球人都像美国人一样生活，则需要5个地球的资源进行支撑。市场经济如此极大化物质生产，对地球的影响正走向负面，不管是亚马孙还是澳大利亚的森林大火，都预示着地球无法承受市场经济的肆无忌惮，人类必须约束自身的欲望，从经济高速增长转向高质量发展，物质生产将以满足需求为主的合理边界，由此，人类将在"断舍离"中重新寻找人与自然共生发展的均衡点。

2015年3月，比尔·盖茨在TED演讲时就警告称，"传染病大流行比核战争对世界的威胁更大"，因为"各国为此建立的防御机制非常少"，并呼吁建立一个国际预警和应对系统。此次大疫情的突袭，严重到几乎让全球窒息式停摆。多数受灾国家推出了严格的"出行限制令"，全球超过30亿人被迫禁足，以致地球突然安静下来，没有了城市的喧嚣。由于发电厂、汽车及其他工业源的低速运行，意大利的空气正在变好；媒体报道纽约的交通量由于疫情的影响而短期下降35%，主要由汽车和卡车排放的一氧化碳浓度也降低50%。而且伴随人类活动骤减，曾被城市赶跑的动物都回来了，野猪在巴塞罗那无人的街道上狂奔，水獭在新加坡鱼尾狮喷泉周边玩耍。或许，如有些科学家所言，新冠疫情是地球自我修复的一种方式，但牺牲全球经济增长、全球产业链断裂而引发"百年一遇大衰退"的代价却是巨大的。

但也正因为此次大疫情"冰冻"全球经济，让地球看上去在"自愈"。

按照英国气候政策网站Carbon Brief（碳简报）预测，新冠疫情能够减少约1600Mt（百万吨）二氧化碳的排放量，这大约是2019年全球排放量的4%。迄今为止，上一次如此规模的碳排放骤降还是在第二次世界大战结束时——1944~1945年，全球的碳排放量下降了845Mt。但人类每次逆势干预，制造经济的报复式增长，并不会考虑到碳排放的控制。要知道，2008年金融危机带来的碳排放下降幅度排在历史第5位（440Mt）。但金融危机的后一年，受到经济增长的刺激，全球碳排放量报复式增长了1612Mt。换句话说，即使当下全球经济负增长，近几个月里停止了大部分的环球贸易、旅游，但这点减少的排放和暂时的生态改善，根本不足以动摇全球变暖的局面，人类赖以生存的地球早已伤痕累累。新冠疫情也不会是人类遇到的最后一次天灾，这不是通过短暂休克式疗法就能解决的，这次疫情提醒人们该重视的，反倒在于如何与病毒共存，并思考疫情过后，如何在恢复GDP的同时调整人类自身，从透支地球转为回补地球。

对于人类而言，此次大疫情是"上帝"出手的一次修理，更将以大衰退来改变人类从交易到生产、从经济方式到政治生态等方方面面。大疫情触发大衰退，人类需要化大衰退为大进化，百年未有之大变局已然开启。

第二章 "脱钩"与互联，谁代表未来

全球性失衡让"脱钩"强势登上历史舞台，世界国际事务和国家关系协调机构等全都收不住了。然而，从国家"脱钩"到"数字铁幕"，都与互联网时代相悖；"脱钩"也无法根本性解决全球性失衡，失衡后的再平衡更需要互联，互联更能代表未来。任何逆潮流而动的行为，都将搬起石头砸自己的脚！

全球产业链面临"断链"困局

疫情全球蔓延直接导致全球产业链陷入瘫痪，究其原因，在全球化的不断深化下，产业链的关联性和复杂性决定了它的脆弱性。专业化分工合作和分散化生产是"二战"以来经济全球化的重要表现形式，全球化带来全球造，专业化分工的细化、分散化生产链条的拉长，造成协作体系不断扩大，形成了多个产业链"你中有我，我中有你"的"量子纠缠"状态。产业链的这些特征，一方面极大地提高了现代化工业生产的效率，另一方面也加剧了风险传导牵一发而动全身的蝴蝶效应。

因此，疫情冲击到产业链上任何一个小的环节，都可能造成整个链条的停摆。特别是在现代管理学"以销定产""零库存"等模式的加成下，产业链一损俱损。大多数企业的供应链库存都不会超过1个月，这就导致产业链上任何一个环节停产3个月，整个产业链基本都要歇工。例如，2011年日本"3·11"大地震发生后，据不完全统计，我国上市公司中有130余家企业的产业链因日本地震因素陷入停产、半停产或减产的境地，不少企业不得不重新寻找新的客户或供应商。尤其是在2020年，身处疫情中心的中国不仅占据着全球制造的重要地位，而且相比2003年，中国在原材料、零部件、装配制造等环节在全球范围内的影响力都大幅提高，这也使得产业链风险的双向传导效应更为显著。世界制造中心意外停摆，连锁反应很快传导给全球产业链。中国按下暂停键后，率先受到冲击的是全球供应链的某些供给环节；而随着疫情的进一步发酵，海外供应链的梗阻也将会进一步影响中国。根据欧洲委员会的推算，中国制造业生产每减少100亿美元，世界其他各国的生产及销售就会被拉低67亿美元。

然而，"去中国化"呼声再高，都难以短时间内逆转中国供应链优势。不仅全球产业链很难另寻替代者——中国在全球制造业出口的份额大概为18%，相当于中国以外整个亚洲新兴市场的总和，可以接纳相当体量的经济体选择少之又少；而且大规模回迁故乡并不现实，尤其欧美发达国家在一路脱实向虚的产业发展现状下，很多基础产业早已断代，要重新恢复制造业等产业链体系，非一朝半夕之事。这从曾被特朗普盛赞为"世界第八大奇迹"，承载着"重振美国制造业"厚望的富士康计划截至目前尚且没有实质性进展的案例中，就可窥一斑。政府干涉产业链调整、企业经营方式与行为的效果也着实有限，且不提商业的本质是逐利的，生产自然会流向成本更低、效率更高的地方；即便在非常时期，企业仍有调摆余地。2020年3月，为了对抗新冠疫情的蔓延，美国启动《国防生产法》，3M被要求生产N95口罩，并遵循"美国优先"停止出口口罩。但3M拒绝只为美国提供口罩，最后的妥协方案是，既增加对美国的口罩供应，也不限制出口。

进入后疫情时代，全球产业链"断链"亟待修复，将出现新调整、新布局：产业链的断裂危机，将"把所有鸡蛋都放在一个篮子里"的致命性尽显无遗。为避免链条过长、分工过度的全球化所带来的断链风险，再加上国家主权意识的崛起，国家和企业会尽量降低对单一经济体的依赖，逐步向母国靠拢，产业链朝更短、更本地化的趋势调整。世界正在颠覆以传统比较优势为基础的贸易形态，由竞争导向更多地转变为合作导向，这甚至加剧了产业集群区域化和次区域化的崛起。正如IMF战略、政策与检查部副主管塔明·巴约米所言，未来，为了应对"普遍开放贸易"存在的很大不确定性，供应链及贸易"一定程度的区域化几乎不可避免"。在全球引力与斥力的相互对冲之下，以区域互助、各类产业"抱团取暖"为特征的产业"区域集群"或将照进现实。总之，世界产业链断裂后的修复，核心在"生态"，谁能率先建立起完整的产业生态系统，谁就能抓住产业未来。

"脱钩"与互联，谁代表未来

世界一步步向"脱"的方向走，尤其是自英国公投"脱欧"和2018年中美贸易战以来，"脱钩"这个词的出现频率就越来越高了。2020年，在新冠疫情肆虐，全球产业链和供应链遇到阻断，国际经贸活动锐减的背景下，从政治到经济，各国逐步走向封闭，一个愈加"脱钩"的世界呈现于世人眼前。且不说大疫之下，各国"闭关锁国"，不约而同地对全球产业链硬脱钩，组建本土产业链，重创原本正在退潮的全球化。更别提美国在"退群"、废约成瘾的同时，加速与中国"脱钩"。"脱钩"正在流行，互联开始动摇，这不禁让人疑惑：世界的主旋律到底是互联，还是"脱钩"？

在很多人看来，世界更加开放、更加互联才是一种进步——而不是更加封闭。但纵观历史长河，人类绝大多数都处于相对封闭、保守的状态。这一状态直至全球化才得以被完全打破，尤其是"二战"以来，全球化进入全面加速期，发展至今，各国经济贸易深度黏合在一起，"你中有我、我中有你"，联结和渗透程度相当深刻。然则，全球化是一把双刃剑，能够推动生产力大发展，却不能带来公平，甚至会引起前所未有的全球性失衡：不仅带来国家失衡（在国内，衍生被产业转移抛弃的"铁锈地带"，传统产业日渐衰落；在全球范围，那些具有竞争优势的国家、地区得势，而一些国家、地区被边缘化），而且加剧阶层失衡（发达国家中的中产阶级衰落，发展中国家中出现边缘人群，被排挤出全球化的进程），还有"第三者插足"（跨国企业享受着全球化红利，却让国家承担失业、税收流失等代价，进而导致国家原有关系和格局的失衡）。

更严重的是，各国经济相互依赖度空前加强，不少国家的对外贸易依存度非常高，有的甚至达到60%，以致危机的扩散性传染避无可避。恰如疫情之下，全球化程度越高，受到的外部冲击就越大，叠加百年未有之大变局，复式危机全面爆发，进一步将国家间和国家内部的利益分配问题顶在杠头上。最终，全球化带来大失衡、大隐忧，合作已经无法双赢，实用主义占了上风，过去共同致富的路子逐渐被关闭，越来越多的孤立主义开始冒头，各国忙于自组联盟，WTO、WHO（世界卫生组织）等国际性组织"名存实亡"，开始走向崩溃。"天下熙熙，皆为利来；天下攘攘，皆为利往"，全球性失衡让"友谊的小船"说翻就翻，合作互联的旧秩序开始坍塌，"脱钩"强势登上历史舞台。

就此来看，世界一盘散沙，几大国际组织又近乎集体失灵，世界"脱钩"俨然成为定局。可问题是，"脱钩"无法根本性解决全球性失衡，失衡后的再平衡，更需要互联。且不说眼下全球经济已然高度紧密联系，分工前所未有地细致化、复杂化，一国很难从事所有的分工，必须要依赖其他的经济体或国家。这意味着，"打断骨头连着筋"，"脱钩"无异于"杀敌一千，自损八百"；而且经济基础决定上层建筑，即便上层建筑反作用于前者，也不可能决定前者。这之中，经济全球化本身是一种经济规律，这也就决定了政党主张、贸易安排等上层建筑领域内的行为，无法逆转经济全球一体化趋势。表现在美国，便是政府嘴上叫嚣着中美"脱钩"，美国企业的行为表现却很诚实——中国美国商会近期调查显示，84%的美企不愿撤离中国，38%的企业还将保持或增加对华投资。更何况，互联网时代的革命性进步正是它所昭示的万物互联。在一个开放、共享、去中心化的万物互联时代，各国加深相互依赖与互联互通，本就是互联网时代的应有之义。

而且，就发展阶段看，网络全球化的第4波已经到来——在5G技术、数字货币等支撑下，全球供应链正从链条结构向网络化结构发展，物联网将全球各个经济社会活动纳入网络中。这不仅是全球化的新发展、新转变，也是全球经济深化发展、摆脱复式危机的巨大动能。可以说，拒绝经济一体化就是拒绝最新的科技革命，无异于将自身置于落后挨打的境地。此外，在气候、生态、瘟疫等全球公共危机面前，人类始终是一个休戚与共的命运共同体，没有哪个国家能置身事外，也没有哪个全球性的挑战能靠一国之力解决。若不进行全球合作，危机或将成为人类社会不能承受之重。如新冠疫情就必须集全球之力合作抗疫，不存在"你赢我输"，而是"全赢"或"全输"。

综上所述，无论是经济基础决定上层建筑，还是互联网时代无法阻挡，抑或全球公共危机，现实都需要联合和协调各国去弥合全球失衡，互联才是时代的主旋律。这意味着，与互联的大势相比，单一国家或个人发出的"脱钩论"只是时代回旋的一个涡流，并不能逆转或否定全球化的长远趋势。这之中，就发展进程看，互联并非一蹴而就。它首先是一个过程，而且以人类个体的视角看，其过程还很漫长；其次，不断"脱钩"的世界就像弹簧，达到一定极限后，往往蕴含着弥合的需求，各个参与方会不断博弈、磨合，逐步向合作靠拢。就人类古往今来的无数实践看，任何一个比较复杂的系统，都有这样一个建构过程，眼下也是如此。大多数国家在"脱钩"后，往往进行区域性抱团，如美国，想要拉拢七国集团[1]的其他成员，加上澳大利亚、韩国、印度成立"全新联盟"。再如疫情之下，贸易链、供应链开始出现一定程度的"区域化"和"碎片化"现象。而从根本上看，相较于单一国家的"单打独斗"，区域性抱团的本质还是互联，只不过是在规模上把全球性团体的大互联变成了区域性团体的小互联而已。可以说，区域共同体不过是人类向全球性合作的一个过渡阶段，并充分揭示了互联的大趋势，为下一步的再发展注入新动力。

综上，人类社会发展从来都不是线性的，而是在曲折中螺旋式上升。尽管从近期看，"脱钩"占据主导，但从中长期看，人类不可能再退回到各自为战的孤立城堡，互联才是未来。当下的"脱钩"只是人类历史进程"进二退一"中的"退一"，"退一"是为了更好地"进二"。旧的平衡已经被打破，全球经济开始寻找新的平衡点。未来，全球化的方式、模式和全球治理将迎来新的历史性调整。

"数字铁幕"与互联网时代相悖

美国通过互联网霸权和对盟友施压，升起了"数字铁幕"。美国宣称已有30多个国家和地区加入净网计划，英国、韩国等国的27家电信运营商的5G网络不使用华为、中兴等供应商的设备。美国推出"净网"计划的当天，国际互联网协会（ISOC）第一时间发表声明表达深切的失望，指责美国政府的做法违背了互联网的初衷，违背了互联网全球互联、开放、去中心化的本

---

[1] 七国集团是主要工业国家会晤和讨论政策的论坛，成员国包括美国、英国、法国、德国、日本、意大利和加拿大7个发达国家。——编者注

质，违背了技术架构的公平普适性。

美国作为互联网发源地，当初也曾用政府管控的方式限制技术或业态的发展，最终反过来被后来者所超越。典型如"二战"中应用于军事通信领域的加密技术，在战后受到美国政府的严厉限制，但互联网业态的快速发展推动了加密技术的普及应用，尤其是开源软件作为软件生产、传播的主要方式，让这一行政禁令流于形式，无果而终。这让不少专家认为，如今美国在互联网上对华"建墙"，只不过是当年加密技术限令的翻版，本质就是一个自封不外流，一个外封不让进罢了！

结果可想而知，互联网岂能说封就能封住？40年前，未来学家阿尔文·托夫勒在《第三次浪潮》中就对人类商业文明史大胆预言，如果说把历经几千年演进的农业革命定义为第一次浪潮，300年的工业经济是第二次浪潮，那么我们即将进入崭新的、横扫一切过去的第三次浪潮。1980年，电脑已诞生30多年，大多数人仅站在工业和商业活动的效率提升看这一工具，但托夫勒却看到了一个新文明形态的诞生："信息将几十亿人口系统地连接在一起，产生了一个没有人能够独立控制其命运的世界。我们必须重新设计重要的管道，以配合递增的信息流量，这一系统必须依赖电子、生物和新的社会科技。"现实如其所言，信息化改变了人类的生活和工作方式，伴随互联网经济如火如荼的发展，信息化再造了整个全球经济格局，"第三次浪潮带来了历史上第一个'超越市场'的文明，任何国家都被卷入其中，谁都挡不住这一势头"。

正如当初工业革命带来摧枯拉朽的变化，葬送了原有封建生产关系与方式，如今这一幕再度上演。工业时代，只要走市场经济道路，必然走向一体化、全球化，因为资本的逐利性会在全球寻找洼地，进而让廉价商品摧毁一切国家之间的边境线。放到第三次浪潮中，信息化革命让数据成为商品，互联网将地球村"一网打尽"。1994年，硅谷著名预言家凯文·凯利在《失控》一书中就勾勒了互联网经济的产业图景："在未来的某一天，我们穿的衬衫，建筑物上的每一块砖，都可能被植入一个硅芯片，从此，这个世界将'万物互联'。"

说到底，互联网的功能就是连接，因为连接创造与再造价值，从连接人到连接物，为商业世界的发展注入惊人活力。百度基于搜索引擎实现了人与信息之间的连接，腾讯基于QQ、微信实现了人与人之间的连接，阿里巴巴基于电子商务重构了买家与商家之间的连接。更为重要的是，基于连接，百度通过改变信息传播的形式与方式创造和颠覆了广告业，腾讯在人与人连接的基础之上最大化了社交的商业价值，阿里巴巴则在买家与商家的重构中使得商品的流转成本更低、更便捷。互联网时代的发展不在于拥有多少资源，而在于能连接多少资源、调动多少资源。商业的本质是交易，连接是交易的基础设施，使得在错综复杂连接的土壤上结出"商业结构"的果子。正如道路轨交、港口机场是城市实体经济的基础设施，互联网则是智慧城市和信息时代的新基础设施。可如今美国竟然在实体领域与中国"脱钩"还不够，还在虚拟世界建"边境墙"，试图抹去信息文明的"底色"，实则注定犹如"抽刀断水水更流"，更别提如今的信息"高速公路"还是以光速传播，那无异于螳臂当车、作茧自缚！从国家"脱钩"到"数字铁幕"，都与互联网时代相悖，而任何逆潮流而动的行为，都将搬起石头砸自己的脚，因为历史的车轮从来不会因为一个国家或某个人的阻隔停止前进，更不会倒退！

"脱钩"中国就是"脱钩"未来

全球性复式大危机全面爆发，导致"人人自危"，已然丧失理智的各国都选择了政治、经济上的"脱钩"以自保。面对世界经济集体掉头向下、全球性"断链""脱钩"的危机，作为世界国际事务和国家关系协调机构的

WTO、WHO、联合国等组织全都收不住了。事实上，几大国际组织的集体式微又岂是全球性新冠疫情大流行才导致？体系根基早已被动摇，既有国际秩序的设计者成了"破坏者"和"颠覆者"。当初WTO本是美国主导建立的全球经济体系的一部分，如今在"美国优先"模式下，特朗普一再强调WTO是"一场灾难"，对美国"非常不公"，为此，一边阻挠新法官遴选和任命，让WTO上诉系统停摆；一边又绕过WTO寻求单边制裁，再加上全球性"封城""封国"，"去WTO"趋势走强。伴随美国成为疫情震中，恼羞成怒的特朗普转而掉头抨击WHO"偏袒"部分国家没有向国际社会及时通报疫情信息，更没有及时宣布"全球大流行"的消息，才导致美国疫情全面暴发，并以此威胁将停止对WHO提供援助资金。其实，美国早就对WHO形成了"潜在的断供"，截至2020年2月29日，美国拖欠WHO 2019年会费比例超过70%，2020年美国未缴纳WHO会费约1.2亿美元。不仅如此，联合国的权威也几乎都被美国的霸权所凌驾，联合国的可信度和对国家的约束力越来越小。在美国的带动下，世界各大协调机构在危机面前愈发无力，最终美国乃至整个西方社会错失了疫情防控的窗口期。如果没有正确的疫情防控模式来稳定预期，恐慌蔓延对经济的影响是无以复加的，这最终导致各国以极端的"脱钩"来掩盖其自身存在的深层问题。

就此来看，世界一盘散沙，几大国际组织又近乎集体失灵，世界"脱钩"俨然成为定局。可问题是世界正处于百年未有之大变局中，大衰退、大危机、大失衡、大变局纵横交错，不是单凭一国之力便可化解的。况且，世界经济早就"打断骨头连着筋"，全球贸易高度耦合，降低了世界"脱钩"的可能性。因此，"散"只是表象，世界虽然是"分"的，但国家是"合"的，换言之，世界经济要步入常态化，必将"分中有合、合中有分"。由此也将开启新一轮大调整和大变革。具体表现在：

第一，自百年一遇之大危机以来的超额货币、过剩产能，其蒸发的历史性即将开启。疫情暴发前后，市场与政府两方面超发的天量货币愈发吹大了金融泡沫，譬如中国此前超额增发货币一直未被蒸发，只是通过沉淀到股市、楼市的方式掩盖和累积，如今为应对疫情对经济冲击，又开启一轮"大放水"，两方面叠加，迫切需要一个回调时机来刺破泡沫。本次疫情恰好就开启了这样一个机会窗口，将全面大幅蒸发来自市场与政府两方面超发的天量货币，以及堆积的过剩产能。

第二，全球产业链重构将更注重弹性和韧性，加速全球经济秩序重新洗牌，更多国家的经济选择与中国捆绑。要知道，2019年全球制造业总产值中，中国占比已超过35%，是第二名美国的2.6倍。以呼吸机为例，其总共约1400个零部件中，就有近1100个仅在中国有批量生产。中国已经是世界上唯一一个具有完整工业体系的国家，也是第一个率先从疫情中恢复生产的国家。这在全球产业链面临断裂的危机情况之下，显得尤为重要。况且，中国在抗疫与复工复产中表现出优秀的应对能力，也愈发凸显了其世界经济安全岛的地位。只不过，疫情后世界产业链将呈现区域重构，朝着"变短""变粗"的方向发展。

第三，全球数字经济提速，美元霸权地位将受严重冲击。根据哥伦比亚大学的报告，相比超过2600万美国人申请了失业救济，在疫情暴发短短3周里，美国亿万富翁的财富却增加近10%。其中自2020年年初以来，亚马逊CEO（首席执行官）杰夫·贝索斯的财富飙升了250亿美元，而这主要得益于居家隔离后美国消费者严重依赖网上购物和物流配送。新基建、新商业模式、新的创富渠道，无不凸显了数字经济强大的爆破力。此外，为平抑新冠疫情引发的市场恐慌，美联储和美国政府疯狂"直升机撒钱"，将通胀和债务压力传给世界，这将严重透支美元信誉，伴随数字货币爆发及国际贸易体系的变迁，将极大削弱美元霸权地位。

第四，世界经济将收敛于大市场与大政府、经济中心与社会管理中心的未来框架中。既要政府管控，又要充分调动市场积极性；既要注重发展经济，又要强化社会管理中心功能，保证社会经济平稳有序运行。

第五，全球断裂要弥合，意味着WTO、WHO、联合国等世界协调机构将迎来大变革。当新霸主统一和集体协商两条路都行不通时，未来极可能走出第三条路。一是由合到分，区域性、模块化的准WTO先行先试，一旦时机成熟再集成、拼盘；二是不再以军事实力而可能会按经济规模来推进规则重构，毕竟当下确立新世贸规则不同于"二战"后"谁在战争中贡献大，谁就更有话语权"，经济规模交织军事力量的影响力更为突出。但无论如何，世界都不可能真正"脱钩"，只不过，新冠疫情将成为新的世界架构形成的新起点。

第三章 贸易全球化何去何从

全球贸易遭遇金融危机爆发、新冠疫情全球大流行、大宗商品价格下跌，三重危机叠加下，外贸企业哀叹："国内刚打完上半场，国外继续下半场，外贸人看完全场！"无论是从疫情的外部冲击，还是从全球化的内在溃疡来看，全球化的阻滞和回摆已是必然。中国当前的贸易格局已是"独木难支"，外贸由实转虚难以避免。

全球贸易遭遇三重危机

全球贸易遭遇三重危机挑战。第一重挑战是金融危机。自2008年金融危机爆发以来，世界经济下行，国家主义崛起，去全球化持续升温发酵。10年之后危机轮回，自2018年以来，第四次金融危机从边缘地带、新兴市场，逐渐向中美等核心国家延伸，直至当下被新冠疫情点燃，在全世界范围内全面爆发。在此期间，个别国家设置贸易壁垒，贸易保护主义盛行，如美国挑起对华贸易战，日韩发生贸易摩擦，给全球贸易蒙上一层阴影。数据显示，2008~2018年，世界贸易总额占全球GDP的比重从51.86%的历史顶峰持续下降至45.8%，全球贸易量增速从15%下跌至3%。2019年，全球货物贸易量下降0.1%，为2008年国际金融危机以来的首次下跌。

第二重挑战是疫情全球大流行危机。2020年，随着新冠肺炎疫情快速蔓延，大量行业停摆、工厂停产，货物运输不畅，各国为应对疫情陆续采取了贸易限制性措施，服务贸易需求受损，全球贸易往来的活跃度大幅下降，疫情让原本就已低迷的世界贸易雪上加霜。WTO预测，2020年全球货物贸易将下跌9.2%，萎缩幅度可能超过2008年金融危机对全球贸易的影响。为了遏止疫情进一步蔓延，全球逾60个国家或地区宣布进入紧急状态，其中40多个国家采取了"封城、封州、封国"措施。这番全球"大隔离"造成各国"大脱钩"，产业链、供应链"大断链"，直接冲击全球贸易。

第三重挑战是遭遇大宗商品（石油）危机。2020年始，国际油价出现"史诗级暴跌"，从年初到3月23日的3个月时间跌幅高达62%，日跌幅甚至高达34%，美国WTI原油期货价格盘中最低触及20.81美元/桶，布伦特原油期货价格盘中最低触及24.69美元/桶，已跌至2003年以来最低水平。其背后的原因是石油需求下降和供应激增"共振"——一边是全球范围内交通停运，服务性用油大幅下降，全球产业链与供应链被打断，生产性用油急速锐减，炼油厂开工率下滑甚至关停，提炼性用油空前收缩，从更宏观范围看，则是全球经济大幅衰退对原油形成需求压制；另一边是石油供给方"打架"，俄罗斯与石油输出国组织（OPEC）关于扩大减产谈判破裂，沙特降价并增产。

三大危机叠加，全球贸易伴随产业链一并"断链"，下行压力巨大。

外贸为中国打开连接世界之门，中国已成为世界第一贸易大国，经济必然与全球贸易息息相关。在此背景下，结合中国需求存在的现实性，外贸结构的特殊性，以及举国体制的特殊性，中国外贸呈现出以下态势：

首先是总体稳、微观惨的背离。中国作为制造业大国，是全世界唯一拥有联合国产业分类中全部工业门类的国家，短时间内还没有其他国家可以取代中国制造和出口的地位。加之中国从中央到地方纷纷出台各种稳外贸政策，如海关总署2020年2月出台10条"硬核"措施，从加快验放进口生产设备和原材料，促进农产品和食品扩大进口等方面，加大对外贸企业复工复产的支持力度，"中国外贸发展的韧性足、余地大，长期向好和对外开放的趋势不会改变，中国完全有信心稳住外贸基本盘"。但就外贸企业而言，一方面，中国出口企业结构发生改变，民企超越外企，成为出口的最大主力。2019年，中国民营企业出口占到总出口的49.7%，劳动力密集型的民营出口企业在融资、竞争力等方面处于相对劣势。另一方面，疫情一前一后、一内一外的夹击，无不击中外贸企业物流、原材料、用工等"命门"。2020年前两个月，国内疫情暴发，企业延期复工、延迟交货，外贸企业就已遭受疫情的第一波冲击；之后，国际疫情加速蔓延，外贸出口订单或取消或延迟，刚迎来复工的外贸企业又遭受二次冲击。如为美国品牌化石（Fossil）代工的东莞精度表业发布公告，主动劝退员工，并且全厂放假至少3个月，至少600名员工受到波及。再如国际纺织之都绍兴市柯桥区，也正在经历一场"休克式"的危机。2019年，柯桥区外贸出口增长15.6%，高出全国10.6个百分点；但如今"金三银四"的纺织旺季不再，2020年前两个月，柯桥区外贸出口同比下降20.63%。连续遭遇两场疫情冲击波的外贸人纷纷哀号："国内刚打完上半场，国外继续下半场，外贸人看完全场！"

其次是货物贸易与服务贸易偏态化。长期以来，货物贸易在中国贸易中占大头，服务贸易占比不到两成（2019年服务贸易占外贸比重为17.1%），而且呈不对称发展趋势，即服务贸易进口显著高于出口，服务贸易逆差规模较大（2019年服务贸易逆差为15024.9亿元）。由于服务贸易高度依赖人员的自由流动和集聚，而各国出台的防控、管控措施对人员和交通跨境活动构成限制，服务贸易必然大幅下跌。国际航空运输协会（IATA）数据显示，2019年年末，每天有24000架飞机处于飞行状态，而2020年疫情期间，全球有超过2/3的客机停飞，与2019年同期相比，全球航空运输量下降63%。

WTO发布的2020年第三季度《全球服务贸易晴雨表》显示，全球服务贸易最新读数为95.6，远低于100的基准值，是该指数有记录以来的最低数值。相较而言，货物贸易多为生活、生产必需品，具有需求硬支撑，因此两者将呈现出更为严重的偏态化趋势。

如果说产业链是连接世界经济的血管，那么自由贸易可视作血管中流淌的血液，无论是反全球化，还是高举全球化旗帜，都无法阻挡贸易"越过山丘"。综上，从短期看，2021年全球外贸形势严峻，中国外贸将尽力守住基本盘，但贸易结构趋向失衡；从长期看，中国从出口大国转向进口大国的趋势不变。

全球化"进二退一"

"疫情之后，全球化将会终结"的论调在全球范围内甚嚣尘上。"新型冠状病毒将创造一个开放度、繁荣度和自由度更低的世界"，"我们将走向一个更加贫乏、吝啬和狭小的世界"。甚至有人说："新冠肺炎疫情是全球化棺材上的最后一颗钉子！"

"二战"后，世界经济开始迈向全球化。时至今日，由美、欧、中主导的全球化市场格局已经基本形成。但随着新冠疫情的全球大流行，原本运转良好的全球化经济在病毒面前看起来似乎不堪一击，全球化甚至成了众矢之的。与此同时，疫情让表面运转良好的全球化治理机制纷纷"哑火"。如WHO，作为联合国的下属机构，它在这次疫情中的表现受到诸多质疑，公信力大减；又如WTO，作为全球最大贸易体系，其由于自身规则的滞后和仲裁机构的长期停摆，针对疫情期间一些国家"闭关锁国"，禁止大米出口，拦截口罩等医疗资源的问题，没有及时建立"病毒全球化"的应对方案及相关规则。

实际上，与其说全球化是疫情扩散和经济危机传导的罪魁祸首，不如说它只是替罪羊。在中世纪的欧洲，大家还在靠走路出行的时代，鼠疫在几年之内夺走了2500万欧洲人的生命，占当时欧洲人口的近1/3。在100多年前，全球大流感也在1年之内传遍全世界。这说明，哪怕把时间倒退100年，哪怕倒退回中世纪，也不能避免某些病毒的传播。1929年全球化程度远不如当前，但也爆发了全球大萧条，而且其持续的时间和经济衰退的程度，远甚于2008年全球金融危机。

从根本上来说，疫情只是放大镜，全球化自身早已"千疮百孔"。自资本、劳动力等生产要素开始在世界范围内自由流动以来，在市场经济规则的操盘下，全球化在度过"蜜月期"后，潜藏的暗礁也逐渐凸显。

第一，全球化能够带来繁荣，却不能带来公平，世界贸易这块压舱石愈是厚重，国家、阶层之间的平衡就愈难维持。自20世纪80年代以来，金融化、信息化及跨国公司三股势力掀起了全球化大潮，新兴国家加入其中，全球化一日千里，世界贸易规模迅速膨胀。当资本在全球范围内疯狂逐利，产业也在世界范围内迁徙转移，各国资源禀赋在世界范围比拼竞争，经济要素的全球流动致使资源和财富再分配，进而将马太效应发挥到极致。一方面造就了美国庞大的金融产业，另一方面导致美国制造业空心化、工人失业，以及中产阶级萎缩。如今，华尔街的纸醉金迷与"铁锈地带"的芳草萋萋形成鲜明对比。

第二，全球化与民族、国家之间的天然悖论，决定了全球化过程中，国家之间充斥着形形色色的零和博弈、霸权思维和丛林法则。全球化的过程实际上是一个国家的主权不断向外让渡的过程，从贸易全球化到金融全球化、要素全球化，再到生活全球化，全球化程度越高，国家主权越弱。可见，经济全球化与国家机器之间存在天然的矛盾。理想的全球化是没有国界的全球化，是个人、家庭、企业及社会组织之间网罗密布的信息、商品、资本、科技及情感的交流。但是，由于交易费用的存在，全球化并不是均衡的，更不是人人受益的。如此一来，各国全球化程度差异巨大，全球化与国家主权的矛盾更加突出。例如，欧洲谴责巴西放任亚马孙雨林火灾蔓延，巴西总统则认为这是巴西主权，他国无权指手画脚——欧洲人渴望地球之肺的新鲜空气，巴西政府考虑的则是当地农民的生计，默许火烧雨林开垦农田。七国集团表示愿意筹措2000万欧元帮助亚马孙灭火，但巴西总统对此嗤之以鼻，并称西方援助是"帝国主义侵犯主权，另有所图"。

显而易见，无论是从疫情的外部冲击，还是从全球化的内在溃疡来看，全球化的阻滞和回摆是必然，但任何国家和个体都无法阻挡全球化的大潮与趋势。且不说，全球性的疫情难以在一国内得到解决，抗击疫情所涉及的病原体研究、基因组测序、药物试验、疫苗开发等多个领域均需要共享成果，防疫物资的流通和调度也离不开全球协作。当下，许多国家对防疫物资不仅开通了通关绿色通道，还减免了关税，就连中美两国也在加征关税产品名单里排除了防疫物资。除此之外，化解连带的经济危机离不开全球化这个引擎。毕竟，量大面广的诸多行业与相关从业者的生存，都依赖外贸行业的繁荣，许多行业的产业链条也高度依赖全球市场的共同协作。看看英国"脱欧"第一阶段——持续了3年半的痛苦撕裂进程，就知道要从经济一体化中抽身有多困难。更何况，随着下一次工业革命的到来，尤其是物联网、5G和全球电子货币时代的到来，全球的经济一体化可能将像19世纪后半叶第二次工业革命一样，获得继续深化发展的巨大动能。拒绝经济一体化，就是拒绝最新的科技革命，无异于将自己置于落后挨打的境地。即便是当前的美国，在挑起与中国的贸易战，威胁与中国的贸易、经济甚至科技"脱钩"的同时，也在寻求与英国进行更深入经贸合作的可能；即便是英国，在"脱欧"谈判艰难进行的时候，也在向中国抛出橄榄枝，试图开启中英经贸往来的黄金时代。也就是说，各国已经难以回到各居一隅的时代，眼下全球化的回摆与修整，仅仅是全球化"进二退一"过程中的"退一"阶段。

哈佛大学经济学教授丹尼·罗德里克在《全球化的悖论》一书中，把全球化分为"温和全球化"和"超级全球化"两种。与20世纪80年代以来的"超级全球化"相比，罗德里克更希望推行一种"温和全球化"——既有充分的国际制约和贸易开放来保证世界商业繁荣，同时各国政府也有足够的政策空间来应对国内社会和经济发展的需求。从罗德里克的观点出发，乐观来看，疫情之下各国政府的政策重点转向国内问题，可能不是全球化的倒退，而是全球化从激进转为温和的趋势发展，结束的不是"全球化"，而是社会学家张伦口中"狂飙突进、浪漫化的全球化"。

也就是说，在可预期的后疫情时代，人类将进入一个新的全球化阶段。在这个过程中，全球化的方式、模式和全球治理，也将迎来新的历史性调整。短期来看，国家利益成为某些西方国家对外关系中首要考虑的因素，因此，对全球化的质疑、争议，以及一些冲突对抗是难以避免的。在全球化引力与斥力的相互对冲之下，"区域联盟""区域共同体"和"超国共同体"等作为新的政治实体，或将进入现实世界。这样的联盟以区域互助、利益共同体为特征，全球化逐渐变成以区域互助、周边国家"抱团取暖"为特征的区域共同体趋势。更长远地看，随着这样的区域共同体渐成潮流，现代国家体系终将式微甚至被抛弃，融入更大的"人类命运共同体"。国际共享将成为处理人类重大事务的可行选择，深嵌在全球产业链、供应链、价值链内的国家、跨国企业和个人，都是这个共同体的推动力量，以多维度的方式实现全球化的版本升级。而那些自扫门前雪，忽视或拒绝加入共同体的任何一个现代国家，都将孤掌难鸣。

重塑贸易规则：从"三零"到"三补"

作为世界前两大经济体，中美贸易便是世界贸易的缩影，而今，中美之间的尴尬局面无疑也反映了世界贸易的矛盾与纠结。

一方面，产业链、供应链和价值链的全球化已经把各个国家紧密地联结在一起，"全球制造"和"全球生产"是不可逆的大趋势。经济全球化是资本全球逐利的结果，由于现代运输技术使运输成本大幅度降低，信息技术发展又极大地降低了知识传播和交流的成本，企业可以低成本地通过全球的资源配置实现自己每个具体的价值创造活动，于是形成了跨越国家的"全球分工"。在这种分工下，在全球实现企业价值的物流供应和交易的企业之间，分别形成了全球产业链、供应链和价值链。

另一方面，当前以WTO为代表的贸易组织所制定的全球多边贸易规则，在一定程度上已经落后于国际经贸格局的新变化，无法解决诸多参与国的分歧与诉求，导致贸易摩擦常态化。WTO建立至今，全球科技蓬勃发展，全球产业链布局深刻变化，新兴经济体群体崛起。然而，多边贸易规则还停留在1994年完成的乌拉圭回合谈判的阶段，其深度和广度都无法满足当前各国产业发展和彼此间更加密切的经贸联系的需要，更难以覆盖现在越来越依赖无形资产和数据的经济活动。正因如此，各主要国家"另起炉灶"，从WTO到FTA（自由贸易协定），再到CPTPP（全面与进步跨太平洋伙伴关系协定），国际贸易谈判"小圈子化"趋势明显。2019年日本跟欧洲的FTA谈判已经签订协议，并将在2020年下半年生效；美国和日本最近签署了"有限协议"，并宣布还将推动一项更广泛的FTA协议；美国和加拿大、墨西哥已经签订了新版的北美自由贸易协定，即《美国—墨西哥—加拿大协定（USMCA）》；美国退出TPP（跨太平洋合作伙伴关系协定）后，由日本牵头的CPTPP已经成型，共涉及11个国家……一时间，世贸"体制外"区域性贸易安排发展势头强劲，颇有边缘化WTO之势。

可见，贸易规则的版本升级已迫在眉睫。对此，有学者指出，零关税、零补贴、零壁垒将成为未来世界贸易的主要规则。不可否认，仅从市场经济角度，"三零"规则符合自由贸易的基本精神。当一个国家政府以各种理由通过加征关税来限制企业跨国经营行为时，必然会提高企业交易成本，打破现有的全球供应链和产业链布局，进而破坏市场竞争体系，扭曲全球资源配置，最终导致对全球经济效率造成巨大损失，这对参与全球价值链的任何国家和企业都没有好处。

然而，在现实发展中，跨国企业成为全球化的利益既得者，所谓跨国就是跨过国家把好处带走，把问题留下。经济方面，跨国企业通过"转移定价"等手段钻空子，挣大钱付小费。简而言之就是，在最能挣钱的地方挣钱，在纳税最少的国家纳税，将在一国应尽的社会义务变成跨国公司内部分公司间的合法转账。据2015年联合国贸易和发展会议统计，在全球100多万家跨国企业中，起码有30%~40%属于空壳公司，完全是用于避税目的；另有分析显示，全球企业一年共有6160亿美元会转移至百慕大、英属维尔京群岛、开曼群岛等"避税天堂"。尤其是虚拟经济的发展，导致跨国避税和利润转移越来越便利，越来越频繁，纳税监控也越来越困难。生态方面，跨国公司为降低污染成本，会将环境监管标准较低的发展中国家视为"污染天堂"，大量输出污染类产业。而发展中国家出于自身经济发展考虑，往往展开"逐底竞争"，竞相降低环境监管标准，从而使环境恶化。尽管近年来已有诸多发展中国家开始警惕环境污染，却无法在实质上拥有扭转环境质量的能力。

通过成本转嫁和污染转嫁，游走于世界的跨国企业实现了成本最小化和利益最大化，而留下的烂摊子（税收损失、污染治理费用）却不得不由国家机器来承担。更为重要的是，倘若"三零"在全球范围内广泛展开，很可能造成世界新一轮的失衡态势。一是国家与企业的失衡，在巨兽跨国企业面前，国家机器沦为弱势群体，全球权力结构扭曲。有研究显示，如果将跨国企业与行使国家权力的政府都视为经济体，那么前100大经济体中有70个是跨国企业，只有30个是国家。大型跨国企业中排名第一的是沃尔玛，其2017

年营收比西班牙、俄罗斯和韩国等国的政府收入还要多。二是国家间的失衡，跨国企业肆无忌惮的利益收割加剧各国之间，尤其是顺差国与逆差国之间的贸易摩擦。中美贸易冲突即为典型案例，WTO贸易逆差看起来是由中国引起的，其实跨国企业才占了利润的大头，中国却因此背了"黑锅"，陷入跨国资本引起的"税收争端"中。三是富人与穷人的失衡，在跨国企业与资本所引领的全球寻租时代，贫富两极化是必然的结果。正如《无边界资本：财富管理经理与百分之一富人》一书作者布鲁克·哈灵顿所说，"如果富人成功避税，那么穷人就要被迫承担更沉重的经济压力"。道理很简单：政府必须有一定的资金才能运作，如果政府从富人和企业那里征收的税款受到削减，就不得不从普通人身上拿走更多。贫富差距之痛从不会停留在冷冰冰的数字层面，而是从经济蔓延到全球政治领域，再演化成社会危机，带来全球问题的集中大爆发。这从近年来极右势力快速兴起，民粹主义政客当选国家领导人等现象便可窥一斑。这些现象背后就是那些利益受到损害的普通行业劳工的无声抗议，他们在用手中的选票进行最后的反抗。

显然，虽说世界贸易体系迫切需要版本升级，但不加任何限制的"三零"或将带领全球走向失衡的深渊。笔者认为，未来的世界贸易规则与其说是"三零"，更重要的在于"三补"。

从国际方面看，一是建立全球联网涉税系统，进行税收国际治理。跨国企业的避税问题早已被各个国家视为眼中钉，近几年也有多国政府纷纷出手进行"狙击"，从欧盟出台《通用数据保护条例》实施"严监管"，到2020年6月G20同意制定共同规则，堵住谷歌、脸书等科技巨头为减少企业税所利用的漏洞，再到10月经济合作与发展组织（OECD）提议通过修改国际税法扩大各国政府对跨国公司征税的权利。多个国家都在探索公平的征税方式，但若这种尝试仍停留在单个或数个国家内，仍难以从根本上杜绝税收洼地的存在。因此，有必要建立全球联网涉税系统，并针对这些跨国企业修订国际税收协定，取缔"避税天堂"。二是设立国际产业平准税。国家间比较优势的不同，一方面奠定了国际分工合作的基础，但另一方面，当市场竞争范围从一国扩大至全世界，一些不具备竞争优势的民族产业势必面临被挤压、被淘汰的局面。尤其是在大型跨国企业的强大攻击和围困下，这些民族产业不仅难以大规模进入国外市场，甚至连如何稳固本国市场也成为问题，我国汽车行业的曲折发展历程即为明证。对此，可设立国际产业平准税，以此寻求扩大开放力度和保护民族产业之间的平衡。

从国内看，三是征收财产税。在经济成长阶段，由于社会总财富增长较快，各阶层收入都在增加，社会对贫富差距扩大化的影响体会不深。但任何经济体都不可能永远保持快速增长，一旦经济增长放缓甚至停顿，普通民众的真实处境就会暴露出来。因此，必须通过分配变革打破这一困局，即对存量资产征收财产税，如房产税、遗产税等。这样做既能有效防止财富过度集中，更能够促使富人驱动经济恢复。而财产税的征收关键在于准确的个人资产评估，这一点又与全球联网的涉税系统相联系（规避富人资产"外逃"）。

由此来看，当世界贸易自由化趋势不可逆转，势必要以"三补"来弥补全球化所造成的失衡，寻找国家间、国家与企业间、社会各阶层间的均衡点。

中国外贸大转型：由实转虚

无论是此前的中美贸易战，还是新冠疫情席卷全球，国际市场一有风吹草动，中国的外贸就首先招架不住。在全球化不断深化的背景下，中国当下外贸结构的脆弱性暴露无遗。

30多年以来，中国通过对外开放抓住国际制造业产业转移的战略机遇，成为"世界工厂"和货物贸易大国。从出口结构上看，当前我国主要出口产品为工业品，占比高达94%。这也形成了我国外贸发展路径和管理理念的惯性模式，即重视招商引资、货物贸易、工业化，以及相关的基础设施建设；政策、法规、税收、资金等也大都围绕货物贸易而制定，忽视了包含大多数虚拟经济在内的服务贸易。这就导致长期以来，我国货物贸易顺差和服务贸易逆差形成鲜明的对比。国家外汇局的统计数据显示，2019年，中国货物贸易顺差达2.92万亿元，但我国服务贸易自1994年最后一次出现顺差之后，持续保持逆差，而且逆差还在不断扩大。尽管2018年中国服务贸易出口创下自2011年以来的出口最高增速，但因当年进口3.47万亿元，全年服务贸易逆差额仍然有1.7万亿元，较2017年增加908.6亿元，逆差规模创新高。照此来看，"中国服务"不敌"中国制造"，当实物贸易被人员流通、供应链断裂、物流梗阻等外部因素所束缚，一个"退单潮"就将推倒整个外贸行业的多米诺骨牌。《焦点视界》杂志的调查显示，对疫情带来的挑战和风险，1/4的中国公司表示市场需求萎缩、订单减少，随之带来的是现金流紧张、货运受阻、通关困难、成本提高、客户流失等一系列连锁反应。可见，中国贸易这架高速驰骋的"战车"仍未形成双轮驱动，缺少必要的平衡和稳定，一路驶来自然跌跌撞撞。

中国当前的贸易格局已是"独木难支"，更何况从客观发展需求来看，外贸由实转虚也是一种必然。

一来，消费的鱼尾曲线决定了贸易的鱼尾曲线。"仓廪实而知礼节，衣食足而知荣辱"，随着经济水平、科技水平、收入水平的大幅增长，消费必然向着更高层次的马斯洛消费层级靠拢。而且，物质消费的有限性天然地决定了其自身的天花板效应，现实已经表明，西方"大量生产、大量消费、大量废弃"的经典路径已经行至穷途末路，不论是从现实的资源约束，还是从消费需求的演化规律来看，消费必将实现从物质到精神的"华丽转身"，即物质消费趋于无穷小，精神消费趋于无穷大。而需求决定供给，消费决定贸易，当消费实现由物质到精神的历史性转折，供给端也将实现相应的结构升级，外贸结构自然也将进一步侧重于满足各种精神消费的服务业和虚拟经济。

二则，产业结构升级蕴藏着巨大的虚拟经济和服务贸易需求。被托夫勒称为人类文明第三次浪潮的信息化正席卷着世界的每一个角落，互联网、AI等信息技术以涨潮般的速度发展，潜移默化地改变着我们的生产、生活和贸易，产业结构的网络化、信息化和智能化升级成为不可逆转的历史进程，远程教育、远程医疗、可视会议、电子商务等在不断延伸。产业结构的升级让虚拟经济和服务业的比重不断扩大，越来越多的产业脱离了地域的分割和局限。正如巴菲特的智囊总部远离闹市，坐落乡村，却照样可以在世界金融市场上搅动风云。

当网络缩减了空间距离，环球"同此凉热"，展现的不单是一种产业升级趋势，还有从"中国制造"到"中国服务"的转折。国际贸易从轰轰烈烈的机器设备生产走向了不限时空的虚拟经济交易。

第四章 全球粮食危机或将爆发

粮食危机被顶在了杠头上。中国最大产粮国、最大消费国格局天然决定了其在粮食市场的影响力，同时，对中国这样一个拥有14亿多人的大国而言，粮食安全也是不容忽视的大问题。建立在生命科学与生物技术基础之上的生物经济，其发展和延伸将引领第二次绿色革命，续写人类改造食物的历史，从根源上解决粮食危机。

粮食危机来袭

经济史上，有著名的"马尔萨斯陷阱"——人口增长是按几何级增长的，而生存资料仅仅是按照算术级增长的，以指数趋势不断增长的人口早晚会导致粮食供不应求，最终会出现饥荒、瘟疫、战争等，使人口减少。简言之，多增加的人口总是以某种方式被消灭掉，人口不能超出相应的农业发展水平。在农业经济时代，该理论是铁律，14世纪30年代的黑死病（鼠疫）暴发，19世纪40年代的爱尔兰大饥荒，都以人口增长渐渐超过了经济生产力，达到了马尔萨斯天花板为论据。

不过，工业革命的到来让经济的增长速度远超人口的增长速度，证伪了"马尔萨斯陷阱"。但没料到，如今"马尔萨斯陷阱"的阴影再一次来袭。

2020年7月,联合国发布的《世界粮食安全和营养状况》报告显示:因粮食短缺,2019年近6.9亿人遭受饥饿,同比增加1000万人,与5年前相比增加近6000万人;且由于新冠疫情引发的经济衰退,可能进一步导致2020年全球长期饥饿人口新增超过1.3亿人。中国社科院于2020年8月发布了《中国农村发展报告2020》,报告预计,到"十四五"期末,我国可能要面临1.3亿吨左右的粮食缺口。更让人不安的是,粮食出口限制令不断,哈萨克斯坦从2020年3月22日起对面粉、小麦等11种农产品发布了出口限制,8天后调整为配额制;世界第三大大米出口国越南宣布,自2020年3月24日起禁止大米出口,后于4月上旬调整为配额制;世界最大的小麦出口国俄罗斯在2020年3月31日决定对小麦、黑麦等多种粮食实施出口配额制,且一旦配额耗尽,将暂停向欧亚经济联盟以外的国家和地区出口多种粮食。联合国粮农组织经济学家阿巴西安表示:"现在,国际粮食供应链进入了一个相对脆弱的阶段。"毕竟"民以食为天","粮慌"情绪蔓延,如何确保粮食安全及粮食供应链稳定等问题,成为国际社会急需解决的议题。

粮食危机已然被顶在了杠头上,其背后有五大推手:

第一,不断恶化的气候对粮食安全产生负面效应。据联合国政府间气候变化专门委员会(IPCC)发布的报告,气候变化已经从数量(产量和生产)、可及性(粮食价格和人群获取食物的能力)、利用(营养和烹饪)和稳定性(数量受影响而出现波动)4个层面影响了全球粮食安全。如果全球升温2℃,就可能引发粮食危机,这将对热带和亚热带地区造成最大威胁,包括我国秦岭和淮河以南地区。而按《IPCC全球升温1.5℃特别报告》的说法,如果以目前的速度继续升温,全球可能在2030年~2052年升温1.5摄氏度。

第二,全球耕地面积退化加剧。在全球环境变化和人为活动日益增强的背景下,日益严重的土壤侵蚀使全球耕地面积减少,土质退化。联合国防治荒漠化公约秘书处秘书长尼亚卡贾曾表示，全球每年约有750亿吨的肥沃土壤流失，仅荒漠化和干旱两项因素就导致1200万公顷的可耕地退化，致使全球每年减产2000万吨谷物。

第三，人口问题进一步将我们推向全球粮食危机的边缘。世界人口总体保持增长趋势，公元前8000年，全球人口数量约为500万人，大约花了7500年，直到公元前500年，这一数值才慢慢爬到1亿；又花了大约2300年，在1803年达到10亿；之后耗费124年达到20亿。此后，世界人口增长速度加快，不过33年就突破30亿，又花费15年达到40亿。此后平均每12年，人口就增加10亿。2011年，世界人口已达到70亿。2020年，世界人口接近76亿。尽管现在世界人口增长速度下降，预计每增加10亿人的时间将继续增加，但因为基数太大，按联合国人口基金会口径，到2024年，全球人口将达到80亿，2038年达到90亿，2056年达到100亿，2088年达到110亿。至于地球到底可以承载多少人，诸多科学家曾给出不同的数字，人们普遍接受的一个标准是，在当前的经济基础条件下，如果按照每天维持最低生活必需的食物标准计算，地球可以承载120亿人；而如果按照每个地球人都能享受发达国家普通人的饮食标准的话，地球的最大承受力不过20亿人。

第四，更关键的是前所未有的粮食浪费问题。2012年，欧盟国家食品浪费约为8800万吨，平均每人浪费173公斤，其中荷兰的食品浪费情况最严重。2011年，欧盟国家粮食生产总量约为每人865公斤，相当于20%的粮食产量被浪费掉了。就连以"断舍离"的理性节俭生活方式著称的日本人，全年也要浪费食品646万吨，相当于每个日本人每天浪费一碗饭（2015年数据）。据华中科技大学教授郑楚光的推算，我国消费者仅在中等规模以上餐馆的餐饮消费中，每年最少倒掉约2亿人一年的食物或口粮；全国各类学校、单位规模以上集体食堂每年至少倒掉约可养活3000万人一年的食物；我国个人和家庭每年可能浪费约110亿斤粮食，相当于1500万人一年的口粮。

第五，灾害频发导致粮食减产和贸易萎缩。近年气候变化，加之旱灾、涝灾、蝗灾、疫情等灾害叠加使得全球产粮不足，粮食贸易急剧萎缩。2020年7月，联合国粮食及农业组织（FAO）发布一份报告称，全球急需粮食援助的国家已经上升到44个。甚至衍生出新问题——化学品的普及破坏了生态环境。化学农药、肥料的频繁使用，使得农田、土地、河流污染严重超标，造成农药残留、疾病传播、土壤酸化和水土流失。据统计，全世界每年至少发生50万例农药中毒事件，死亡11.5万人，85%以上的癌症、80余种疾病与农药残留有关。美国康奈尔大学生态学家戴维·皮门特尔教授也明确指出：农药、化肥的过度使用导致全球耕地的土地流失率比土地补充率高10~40倍。并且，规模化的种植和养殖降低了食品质量，因为规模化生产伴随对土地多年的高强度利用。比如，我国东北黑土地近几年严重退化，土壤有机质下降，平均每10年下降0.6~1.4g/kg，导致农作物的钙、铁等矿物质流失。而规模化养殖惯以饲料替代谷物，也导致各类肉制品普遍存在抗生素、激素残留。

最大消费国、产粮国格局之变

中国庞大的人口规模天然决定了中国成为最大粮食消费国，中国人对"缺粮"的恐惧，植根于饥饿历史的记忆之上。受客观因素制约，传统农业靠天吃饭，饥饿、缺粮是一种历史常态。1949年，全国的粮食平均亩产为69公斤，人均粮食占有量仅为209公斤。这种深深刻在骨子里的饥饿感也被西方国家再一次加深，在西方语境下，"养活中国"是一个长期议题。"二战"后，美国国务卿艾奇逊在关于送呈《美国与中国的关系》白皮书致总统杜鲁门的信中，就曾质疑中国养活5亿人口的能力："近代史上每一个中国政府必须面临的第一个问题，是解决人民的吃饭问题，到现在为止，没有一个政府是成功的。"1974年,在罗马召开的第一次世界粮食会议上,一些专家认为中国无法养活10亿人口。1994年,美国学者莱斯特·布朗在文章《谁来养活中国?》中,再度表达对中国粮食供给的担忧,认为全球的粮食生产可能难以满足中国未来巨大的粮食需求。

出人意料的是,中国用仅占世界7%的耕地面积,养活了占世界20%的人口。尤其是1978年以来,农业模式与技术上的阶段性创新重构了中国农业生产的组织基础与运行机制,粮食产量连续跨越了几个发展台阶——1978年首次突破3亿吨,1984年突破4亿吨,1996年突破5亿吨,2013年突破6亿吨。中国超级稻亩的产量从700公斤、800公斤、900公斤,一直到了1090.2公斤。随着"海水稻"育种培育的突破,盐碱地也可能成良田。2001年中国加入WTO,也进一步释放了农业市场的活力。这些基础奠定了我国独有的粮食格局——最大产粮国。2019年,我国粮食产量6.64亿吨,全球占比高达24.4%,还实现了自2004年以来的十六连丰,小麦、水稻等5种主要粮食产量多年位居世界第一。同时,作为最大粮食消费国,中国粮食总需求在6亿吨左右,预计2020年将达到约6.14亿吨。自2002年以来,我国成为粮食净进口国,到2019年,中国的粮食进口量高达1.3亿吨,其中,大豆进口量更是以压倒性优势稳居全球第一,能占到全球贸易量的六成左右。

如果说,历史上的中国作为粮食消费大国留下的更多是饥饿与恐惧的记忆,那么眼下,作为最大的粮食消费需求和产粮供给国,催生了在粮食领域的3种"可能":

首先,是自给自足的"可能"。自2010年以来,我国人均粮食占有量持续高于世界平均水平,2019年超过470公斤,远远高于人均400公斤的国际粮食安全的标准线。从增量看,我国目前每年生产的粮食可供每人每天消费2斤半,三大口粮(大米、小麦、玉米)的国内自给率均在98%以上;从存量看,库存消费比远高于联合国粮农组织提出的17%~18%的水平,特别是两大口粮（大米、小麦）库存，大体相当于全国人民一年的消费量。

但是，尽管自给自足客观上可实现，在经济常态化运行下却不现实。以大豆为例，在耕地限制下（人均耕地面积仅为0.1公顷，远低于加拿大、俄罗斯、阿根廷、美国的1.2、0.85、0.6、0.5公顷），中国在一定程度上为保主粮，牺牲了大豆（在东北大豆种植区，1亩地主粮的产量是大豆的3倍，如果要实现大豆自足，每年就会有1亿多吨主粮缺口）。随着畜牧业的发展，饲料的需求不断增长，未来一段时期内，我国大豆进口量都将维持高位。更何况，中国粮食进口的性质发生了本质变化。彼时进口粮食只是为了渡过燃眉之急，抵制进口粮甚至携有国家大义。20世纪40年代末，为抗议美国扶持战后日本经济的举动，朱自清"一身重病，宁可饿死，不吃美国救济粮"。而如今，且不谈促进国际贸易，随着经济水平发展，人们个性化、多样化的消费需求也形成了通过进口粮食来进行结构性调剂的必要。过去的粮食研究集中于培育高产品种，选育较少关注口感与其他附加值，如杂交水稻亩产很高，但由于经过多代选育，米的组成发生了变化，在一定程度上影响了口感，其口感比不上一些纯种水稻品种。2019年我国进口稻米中，有三成是高价食用米（以泰国香米、日本越光米为代表），而进口小麦主要是用于蛋糕、面包的高低筋专用小麦粉。

其次，不排除出现国家灾难性问题的"可能"。国家性灾难往往有两种情形，一是天灾，二是人祸。以1959～1961年三年困难时期为例，旱灾叠加决策工作的失误，让中国粮食生产陷入空前困境，在最危险的1960年5月，北京、天津只有4天存粮，上海只有2天存粮。反观当下，在现代农业技术加持下，农业可实现"逆天行事"；而决策稳定理性，尤其是秉承"确保谷物基本自给、确保口粮绝对安全"粮食安全战略观，配合强大的政府调控能力，即便在疫情之中真的出现了粮食短缺或危机，对我国粮食安全带来的直接影响也是极其有限的。换言之，出现国家性灾难的概率趋小。

但是，不能忽略的是中国粮食存在长期结构性隐患。正如袁隆平在2019年7月从宏观角度和长远角度，分析了中国粮食存在种粮人积极性不高、种子安全、18亿亩耕地红线守卫等问题，指出"中国粮食要进口一部分"，客观上也意味着中国粮食安全可能在局部、点状出现问题。毕竟，粮食安全不仅仅是产量安全，也包括价格稳定性、供应可及性等，涉及粮食库存、物流、全球贸易等领域。尤其是在全球化程度越来越高的今天，各种货物之间都可能会有蝴蝶效应。比如，若疫情导致产业链断裂，一定程度上影响大豆进口，可能引起连锁反应，导致粮农生产波动，进而加大食品价格上浮的可能性。

最后，是极大影响世界粮食格局的"可能"。粮食是人生存的第一资源，中国作为粮食最大生产国和最大消费国，一出一进间可能极大地影响世界粮食格局。

解决粮食危机的根本之道

粮食关乎国家根本，其重要性怎么强调都不为过。为了摆脱粮食危机的梦魇，人类在改进农业技术和生产方式上做了不懈努力。

一方面，通过兴修水利和人工育种，提高农业种植技术。因水利系统改进，全球灌溉面积从19世纪初的800万公顷增加至20世纪末的2.5亿公顷。据统计，灌溉条件优质的地区，小麦单产是旱地单产的1.67~1.89倍，玉米单产是旱地单产的1.47~1.53倍。人类还通过提高育种技术促进亩产。以我国杂交水稻为例，通过杂交育种迭代提高稻种质量，让我国实现了超级稻亩产1000公斤，帮助我国粮食年产量连续7年稳定在6亿吨以上。另一方面，通过推进农业机械化和普及化学辅料，改进生产方式。以美国为代表，20世纪美国农业便率先实现了工业机械化，田地向万亩以上的大农场高度集中，依靠机械大规模生产。现如今，美国以1%的农业人口便完成年产粮食4.4亿吨，占全球粮食总产值的16.3%。此外，农药和肥料在农业生产中也已广泛普及，据统计，世界上每年因使用农药和肥料而增产的粮食，占世界粮食产量的25%以上。

粮食危机化解之道从一味依赖自然禀赋，过渡到人造优势、科技创新。科技发展极大地解决了粮食生产的极限问题。但是，"远水解不了近渴"，科技从理论突破，到小范围内的试验，再到大规模的铺开应用，并非一蹴而就。更何况，通过科技创新来化解粮食危机的边际效益已然呈现递减趋势。如杂交水稻、复合肥料等的投入，确实使得中国粮食出现过增产高峰，但瓶颈也出现了，中国粮食产量在1万亿斤～1.3万亿斤徘徊的时间长达23年。与此同时，科技无限制运用于粮食生产的负面效应也开始显现，农药等化学试剂成为诱发疾病的恶魔。2015年，美国900多位非霍金森淋巴瘤患者集体起诉孟山都公司，他们无一例外都长期接触和使用了孟山都生产的除草剂产品。

就中短期而言，粮食安全的决定因素已经逐渐从科技优势向组织优势倾斜，这从美国成长为最大粮食出口国、一步步掌控粮食霸权的过程中就可窥得。从20世纪60年代开始，粮食就与石油、美元并列成为美国维持新经济霸权的关键支柱。基辛格甚至明确提出："将粮食援助作为国家权力的工具，对那些接受援助的国家来说，要么绝育，要么挨饿。"如在1973年的世界粮食危机中，以美国的嘉吉（Cargill）、艾地盟（ADM）等为代表的6家跨国公司控制了世界粮食储备的95%。再如洛克菲勒基金会提出的"绿色革命"，向发展中国家输出缺乏繁育能力的新型杂交种子，其附加的昂贵化肥和农业技术，使得接收国对美国的依赖越来越大。在此过程中，美国政府与粮食巨头间的紧密联系成为美国粮食武器的核心。美国的华盛顿政府别称"旋转门政府"，就是指一些大公司直接雇用政府官员担任高层,从而利用政府的影响力和人脉关系获利;类似地,大公司的高层人物也被安插到政府中担任要职,来推行公司的秘密计划。由此可以看出,美国的粮食战略就是典型的以跨国企业、大资本为载体,发挥其组织优势,逐步壮大粮食的控制权。

讽刺的是,在这场美国发起的粮食战中,中国靠组织优势得以独善其身。2005年12月~2008年7月,国际小麦价格从291美元/蒲式耳暴涨4.6倍,达到1334美元/蒲式耳,美资粮商暴力牟取的利益高达近千亿美元。同期,中国国内市场小麦价格从1400元/吨涨到2000元/吨,涨幅大约为0.7倍。其背后正是中国动用了国家储备粮食,与国际游资进行了大规模的消耗战——游资吃进,中国继续抛。起初是10天一抛,之后达到2天一抛,一度传出"中国的战略储备粮有1亿吨,够全国打1年"的传闻,终于让游资不得不铩羽而归。

显然,在粮食危机面前,如何在中短期内发挥组织优势,在长期发挥科技创新优势,已成核心。具体而言,第一,发挥市场经济在要素配置中的决定作用。"二战"后,日本逐渐形成农业优势,很大程度上在于完善了市场化机制。如建立包括合作性金融、政策性金融、商业性金融,以及农村保险在内的农村金融体系;放开国内农业市场,以国内需求为引导、贸易为手段,支持本土企业对标国际市场。事实上,在中国,1978年家庭联产承包责任制的推行,让全国粮食总产量接连跨上新台阶,中国人吃不饱饭的问题彻底成为历史,在一定意义上也证明了市场经济的力量。市场调动了农民的劳动积极性,极大地解放和发展了生产力。

第二,进一步发挥规模经济,扩大规模效应。荷兰农业生产的自然条件"先天不足",人均耕地面积仅1.9亩,土地低平,近一半低于或几乎水平于海平面,其"尼德兰"的别称也就是低洼之国的意思。但是,荷兰却成为欧盟最大的农产品和食品出口国,在全球也仅次于美国。这是因为荷兰专业化生产、多品种经营，通过应用高度机械化、精准环境控制、超前生物技术和信息技术，令农业实现了全封闭生产，完全摆脱自然条件束缚，全年均衡生产。这种专业化的生产模式，让荷兰的生产效率比欧洲平均水平高5倍，每公顷蔬菜产出为54.4吨，是我国的近2.4倍。

第三，发挥举国体制功能，为粮食安全兜底。从农业到工业，再到能源、通信，中国把举国体制运用得炉火纯青，并创造出世界奇迹。可以说，举国体制成就了我国当下全世界最全、最细的产业体系。在农业领域，在市场起资源配置决定性作用的基础上，也要更进一步发挥"新举国体制"特色，强调农业市场要素自由流通的同时，为粮食安全问题兜底。如以市场为导向，打造"走得出去"的大粮商，既要通过国际市场的贸易渠道，弥补国内紧缺型农产品有效供给不足的缺陷，更要强调提升中国农业企业在国际农产品市场的竞争力与话语权。

第四，打通、整合农业产业链纵向、横向环节与渠道。典型如以色列通过资源组合，以发展奶牛业的方式增加粮食产量，提高农田的粮食产出。以色列以各种农作物的秸秆，如麦秆、玉米秆等为饲料，喂养奶牛，这些秸秆与牛奶的转化率大约是1∶1，也就是说，传统被废弃的农作物秸秆经过奶牛的转化，1吨秸秆就可以变成1吨牛奶，人们大量喝牛奶，能够大量减少谷物类食物的消费。如此一来，以色列通过渠道融合、打通，不仅能拉动畜牧业发展，还能有效处理食物浪费问题。

第五，打品牌化战略。一方面，随着生活水平提高、健康意识增强，消费者越来越倾向选择品牌化农产品；另一方面，从供给侧角度看，拥有品牌的农产品因其文化附加值和独特性，会让农户在市场中更有议价权。事实上，农业强国无一例外都是品牌强国，荷兰郁金香、美国新奇士脐橙、新西兰佳沛奇异果、泰国香米等，正是农业品牌们塑造了一个国家在世界农业市场上的形象。2016年，中央一号文件对"创建优质农产品和食品品牌，以及培育一批农产品精深加工领军企业和国内外知名品牌"做出了重要部署，唯有品牌才能让我国农业在全球拥有一帮"铁杆粉丝"，在农业高附加值市场占有一席之地。

遥望生物经济彼岸

农业技术和生产方式的改进并不意味着粮食问题就此进入了"安全岛"。若要彻底解决粮食问题，不更换路径是走不通的，而生物经济就是一条非典型的新道路。

生物经济是以生命科学与生物技术为基础，建立在生物技术产品和产业之上的新经济形态，其诞生将引发第二次绿色革命，从根源上解决粮食问题。因为在生物经济时代，以机械和化学定律为主的传统粮食生产模式，将被以生物技术为主的"生物范式"所取代。后者将通过生命科学和生物技术，将生物性可再生材料转化为各类生物基产品，并由此变革"机械＋化学"的农业模式。基于此，生物经济不仅将解决传统农业生产模式带来的各种衍生问题，保障粮食安全和资源环境，而且还将拓展人类对粮食的全新和全方位理解，颠覆粮食产业链甚至粮食本身。具体而言：

第一，生物经济或将重新定义食物。一方面，生物经济孕育"人造食品"，摆脱资源环境的束缚。自人造肉汉堡被评为"全球十大突破性技术"之后，人造鸡蛋、人造金枪鱼、人造牛奶等各种新型人造食品纷纷涌现。人造食品不仅成功替代传统食品，而且大幅降低资源消耗和环境负担。据测算，基于细胞工厂种子的人造食品能够使土地的使用率提高千倍，每单位粮食可节约用水90%以上；而用人造肉替代传统养殖业，能革命性地减少全球14.5%的温室气体排放，且不用担心肉中抗生素、激素残留等问题。另一方面，研制出"超级食物"，把"民以食为天"变成"一粒管一天"。早在

2008年联合国全球粮食峰会上，就有科学家提出"超级粮食丸"的概念来应对粮食危机。

第二，在生物经济背景下，人类生命维系体系或将重塑，从根本上消解对粮食的需求。人类或将通过生物技术对自身基因进行改造，改变固有的生命维持体系，吸收自然界储备能量，比如生物核能，拥有无限续行能力，从食物的束缚和资源的枷锁中跳离出来。就像赫特玛的《人本食气》所描绘的那样，人类可以自由地从大自然中吸收身体和生命细胞需要的所有精微能量和生命元素，满足人体每个器官和细胞的功能需求，从而使人体和自然通过能量的交互融为一体，达到"天人合一"的境界。

第三，生物经济具有重大的生态意义，能革命性地改善污染问题。据《科学》杂志2018年的报道，肉、奶制品为人类提供了18%的卡路里与37%的蛋白质，却占用了人类83%的农田，排放了60%的农业温室气体，导致土地与水源过度使用、水体酸化和富营养化。尤其是一头牛平均每年因打嗝、放屁排放4吨甲烷，远超同期一辆车每年的排放量（仅约2.7吨二氧化碳），爱尔兰、丹麦、新西兰等养殖大国甚至因此征收放屁税，其中，爱尔兰向每头牛征收18美元，而丹麦的提案中这一税额高达110美元。因此，利用人造食品替代或部分替代传统畜牧业，显然更符合低碳绿色、可持续发展的理念。如美国初创企业Perfect Day出品的人造奶就预计将减少牛奶生产过程中98%的用水量，91%的土地需求，84%的温室气体排放，并节约65%的能源。

第四，生物经济将优化食品的营养结构。传统养殖业中的抗生素、激素残留已成公共健康隐患，《中国科学报》2018年的报道《畜禽养殖业应高度关注抗生素污染，亟待新技术》显示，我国畜禽养殖抗生素年使用量达9.7万吨，占全国抗生素年消耗量的近50%。人造食物恰恰能从根本上杜绝传统养殖业中的抗生素、激素残留，甚至可以人为优化营养成分结构，在这个由吃饱转为吃好的年代，更能满足低热量、低胆固醇、高蛋白质含量的健康饮食需求。

第五，生物经济以"生物淘汰化学"，用生物农药和生物肥料替代化学农药、化学肥料。生物农药可谓"以彼之道还施彼身"，利用生物活体（真菌、细菌、转基因生物等）针对农业有害生物进行杀灭或抑制，且该生物活体极易被日光、植物和各种土壤微生物分解，做到"来自自然，归于自然"。不同于化学肥料直接提供营养元素，生物肥料"曲线救国"，直接利用真菌、放线菌类和复合型微生物改善土壤结构和肥力，促进粮食增产。

人类发展的历史证明，只要一个新经济时代来临，人类的经济生产与生活方式必将发生深刻变革，生物经济时代的来临也同样如此。如果说，人类社会的前三次经济浪潮侧重于对外部世界的改变，农业经济解决了人类生存的基本条件，工业经济以机械和电气替代人类的体力，信息经济正在替代人类的部分脑力，那么，生物经济则侧重于对生命自身的认识和改变，涵盖生物质相关的众多领域，对经济社会的推动作用也将远远超过前三次经济浪潮。

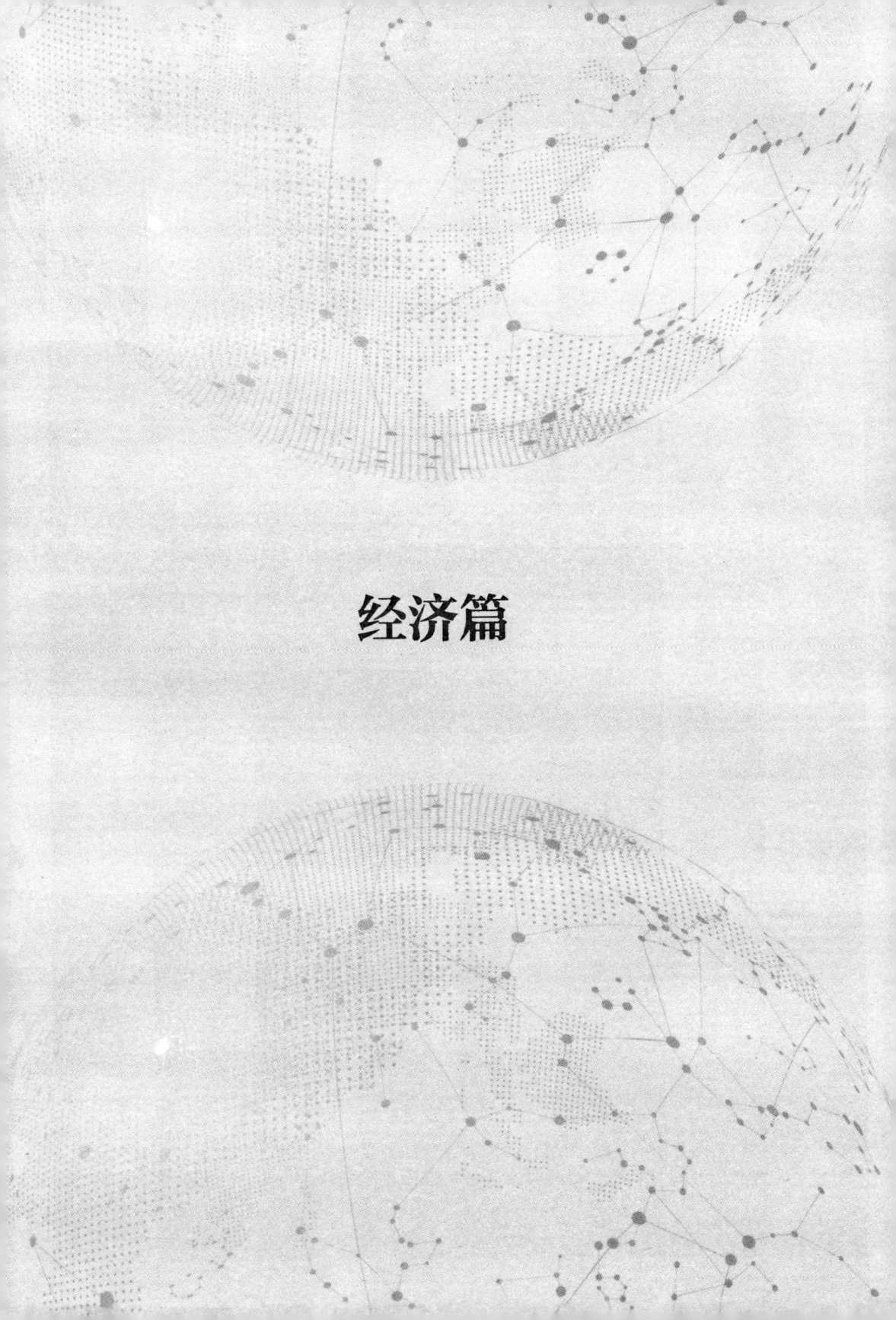

经济篇

第五章　中国成为世界经济安全岛

100年前的西班牙流感在国际政治格局上产生了两个后果：一个是助推了人类现代史上集权经济、计划经济国家苏联出现，其在"二战"前后一跃成为超级大国，将全世界卷入一场近半个世纪的美苏争霸纷争中；一个是工业革命以来的日不落帝国英国在那一场流感和相关动乱以后的30年里，从世界老大的位置上退了下来，美国取而代之成为世界头号强国。那么，100年过后的今天，新冠疫情将给国际政经格局带来什么样的变化？

世界经济"缺魂少魄"

世界经济正处于百年未有之大变局，各国经济发展既失去了"准心"，又缺乏经济新增长极的抓手，"缺魂少魄"，无所依托。具体表现在：

其一，经济发展无方向。"世界老大"美国成为新冠疫情重灾区，经济复苏曙光难现。全球"经济增速第一"的中国，GDP增速也在"破8""破7"后，在2019年降至6.1%。欧元区"龙头"德国，制造业颓靡叠加服务业增长失去动能，2019年9月综合PMI（采购经理指数）自2013年4月以来首次跌破50这一"荣枯线"分界点，从51.7直降至49.1，2020年上半年，德国GDP折合美元约为1.784万亿，同比实际下降6.7%。"大哥们日子不好过",跟随者们自然六神无主。

其二,科技前景不明。原来科技创新一贯信奉的"'山寨'仿制、二次创新"的追随目标也难以为继,未来发展方向突然缺少了坐标指引,人类惯有的常识和经典理论也纷纷失效,加剧了整个科技行业乃至社会资本的迷茫。就拿新能源汽车技术来说,充电电池蓄电量差,续保续航里程很难达到宣传的数值,类似缺陷不断引发消费者大面积投诉。换言之,以新能源技术为代表的新科技还远未发展到足够成熟的阶段,还不足以推动世界经济出现大变革、大逆转。

其三,跨国企业财阀经济基础性作用被无限放大。世界媒体的头版几乎都被各类政客、企业巨头的言行所占据,国际政局、资本价格等时刻对其做出反应、解读和预测。道理很简单,世界经济形势太复杂,更多的人需要有人来"大剧透"。然而事实却是,面对瞬息万变的外部环境,政治家们忙着"缩圈子",最大限度止损,那些与政治捆绑得越来越紧密的企业家则忙着应对随时可能到来的贸易摩擦损益,经营也没了方向。

其四,西方的普世价值观也陷入了混沌状态。西方那套被奉为人类唯一"合理"的"民主、自由、人权"普世价值观流产,世界政治一下子变得面目全非,缺乏一个统一的意识形态收敛。在全球大行其道快300年的"自由市场经济"和资本主义也到了大拐弯时刻,市场经济的原罪正在搅乱世界经济,未来究竟以何种价值观引领,突然成了问题。

新型经济秩序的建立仍难以完成,世界经济繁荣所一直仰仗的旧经济秩序又在土崩瓦解,世界经济曾经的增长动力都在消退。一方面,去WTO逆流涌动。且不说WTO自身出现仲裁程序冗长、争端处理机制几乎瘫痪等问题,仅是美国四处挑起贸易争端,就惹得全球化遭遇前所未有的挑战,单边主义和贸易保护主义严重冲击全球多边体系,WTO正逐步被边缘化。全球治理的经济基调从贸易自由主义的退潮开始,就彻底变了。另一方面,以美国为代表的市场经济走到最高阶段，即玩金融。当手段变成目的，美国膨胀的债务危机和持续的产业空心化风险，以及金融危机被新冠疫情引爆升级为复式危机，倒逼金融去杠杆化。

很显然，新经济、新科技虽已脱离了极客的乌托邦，但尚未抵达梦想的彼岸，旧经济、旧科技又难以支撑世界经济继续前行，眼下正是"前无古人，后无来者"的混沌时期，世界经济处于"缺魂"状态，而所有这一切极有可能引爆链式危机，好不容易建立起来的世界产业链、价值链和产业秩序首当其冲。因为去全球化范围扩大，关税和非关税贸易壁垒的增加将减缓新技术扩散和国家间经济交流的扩散，导致全球生产率和投资下降，世界经济因此会元气大伤。当国家经济越来越差，出于自保本能，全球往往会陷入经济报复与反报复的恶性循环之中。不仅如此，互不通气、彼此隔绝，对全球科技的重大突破是一种阻滞，各个国家为了占领信息文明时代的战略制高点，都选择在新科技、新经济上"押赛道"，这也可能引致新的破坏性过剩。由于很多新科技、新经济还停留在炒概念阶段，并没有实质性突破，在经济困顿、去全球化背景下，极易被当作"救命稻草"，比如此前大火的新能源和互联网金融，都不过是在制造更大的过剩。

一系列经济危机难以逆转之后，又将引爆全球性民粹主义，引发社会性、政治性大骚乱。全球经济因为"缺魂"停滞，很容易会被别有用心的政客利用，将公众的怒火指向他国。1929~1933年的全球经济大萧条就是血的教训，在经济危机和狂热民族主义双重推动下，受到民粹主义支持的独裁者希特勒以"救世主"的姿态登上德国总理之位，引发了世界大战。当前，很多国家和地区对贸易和移民的反感，通常就伴随着要拯救就业或弥补全球化"输家"的呼声，一些国家内部的社会性骚乱也已露出端倪。

面对全球性的经济衰退和世界性的"缺魂"迷失，各国前所未有地慌乱，或试图猛回头去抓住工业经济的尾巴，或举债仿效中国大搞基建，或以金融加杠杆的方式掩盖危机，或到处"挖坑"转嫁危机……总之大家都在忙着应对危机，各自为政去突破，却唯独忘了冷静下来由无数个"点"来推导出"面"。但正所谓危中有机，不破不立，当前的"乱"和"危"不过是为未来的"破"和"机"做了预埋。各国与其自乱阵脚，以邻为壑地去单点突破，倒不如顺势而为，在应对危机时处理好彼此间的界面。

中国经济安全岛权重上升

随着贯彻自由市场经济信仰的美国"灯塔"黯淡无光，世界金融安全岛与经济安全岛正在发生此消彼长的历史转折。美国以美元和国力支撑的金融安全岛地位，将随着无限量化宽松（稀释美元信用基础）、疫情危机扩大而慢慢沉沦；而中国则因率先走出疫情的至暗时刻，叠加政治稳定、产业体系健全、市场空间超大等因素，在国际市场客观抬升了作为世界经济安全岛的功能。

第一，稳定的社会政治环境。纵观全球，动荡日渐加剧，各国内患频出，自顾不暇，新保护主义抬头，部分地区右翼势力崛起，中东及一些地区战火频仍，都在持续向全球输出不安定因素。尤其是英美等发达国家以"脱欧""退群"等权宜之计维持国内稳定，与此相比，中国超稳定的政治社会环境在世界上极为罕见。政治社会稳定是投资环境的最重要指标，中国在这方面的比较优势越明显，对资本就越具吸引力。

第二，中国经济增长高位横盘仍有很长的路。中国城市化进程远未结束，与发达国家和市场相比，仍有相当大的追进空间；市场化改革导向之下的土地、资本、劳动技术等生产力要素的优化整合配置，带动的生产和消费扩张仍将持续；中国东、中、西部地域发展的"梯度推进"过程中，地域更为广阔的中西部地区向发达地区"趋近"本身所引发的生产要素的流动与配置，带来经济总量的继续扩张，等等。如果承认这些前景具有相应的确定性，那么就可以确定中国的经济增长仍具坚实基础，发展仍在继续，中国经济社会列车仍将前行。

第三，从高速发展到高质量发展的切换有很多空间。增长速度放缓是我国经济发展的内在逻辑决定的，未来一段时间潜在经济增长率下降已成为不争的事实，但高质量发展孕育着巨大的潜在机遇。近来如火如荼的"新基建"即为典型，以5G技术、工业互联网、AI、云计算、大数据等为基础的数字化基础设施对宏观经济有明显支撑作用。

第四，金融市场尚未走到自由市场经济的最高阶段。美国的市场经济已进入最高阶段，金融前所未有地脱离了实体经济。中国金融虽然在此道路上有过效仿和迷失，但所幸尚未走到最高阶段，已经率先对金融乱象进行整肃和纠偏，并对资本国际偏差及不当全面清算，逐渐回归金融本源。

第五，产业经济基础是中国疫后能够快速振兴的有力支撑。从口罩产能在不到30天内由3000万达到了2亿，彻底解决"一罩难求"，就足见产业爆发力与调摆能力。中国不仅是全世界唯一拥有全部工业门类的国家，有41个大类、207个中类、666个小类的完整工业体系，而且有良好且持续改善的营商环境。世界银行数据显示，2020年中国营商环境排名跃居全球第31位，较上年提升15位。中国还拥有高性价比的劳动力，中国劳动年龄人口（15~64岁）规模从1978年的5.537亿升至2019年的8.964亿人，其中受高等教育群体的规模已经超过1亿人。

第六，当下正处于产能过剩且物质相对充裕的历史阶段，恰恰能利用疫情加速去产能，为疫后高质量发展创造前提。从商品过剩到商店过剩，从生产过剩到办公过剩，从产能过剩到分配过剩，从资本过剩到模式过剩，当下正面临方方面面、前所未有的大过剩。大过剩必然需要大出清来平抑，而疫情恰恰加速出清——不同程度地"限工停产"本身对行业来说就是一种产能出清。此外，残酷的企业死亡潮也构成了出清的另一种表达式。

第七，举国体制成为中国在灾后振兴中的制度优势。集中力量办大事，高效、快速、大规模地调动公共资源和力量，让中国快速走出疫情至暗时刻，为中国在全球疫情迅速蔓延之前有效控制疫情，赢得了宝贵时间。这个时间差让中国与全球经济处在一个非常不同的盘面上。早在疫情初期，英国金融时报就刊文《中国将是第一个摆脱经济放缓的国家》，并援引摩根大通经济学家观点："中国将是第一个遭遇病毒，也是第一个摆脱由病毒引起的经济放缓的国家。"

更进一步而言，所谓不破不立，危机从来都是机会。20世纪30年代大萧条后，世界经济重心由欧洲转向美洲，美国逐步奠定世界经济主导地位；2008年金融危机后，对西方市场经济的反思潮泛起，经济发展的重心向亚太地区转移。而此次新冠疫情危机令全球产业链动荡，也将成为一个契机，尤其是疫情客观上已为中国经济发展打开了时间窗口。2020年2月以来，中国市场已经在疫情冲击后逐渐恢复元气。随着全球范围疫情的扩散，其他国家出现了大面积停工、社会冲突不断的现象，中国反倒成为世界上产业、经济、社会等运行最稳定的地区。在此背景下，加速调结构进而化危为机，成为中国决胜疫后振兴的关键。

宏观层面，形成新增长替代。从"中国制造"转向"中国消费"，通过放开与老百姓相关的民生经济、民本经济，创造性地举办各类消费节等举措，让消费驱动经济增长。事实上，中国经济已然显现以内需驱动为主的增长模式，2019年，最终消费支出对经济增长的贡献率为57.8%。而麦肯锡报告显示，中国对世界经济的依存度指数从2007年的0.9逐步降低到2017年的0.6；同期世界对中国经济的依存度有所上升，且出现依赖中国消费的趋势。2010~2017年，中国贡献了31%的全球家庭消费增长额。而具体到20个基础产业和制造业中，中国有17个行业的消费份额在全球总消费总占比超过20%。

在中观层面，推动产业链价值攀升。正如20世纪末，日本和德国相继从高加工度组装工业转向技术密集与服务业，前者明确提出走"技术立国之路"，后者重点关注电子制造业，通过技术的创新和进步来推动产业结构向高附加值的知识密集型产业转化，中国产业链也到了向价值链上游挺进的关键时刻。通过对传统基础设施进行数字化、智能化改造，同时布局新基建，完善产业生态，将激发产业链活力。如按照波士顿咨询公司（BCG）在2016年5月的测算，在自动化、5G、物联网、AI等技术的帮助下，中国总成本效率将提升5%～8%，转化成本效率将提升15%～25%，这意味着仅中国工业总体生产效率就有4万亿～7万亿元的提升空间（以中国制造业累计产品销售成本约85万亿元计）。

在微观层面，企业要顺势弹性变形。如果说2003年的"非典"让中国互联网企业有了腾飞机遇——"'非典'证实了数字移动技术和互联网的有效性，因此成为使互联网在中国崛起为真正的大众平台的转折点"（邓肯·克拉克）——进而奠定中国互联网的BAT（百度、阿里巴巴、腾讯）霸主格局，那么此次疫情同样是一次巨大的"催化实验"，能够孕育出一批企业新贵。细分行业迎来大航海时代，企业竞争风起云涌下，倒逼企业建立一种"安身立命"的灵活机制。既要坚守"真正的北方"，又要对核心竞争力进行版本升级，还要佐以灵活的复式组织结构。

"世界上最不怕孤立、最不怕封锁、最不怕制裁的就是中国。"1990年前后，中国一度受到西方国家的联合制裁，反华浪潮在全球风行，但中国却以此为契机，加宽、加长产业链，让其规模效应及生态链完整度难以被替代。当年中国的GDP总量不过19347.8亿元，仅与今天的苏州一市（19235.8亿元）相当，尚且能转危为机。如今疫情之中，尽管中国经济受损颇重，国际政治经济环境也愈发复杂，但中国转危为机、实现灾后振兴的步伐不会停滞。

双循环背景下的内循环

2020年5月14日，中国经济"双循环"首次提出——"要深化供给侧结构性改革，充分发挥中国超大规模市场优势和内需潜力，构建国内国际双循环相互促进的新发展格局"。尤其是"内循环为主"，绝非多数人理解的应对美国打压的权宜之计，而是在疫情冲击和全球秩序变化下，整个中国经济实现高质量发展的国策调整。

众所周知，当年"沿海发展战略"的成功，源于王建提出的"国际大循环"构想得到中央认可，中国才在1992年南方谈话后进行了中国发展沿海的国策调整，并通过改革开放加速融入世界。尤其是2000年加入WTO后，中国一跃从全球生产网络的边缘地带成为世界制造业的中心，实现了GDP世界第二的经济崛起。这得益于国际大循环为主导的外向型发展模式，却也因"两头在外，过度依赖投资与出口"而面临严重的国际收支失衡和外部压力。到2006年，我国外贸依存度已高达64%，"大进大出"模式加重了国内产业基础薄弱、核心技术缺失等缺陷，就连国内也陷入生态恶化、地区差距扩大、产业升级瓶颈等恶性循环。因此，2008年金融危机以来，从外销转内销到扩大内需、供给侧改革等，我国就已有所侧重地进行调整。一是将外贸依存度从最高64%降到2019年的31.8%，回到了1998年水平；二是将经常项目顺差占比GDP由2007年的9.9%降至2019年的不到1%，已降到国际公认的3%以内的均衡水平；三是国内需求对经济增长的贡献率有7个年份超过100%，外需不行靠内需，早已成为现实操作。

毕竟，2019年前，中国的外向型发展模式就已"内忧外患"。外有全球经济陷入长期停滞的大环境，出口的扩大基本取决于低价优势，而非全球市场的蛋糕做大；内临人口红利减退、劳动成本上升，已然无法再靠劳动密集型产业吸引外资，获取国际竞争优势。到了2020年，新冠疫情的暴发更是加重"内忧外患",彻底打破了原有的国际大循环现状。百年一遇之大疫情,带来百年一遇之全球经济大衰退,尤其是美国经济的崩塌,或因"美元—美债"等推倒全球多米诺骨牌。IMF预测称,2020年全球经济陷入"二战"以来最严重的经济衰退。于是,伴随疫情失控及疫情防控下的"封国""封城",全球经济联系出现罕见的紊乱与中断,国际贸易和投资大幅萎缩,国际金融市场风雨飘摇,再加上美国"退群"上瘾,非理性贸易摩擦等,以致IMF忧心忡忡地把当前形势定义为"大封锁"。新冠疫情加速撕裂世界,让外部环境变得"更加不稳定不确定",以致那些产业链不完善、依赖外需的国家备受煎熬,加速了传统以国际循环为主模式的终结。中国尤甚,因为美国将中国当作眼中钉,从科技打压到金融、军事等新"冷战"已全方位展开,以致中国周边关系紧张、对外开放遇挫、国际循环受冲击,不得不向内看。因此,中国此时提出"双循环"实为形势所逼,需要以内循环为主,内外双循环互促,应对外部环境恶化,更要稳定国内基本盘,畅通国民经济循环,真正主动调结构促转型,实现高质量发展,迎来以内为主、安内促外、内外复式的国家战略新时代。

或许就连对华开打贸易战的美国都不曾料想,中国经济内部的韧性如此之强!中国人不仅劳动总量世界第一、劳动参与率世界第一,而且中国坐拥全球最完整、规模最大的工业体系,在全球供应链里举足轻重,是名副其实的"世界工厂"。再加上14亿人口超大内需市场、1亿多市场主体和1.7亿多受过高等教育或掌握专业技能的人才,40多年的发展让中国构建了良好的供给体系和市场基础,是中国以内为主的最大底气。毕竟,相对于外部环境的"变",不变的是国内基本盘的稳定,"我国经济潜力足、韧性大、活力强、回旋空间大、政策工具多的基本特点没有变"。尤其在美国仍然深陷疫情失控与经济停滞的两难泥沼之时,中国第一个成功控制住疫情,且在疫情防控与经济复工间保持平衡,并让GDP转正,逐步成为全球的经济安全岛。

以此看，美国低估了中国的内在实力。因此，与其纠结于外部的不确定性，还不如"集中力量办好自己的事"。因为从美、德、英等发达国家的路径看，它们无不经历过内循环占比GDP80%以上、外循环占GDP20%以内的重要跃升期。照世界银行的说法，所有经济体都已嵌入全球产业链，故都存在内循环和外循环，只是重心、方向和结构有所不同。以前中国有老师带，学习西方就能收获后发红利，可如今中国跃居世界第二，非但西方老师不愿带着玩了，进入"无人区"后，也已非靠开放就能收获红利。这也意味着中国必须做好自己，以内循环为主，才能更好地外循环。

毕竟，中国自己也正面临跨越中等收入陷阱的关键期，针对国内突出的结构问题，需着力打通生产、分配、流通、消费各个环节，促进效率和公平有机统一。其中，效率更多地对应生产环节，更加强调"高质量发展"；公平更多地对应分配环节，公平分配将使得生产和消费循环更加畅通。而为进一步满足人民美好生活，弥补发展不充分，必须通过内部创新体系的完善，即内部经济大循环所带来的基础创新、商业创新、集成创新等方式，促使中国生产力的进步，进而打通中国经济竞争力的"任督二脉"。尤其因为过去在核心技术和核心部件上过度依赖全球分工体系，如今在逆全球化与大国博弈中，中国被"卡脖子"。2018年，工信部对全国30多家大型企业130多种关键基础材料的调研显示：32%的关键材料领域仍为空白，52%依赖进口；绝大多数计算机和服务器通用处理器95%的高端专用芯片、70%以上的智能终端处理器及绝大多数存储芯片依赖进口；高端数控机床、高档装备仪器、运载火箭、大飞机、航空发动机、汽车等关键件精加工生产线上，逾95%的制造及检测设备依赖进口。而此次疫情加速了产业链断裂与断层，中美"脱钩"等加剧产业链"迁出"中国。2020年的美国银行全球研究报告显示，新冠疫情使得全球性行业中80%的公司遭遇了供应链中断危机，北美所有全球性行业中一半都在建立回流试行方案，未来"世界工厂"将会分散在世界各地。因此，为改变受制于人的窘境，中国不仅要在关系国计民生的战略行业实行内部"备胎"计划，而且要通过自主原创和集成创新，实现技术内循环，更要通过国产替代内置和完善产业供应链，才能真正以内循环将经济命根掌握在自己手中。

以此看内循环，显然既不是"闭关锁国"之类的误读，也非启动内需如此小格局，更不是在自力更生中内卷耗散，而是在疫情常态化下对冲外部不稳定，对经济侧重进行的战略性调整。从"出口+投资"转向"内需+创新"，即曾经以外为主，改革开放驱动，现在以内为主，改革创新驱动。所谓的内循环从"畅通国民经济循环"到"促进形成强大国内市场"，将从供给侧到需求侧齐头并进，以结构优化和内生成长为核心，从而"培育新形势下中国参与国际合作和竞争新优势"，是为了更进一步主动的、更高水平的、更具韧性的开放。

新发展格局绝不是封闭的国内循环，而是开放的国内国际双循环，是要利用这场百年一遇之大变局，统筹、联通和勾兑好国内、国际两个大局、两种资源、两个市场的复式结构，以此来夯实中国的基础和能力。因为中国当下最大的特点就是一方面将成为全球最大的消费市场——2019年中国零售额已逼近美国，一方面又集中了全球最大的中低端产能。因此，国际市场之于中国极其重要，走向世界，包括人民币走出去，都是必然。更何况，中国历史上的几次内循环举措实际上都是被逼无奈，也包括此次由于外部环境的恶化导致在一定程度上看内循环为主。这是对外政治上"避开锋芒"、对内经济上"修炼内力"叠加的必然，一旦有机会缓和外部，开放合作还是大势所趋。

因此，内循环是以量变引发质变，修炼好内功强健自身，才能在对外开放创新上更具主动性。一方面，内循环以满足人民美好生活需求作为落脚点，本质上依然是全方位开放，因为内循环的构建也需要跨国企业、外国资本、国际人才的积极参与，中国将坚定全面改革开放，引入外资"共谋发展"。即便在疫情中，外商直接投资依然不降反升，也已表明全球资本看好中国，中国经济安全岛的作用上升。另一方面，尽管中美全面开启新"冷战"，全球化出现逆流，但中国已站在了世界舞台中央，面对美国开启的排华浪潮，中国将"有理、有利、有节"地用人类命运共同体以柔克刚。这意味着，中国企业走出去会面临大量政治风险，但中国并非就此放弃海外市场，而是以退为进，守住阵地蛰伏前行，以便长远更好布局全球。

双循环背景下的外循环

中国经济面临极限压力，实为国际大循环已然进入激烈振荡期的鲜明表现。大环境不景气时各国倾向本国优先，虽在情理之中，但国家之手的强力干涉，难免推倒负面效应的多米诺骨牌。殊不知，一开始解决问题的矛头就偏了。眼下诸多矛盾在根本上是全球化与市场经济所造成的失衡，国家间的冲突对立其实是"历史的误会"，跨国企业和金融资本才是冲突背后的始作俑者。市场经济随着全球化水银泻地，市场优化要素配置在全球范围内发挥效用，资本、劳动力、技术等纷纷涌向更有效率的地方。不同国家由于禀赋差异，在全球化进程中收益差别巨大，一定程度上加剧了国家间经济的失衡态势。1940～2018年，主导全球化规则的欧美发达国家人均GDP上涨约10倍，至5万美元左右，而大量经济相对落后的地区则发展缓慢，如非洲人均GDP仅增长2.3倍，至1809美元。此外，随全球化而兴的跨国企业在世界范围内游走，致使就业岗位在世界范围内重新分工，传统西方发达国家在竞争中逐渐落于相对弱势。有研究显示，2001～2014年，美国的跨国企业在本土减少了87.5万个岗位，而在中国、印度等国增加了420万个岗位。由此看，在市场作用主导全球经济发展的现实中，美国将自身的相对衰弱"甩锅"中国,已是离题万里。

事实上,如今全球化"进二退一"的"退一"仅为插曲,"进二"才是大趋势。当货物、服务、金融贸易与投资等在世界范围内自由、便利地流动已成事实,任何国家与政府都无法阻挡全球化的大潮与趋势。中国经济在国际循环中越来越不可或缺,看似挤压了别国利益,但现实却是,各个国家早已在全球化中形成一个有机融合体,谁也离不开谁。例如,虽然中美之间贸易战打得不可开交,但在疫情期间,美国的医疗物资还是离不开中国强大的供应链,不仅90%的口罩要从中国进口,相关医疗器械的原材料和零部件也无法完全绕开中国。既如此,如今全球化的逆流实为催动中国外循环版本升级的压力与动力。改革开放以来,"两头在外,大进大出"的外向型经济,实际逐渐造成了"生产在中国、消费在世界"的不均衡状态。这就导致,一来,中国的货物与服务贸易实力差距悬殊,服务贸易不仅一直是中国贸易逆差的主要来源,且中国服务贸易的国际竞争力指数自1995年起始终为负,并逐年下降。二则,中国制造大多被锁定在价值链中低端的生产加工环节,如中国虽然在苹果全球产业链中举足轻重,但在苹果产品中所占附加值不足25%。这也就意味着,一旦全球化退潮,外循环便会因外部支撑力量被釜底抽薪而变得脆弱。中国此时提出"双循环",内涵便是将外循环的支撑由外转内,以内循环作为外循环的坚实基本盘,促进外循环的升级迭代。具体到产业链、价值链上,便是由生产制造向设计研发与服务消费两端不断调整。这不仅意味着做大内需,形成内部市场的战略纵深,更重要的是打通以创新促发展的"任督二脉",实现产业转型升级。一边需要进一步提质增效,形成高效运作的产业循环,另一边则亟待突破高端核心科技领域的"卡脖子"威胁。进而,外循环才能在内循环基本面"不变"的基础上,应对国际大环境的"万变"。

综上所述,虽然短期看国际循环仍然难以避免政治风险,但解铃还须系铃人，由全球化市场经济所造成的国家间矛盾与失衡，还要用"市场"的方式来化解。

其一，高度本地化，将"彼此"的差异消解于无形。归根结底，要真正融入本土市场，还要从员工、文化理念、业务模式、消费习惯等各方面实现高度本地化。相对传统的模板如华为英国公司，总部70%以上的员工为当地人，深耕本土市场，逐步成为英国市场上可信赖的电信供应商与纳税大户。而在移动互联网时代，亦可以直接以海外生态为"根据地"，从无到有发展壮大。如抖音前身musical.ly在上海开发并运营，却通过互联网打入了美国青少年市场。

其二，从"内合资"向"外合资"扩展，进一步深度捆绑。过去是外国企业带着资本和技术来中国，培育中国市场的同时也与中国越来越密不可分。相应的，下一步或将是中国市场所哺育的企业带着资本、技术和创新走出去。比如眼下印度30家互联网科技"独角兽"中，有18家受中国资本支持，其中不乏阿里巴巴、腾讯等巨头，覆盖电商、外卖、文娱等生活各方面。当市场的运作逻辑、商业模式、消费习惯相互融洽甚至互为"倒影"时，所谓捆绑不仅在于有形的利益，还将在无形的理解互通上更进一步。

其三，以整套模式抱团"走出去"。所谓抱团，不仅指传统意义上的企业之间抱团，还指各种资源在更高层次上的抱团。如此，既能解决单一企业的水土不服问题，也能实现整体效益最大化。比如中非共建产业园，在空间上高度集聚形成产业链聚合，从制造业逐步拓宽至物流、农业、医疗、旅游等领域，支持了出海企业迅速嵌入当地生态。且对当地发展而言，引进整体模式就相当于引入了产业、资本、技术、项目等各方面资源，形成双赢。

其四，技术生态的合纵连横。中国长期未融入国际技术标准与规则的制定，与发达国家的技术往来大多也仅限于普通制造技术的转移，缺乏深度科技合作，这在很大程度上增大了技术脱钩的风险。而"走出去"的企业或能作为平台，开启技术生态融合的新篇章。如华为遍布全球的研发创新中心及与全球高校的广泛合作，形成了包罗俄罗斯员工做算法、意大利员工做微波传输、德国员工研究网络技术等的生态格局。在如今国家力量重重封锁下，仍得以召集全球2000多名工程师整合资源研发华为移动服务（Huawei Mobile Service，HMS），足见技术生态的重要性。如此一来，只要在市场的深度融合下形成"你中有我、我中有你"的局面，国家之间的对峙亦将有所消解。

新基建概念多，老基建空间小

早在2018年年底，中央经济工作会议就已明确了"5G、人工智能、工业互联网等新型基础设施建设"的定位。2020年，面对新冠疫情全面防控、14亿人宅在家的大局面，仅从2020年2月3日到3月4日这短短30天内，中央层面就部署了多达5次"新基建"相关任务。毕竟，基建反映的是国家经济状况，在新冠疫情冲击国家经济乃至全球经济的危机时期，再度强调国家经济，有其时代理由。可真正的"新基建"投资占比并不大。目前，存量PPP（政府和社会资本合作）项目投资规模约17.6万亿元，其中，传统"铁公机"占比仍是大头，总额约7.1万亿元，占比近41%，真正能算是新基建的不足1000亿元，占比仅0.5%左右。即便加上类新基建项目的2.6万亿元，投资规模也只占存量PPP项目的约15%。再以广东为例，与新基建相关的项目涉及金额约为1万亿元，占广东省计划总金额近17%，其中，涉及城际高铁和城市轨道交通的类新基建金额超过90%，但狭义新基建项目投资金额仅占1.6%。虽然新基建概念科技成色十足，看似既吻合了国家经济发展的时代理由，又找准了未来科技的发展方向，似乎已经到了瓜熟蒂落、呼之欲出的最好时期，可从实际基建投资占比看，又有些言过其实。

新基建概念层面的呼声远大过实际落地。究其原因，"投资变现"是第一道坎，新基建从一开始就是以企业主导、政策辅助的方式发展的。然而，新基建产业投入大、回报周期长、科技门槛高，再加上突如其来的黑天鹅事件冲击，能咬牙参与的民营资本屈指可数。前有运营商在4G投入上至今尚未回本，5G投入（基站建设、租赁、物业谈判，以及后期的设备维护等）又是4G的数倍，5G的账短期内很难压平。后有普天新能源由于连续亏损，不得已于2019年年底在北京产权交易所挂牌出售自己55%股权，而这一项目经过半年"无人问津"的尴尬后被暂停。就算是如今受新冠肺炎疫情影响，政府有心帮衬一把，民营资本也极有可能再度陷入地方体制缺陷的窠臼中。要知道，地方政府存在考核机制及规划思路的缺陷，身上既背负着经济指标考核任务，又有未来争取中央项目和相关资金支持的考量，可新基建无法在短期内发力，因此地方政府难免出现机会主义倾向，不但很容易重复建设导致产能过剩，在具体落实投资计划时，也势必会有所权衡和倾斜，新基建投资规模占比小，也就不难理解了。

更何况，新基建不似老基建，并不是在政策刺激和投资到位的情况下就能快速上马的，而是一个累积的技术研发和进步过程，而且5G技术、AI等新基建领域仍具有较大不确定性。抛开AI从认识脑到模拟脑尚停留在弱人工智能阶段不谈，即便是在新基建中最有发言权且技术相对成熟的5G，在实际运用中仍有很多问题未解决。谁也无法保证太阳黑子活动不会再度引发电磁暴，并对地球上的现代科技，诸如供电网络、通信系统和人造卫星等造成干扰，尤其对以短波通信为主的5G产业影响更甚。可放眼当下，家居、商店、医院、火车站等到处都在实现电子化，一旦发生太阳黑子电磁暴，后果不堪设想。这也暴露出新基建所仰仗的新技术基础并不稳固。

就算跌跌撞撞地由理论进入技术落地，社会认知接受度这一关也不好过。5G技术好不容易迎来普遍化落地，但2020年新冠疫情袭来，5G信号塔竟然因"帮助传播新冠病毒"的"理论"被毁,英格兰伯明翰和默西赛德郡多处信号塔被破坏,电信员工更是遭到辱骂。而且这种情况偏偏出现在最需要网络的时期。就此来看,在还没有将新基建产业发展障碍一扫而光时,新基建只是为资本市场炒概念"添了一把火",不过是暗示大家"牛市来了"。

回过头再看,老基建建设依然是不遗余力。据基建通大数据统计,2020年3月,国家及省市级发改委、交通运输厅共批复了约33项重大工程项目的可行性研究报告、初步设计、项目核准建议书等,总项目投资额近3500亿元,其中公路项目831亿元、铁路项目1103亿元、城轨交通项目1295亿元、水利电力项目90亿元、机场项目110亿元,还有50亿元的港航和市政工程。

可是,从文明的发展进程来看,作为工业经济的产物,老基建已经跟随后工业经济,逐渐暴露出产能过剩、杠杆过高等隐患,难以匹配信息文明时代的中国下一轮经济结构转型发展战略。而且,老基建过剩,加剧了更大过剩的泡沫接力赛。老基建日趋饱和,西北及西南地区的一些高速公路甚至因车流量不足,被人们嘲笑为"晒谷场"。更重要的是,就投入和产出的运作机制来看,老基建投资的边际效应已经大大降低了。牛津大学研究中心曾对中国2008~2018年间的95个公路和铁路项目进行研究,发现其中55%的项目成本收益率低于1。换言之,近一半以上的项目投资都是无经济效益的。虽然如此单独核算过于简单粗暴,基建本身具有拉动经济的延长效应。但哪怕从更宏观的角度看,过去10年间,投资这驾马车与GDP之间的比例也一直在45%左右。如今,GDP增速已从2010年的10.6%下降至2019年的6.1%,这再度表明,老基建钱没少花,但已经没有太多经济效益的产出了。长期大量低效的基建投资也导致政府负债高企,为了防控风险,从2017年开始,中央便密集出台了50号文、87号文、194号文等多项规范地方债务、加大融资监管的监管政策,在某种程度上也堵住了"政府兜底"、举债"大干快上"搞老基建项目的后门。

但不管是新基建还是老基建，都没抓住问题的关键。新基建虽然可以确保数据好看，但短期内救不了中小企业的急，"稳经济""稳就业"更无从谈起。可疫情过后最重要的恰恰不是保增长，而是先让中小企业及低收入人群活下去、稳就业。毕竟据工信部披露的数据：2018年年底，中国中小企业的数量超过3000万家，个体工商户数量超过7000万户，它们仅占用中国全部企业贷款余额的40.7%，却贡献了全国43%的外贸（上升为最大进出口主体）、50%以上的税收、60%以上的GDP、70%以上的技术创新成果和80%以上的劳动力就业。况且，新基建虽然"高大上"，很大程度上也要传统基建搭载。只不过老基建也将迭代升级，以匹配新基建项目。比如，北京至雄安高速公路是按照满足自动驾驶车辆行驶的智慧高速公路标准新建的，杭绍甬高速公路也是照此标准改建的。

显然，短期来看，渡过危机仍得靠老基建，而新基建也只有放到具体产业发展中，才能放大技术的乘数效应。假设在5G、锂电池等科技实现突破的基础上，开始大规模修建5G基建、新能源汽车充电桩，老基建的边际作用将再次增强。具而言之，在加速新旧动能转换的过程中，有几点更需得到重视：

第一，有必要维持大市场与大政府的平衡。市场具有很强的选择性，而新基建中部分投资巨大、效益回报周期比较长的项目很难及时进入市场机制运作层面，可是，等待和犹豫又会造成在激烈的国际竞争面前贻误战机。这时就需要发挥政府的作用，政府投资的领域往往就是市场失灵的领域。

第二，新基建并不简单地新在产业形态，更得有一套新机制、新模式。如果说以往老基建更偏向财政政策和金融政策运作，那么新基建能否更偏向资本和企业的参与？毕竟，新基建项目更偏重信息化、新科技创新领域，这就意味着市场主体特别是高新技术企业的参与度会很高，势必需要一种新的政企合作模式和资本运作机制。譬如5G技术，除了可直接引入专项产业引导基金用于基础投入，还可由国家出面组建类似网联形式的行业组织，对5G技术发展进行纵横协调。

总之，不宜"因长江水清而偏用，因黄河水浊而偏废"。同样，老基建短期来看有空间，就应继续推进；新基建有长远意义，理应提早做战略布局。

第六章　复式危机与复式时代

疫情点燃第四次金融危机全面爆发，本质上是对市场经济过度、政府超发货币、人类生产生活方式偏离的集中清算。而此次危机也不再局限于经济金融领域，而是涵盖方方面面，演变成人类历史上的一场"复式大危机"。在疫情助攻下，大市场与大政府相结合的"复式"时代全面开启，未来，世界方方面面的游戏规则将开始调整。

复式危机全面爆发

早在2018年年初，笔者就正式提出第四次金融危机已爆发论断。

第四次金融危机的第一阶段爆发于新兴市场国家，内因在于这些国家经济结构单一、产业偏态、货币超发、通胀严重、爆发债务危机等。2018年，先是阿根廷比索汇率暴跌近30%，紧接着委内瑞拉发生恶性通胀，巴西雷亚尔累计跌逾25%，土耳其里拉半月暴跌40%，伊朗里亚尔贬值50%。蝴蝶效应下，新兴国家相继沦陷。然而，由于危机的始作俑者是美国，危机终究绕不开这一风暴眼。鉴于中美已形成"中国生产—美国消费"模式，这也让中国无法独善其身，危机由此进入第二阶段。2019年，美国时而外贸数据发出警报，时而农业数据遇冷，三大股指都曾震荡超过20个百分点；中国在主动"去杠杆、挤泡沫"的背景下，也上演了一幕幕债务违约潮、P2P（互联网金融点对点借贷平台）连环"爆雷"等。其实，危机不管是在新兴市场国家徘徊，还是深入中、美等核心国家，不过是在等待一个全面引爆的时机。2020年伊始，大自然对人类的报复开始了——新冠疫情肆虐全球，第四次金融危机全面爆发。疫情上半场，A股在春节后开盘首日上演3000股跌停，停工停产导致国内需求急剧下降，并传导至全球市场。之后，疫情中心向欧美国家转移，且"经历第二波疫情"。

纵观20世纪以来的各场危机，它们都有其各自爆发的内在逻辑，或是生产过剩导致经济危机，或是汇率制度漏洞引爆金融危机，或是由金融创新引发金融海啸，不尽相同。第四次金融危机的全面爆发虽然由疫情点燃，但根源却在于全球长期货币超发下累积的产能过度、金融过度，以及全球化背景下的市场经济过度，本质上是对市场经济过度、政府超发货币、人类生产生活方式偏离的集中清算。

第一，自2008年第三次金融危机爆发以来，为应对危机，以美国为首的世界各国展开了量化宽松大比拼，全球零利率、负利率成为常态。如次贷危机爆发的2007年12月末，中国广义货币（M2）余额仅为40.34万亿元，到2020年3月末，M2余额高达208.09万亿元，飙涨了500%。这一掩耳盗铃的行为实际上并没有使危机真正释放，反而将危机延迟，导致其长期化、扁平化、隐性化，为第四次金融危机埋下伏笔。如果说，2008年第三次金融危机是对金融原罪的清算，那么第四次金融危机恰是要对政府滥发货币形成的货币过剩进行清算。

第二，过剩是以交换为目的的市场经济的常态，更何况市场经济还有全球化的加持，于是，市场经济不仅在全球范围内制造过剩，还借由马太效应在世界范围内制造贫富差距，从而展现出反人性、反人道、反社会的一面。过剩即要平仓，而解决产品过剩的方法是周期性的经济危机。

第三,对人类原有生产生活方式进行清算。由于经济几乎陷入停滞,英国《卫报》发布文章称,2020年,全球碳排放量可能同比下降5%,这是自2008年金融危机后下降1.4%以来的首次下降,也是"二战"以来幅度最大的下降。2020年1月1日~3月12日,意大利的二氧化氮浓度急剧下降,特别是疫情最为严重的北部地区。美国佐治亚理工大学气候变化经济学专家埃马努埃莱·马塞蒂无奈地说:"意大利北部正享受着有史以来最干净的空气。"

虽然疫情只是点燃第四次金融危机全面爆发的导火索,但在疫情影响下,第四次金融危机的覆盖面不再局限于经济金融领域,而是涵盖方方面面,复杂性超越以往,演变成人类历史上的一场复式大危机。

第一,产业链危机。疫情期间,因"封国""封城"导致全球供应链出现大块空洞,全球产业链"隔空"断裂,使得全球经济面临需求与供给双重冲击。由于产业链关联具有乘数效应,这将放大相关主体供应不足的负面冲击,甚至存在一个主体停摆而使整个产业链瘫痪的可能性。如2020年2月初,由于来自中国的零部件短缺,韩国现代汽车在国内的生产线大面积停产。

第二,产能危机。产能过剩问题在疫情期更加凸显,如处于潜在供应过剩周期的石油需求大幅骤减,进而引发石油危机;再如英国全国酒吧中窖藏的近3万吨优质啤酒可能因无人消费,而不得不在保质期(贮藏啤酒和巴氏杀菌啤酒保质期大约为3~4个月,未经杀菌的啤酒和纯麦啤酒保质期仅为6~9周)到来后被倒掉。

第三,资本市场危机。疫情来袭,美国本身存在的高额债务与股市等泡沫破灭,全球资本市场遭受"大屠杀",资金争相出逃,美国金融安全岛功能被削弱。总而言之,疫情使全球经济早已存在的结构性问题和金融体系的脆弱性问题同时暴露出来,各类危机共振,最终呈现复式化危机,由此造成的经济损失在所难免。IMF预测，2020年，美国经济将衰退5.9%，欧元区将萎缩7.5%，中国和印度仅能实现1.2%和1.9%的正增长；全球经济将衰退3%；2020~2021年，全球GDP累计损失可能达到9万亿美元左右，大于日本和德国经济之和。摩根大通预计，美国2020年第二季度GDP年率下降11%，年化季率下降35%。正是由于复式危机叠加，此次大衰退几乎比肩20世纪初经济大萧条。

这场复式大危机也将加速百年一遇大变局的到来，改变旧有的世界政治经济格局。首先，危机暴露出美国的自私，单一的、美国超级霸权的世界政治格局遭受打击，不仅让中国成为经济安全岛，还给了中国加速崛起的机会，加快新三角关系时代的到来。其次，危机让全球化方向面临调整。全球范围内资源配置优化，带来效率提升与经济快速增长。但是，疫情几乎摧毁了全球产业链分工的旧有经济秩序，清算的代价太过惨重，此次危机让人们不得不直面全球化的负面效应。最后，人们的生产生活方式将被釜底抽薪。人们更深刻地意识到，原来加速透支地球、随意糟蹋自然的生产方式，带来的是更多的人类自我毁灭；万物面前唯我独尊的傲慢姿态也被现实无情打击，人们因此开始更深层次地思考追求物质生活、消费至上的合理性，寻求最平衡、可持续的生产生活方式。换句话说，疫情之后，国家层面的"想法"会变，人们的"活法"也会变。

显然，面对复式大危机，如果处理方式沿袭过去的老路，已然走不通。然而，美国依旧采用以邻为壑、转嫁危机的伎俩，无限式"放水"，把祸水引向世界，引发新一轮全球降息潮。各大央行再度联合救市，再次集体饮鸩止渴。实际上，量化宽松本就是用虚拟经济的办法制止虚拟经济，用泡沫化的办法应对经济泡沫，然而10多年来，美国金融衍生品等组成的虚拟经济的扩张，并非始终与实体经济的发展同步，如此刺激经济手段，必然走入穷途末路。况且，复式大危机的复杂程度前所未有，全方面无差别涉及，全方位无死角覆盖，危机已是避无可避，再也没有超发货币进行转嫁的空间，更无法将危机延伸到下一个10年。究竟是危还是机，更多地取决于世界各国对这场危机本质的认识，如若还是停留在"放水救市"等惯性思维中，则仍将深陷危机旋涡之中，甚至预埋下一场危机。总之，复式大危机需要复式的处理方式，只有在各方面纠偏、调整到位时才能化解，也只有对过去彻底清算，才能真正了断。

复式时代到来

西方国家向来推崇自由市场经济，将其看作自己的专属和优势。如今，疫情让国家经济作为能抵御人类社会公共危机的唯一角色，重返台前。从美国到欧盟，各国政府不得不直接出手，采取发钱、救助、封锁等一系列防疫举措，令国家经济地位前所未有地上升，正把美国乃至世界各国带回大政府时代。这意味着，300多年来形成的市场经济信仰正在崩塌，大市场与大政府相结合的复式时代全面开启。在这个过程中，政府与市场泾渭分明的思维方式将被摒弃——既不夸大政府制度的优越性，也不放任市场无形之手恣意妄为，而是在大政府与大市场之间趋向平衡。

可见，疫情极大地加速了市场和政府的复式化，全球进入复式时代，这反而愈发凸显中国的先行优势。要知道，自改革开放以来，中国从计划经济的半道上拐弯到市场经济，以"政府+市场"的"二人转"模式，将各种经典元素化繁就简，造就了中国经济的崛起。这意味着，中国天然接近第三条道路，只不过中国尚处于复式时代的初级阶段。眼下的中国市场经济还不成熟，资本也未完全开放，政府依然发挥重要影响力，在教育、医疗、金融、通信、能源产业等很多领域没有完全放手。就拿新一轮金融开放来说，从取消QFII（合格的境外机构投资者）和RQFII（人民币合格境外机构投资者）投资额度限制到启动沪伦通[1]，表面看是中国开启了金融市场的深度开放期，但实质上是结构性调整，为弥补全面开放可能带来的问题，政府通过深层次结构设计依然内嵌其中。如沪伦通"西向业务"在启动日便已落地，但"东向业务"至今尚未开通。但这也揭示了中国正尝试着向"大市场+大政府"方向发展，完善市场经济。进一步说，正是由于东西方国家所处的复式阶段有所差异，再加上疫情冲击下的各经济体演化错综复杂，加速了世界中心的复式化趋势。要知道，近年来世界中心已呈现出从大西洋向太平洋转移的迹象。而在疫情冲击下，美国既没有能力挽救自己，更没有余力帮助盟友，"世界领袖"形象彻底崩塌。如法国《世界报》指出，今天全世界已不可能再把美国视为"世界领袖"，在未来的1/4个世纪，美国将不会再有昔日的影响力。哈佛大学教授格雷厄姆·艾利森说："'单极世界'已经寿终正寝。"与此同时，以中国为代表的太平洋经济中心率先走出疫情和经济危机，并表现出强烈的经济合作势头。如2020年上半年，东盟已经取代欧盟成为中国的第一大贸易伙伴。显然，世界将进入大西洋和太平洋双中心并行不悖的时代。世界格局将由原先的西方主导，走向东西方平衡。

那么，除了世界中心复式化趋势，复式时代究竟还将如何复式化？落脚到中宏观，政治、经济和社会方方面面的规则都将开始调整。由此，"大政府+大市场"的复式时代将体现在：

第一，原本泾渭分明、利益排他的组织将演化成显性与隐性相结合、彼此嵌入的复式组织，从政党到企业概莫能外。在此过程中，一国的各行各业、政治与经济，乃至国与国、国家与社会，将不再是单一、固化的结构，而将进行界面重组，彼此复式化。如从"三湾改编"创造性地把"支部建在连上"，到古田会议党对军队绝对领导的原则和制度正式定型，红军就是因

---

[1] 沪伦通是指上海证券交易所与伦敦证券交易所互联互通的机制。符合条件的两地上市公司，可以发行存托凭证（DR）并在对方市场上市交易。——编者注

为复式组织创新而成功的；再如在新的生产方式和社会条件下，欧式政党开始向"全民党"演变。未来，各种显性和隐性组织将进一步深化渗透，既虚又实，最终构成一种特殊形式的社会结构。届时，政党和企业等组织将不再单纯比较拥有什么——因为大家都有——而将更多地比较谁的朋友多，谁的磁场强，谁的影响更深。

第二，国家资本和市场资本共生下的复式资本将大行其道。在抗疫的紧急状态下，无论国家资本抑或市场资本，都深深地捆绑在一起，复式资本应运而生。如今天的美国通过"无限量宽"对各种垃圾债、企业商票、企业股票的无条件购买，已经让美国政府成了无数企业的股东。这意味着美国政府无条件对经济灾难兜底，在事实上已经回到了国有或混合所有的时代了。未来，随着市场经济的深入，由国家资本与市场资本交融共生的复式资本根植于国家经济运行中，将成为大概率事件。

第三，国家经济建设与社会管理双中心并行不悖。疫情之下，从美国民众持枪上街游行，到防疫、粮油等物资价格暴涨，都将以社会管理为中心的历史诉求尽显其中。再加上未来"机器换人"，让人们无所事事，愈发凸显社会管理的迫切性。但以经济建设为中心的国家竞争尚未结束，这是个现实，任何国家都不能脱离。从这个角度看，未来各国将践行"一个国家，两个中心"的原则，既要注重发展GDP，又要强化社会管理中心的功能，保证社会平稳有序进行，任一中心都将不可或缺。

第四，国际市场和国内市场双循环。眼下，各国开始收缩其在全球产业链、供应链的参与度，推动产业"逆向回流"。但即便产业链变短变粗，全球化不可能也不会完全消退。这意味着，既拓展国际市场，又兼顾国内市场，两条腿走路将是不可逆转的大趋势。尤以中国为典型，作为世界最大外贸国，发展国际市场仍将是重中之重；而2019年，中国已超越美国成为世界最大消费国。如今，从直播带货迅速蹿红，到在线教育、远程办公等新业态出现，疫情进一步挖掘了中国国内市场的广度和深度。

第五，城市将进入以大城市为中心与以小城镇为网络的"双轨模式"。疫情暴露了以大城市为中心的发展模式的致命性，密集的人群，繁忙的公共交通，数不胜数的文化和娱乐场所，为病原体的传播创造了完美条件。未来，城市发展将打造复式结构，把农庄、繁华的城市与小城镇都连接成一体，城市与城镇功能不断叠加，大城市与小城镇将从原本的虹吸到配套、接轨，最后演化为融合，边界日益模糊化，构建出"超级生命体"。

正如恩格斯所说，没有哪一次巨大的历史灾难不是以历史的进步为补偿的。复式时代或将是这次疫情产生的补偿效应，势必要让市场之大与政府之大进行复式勾兑、双向协同。纵观人类社会的发展进程，这一普遍性还在于，每隔一段时间，必须有一种东西出现来打破原有的平衡，形成新的平衡（熵增定律）。这也是人类不断革新自己并且自我升级的过程。总而言之，复式时代也仅仅是人类历史发展过程中的一个过渡，社会制度的演进没有历史的终结！

中国复式金融

中国金融业乱局自327国债期货风险事件开始就埋下了凶险的种子。"327事件"由政策发酵，也由行政收尾。20世纪90年代初期，为应对高通胀而实行的国债保值贴补政策已经内置了市场炒作的空间，而1995年2月23日，财政部宣布327国债将按148.5元兑付（相当于加息），反市场而行之（通胀有所缓解），彻底扭曲了国债期货的市场价格，让多空双方同时陷入癫狂的"厮杀"中。虽然最终上交所宣布当日最后8分钟交易无效，避免了更大的损失，却是以金融市场的信用为代价，国债期货市场一关就是18年。

然而，如今再面对金融乱象，早已不能一关了之。一来，市场规模今非昔比。仅以期货市场为例，1992年年底，上交所首次设计并试行推出的品种期货仅有12个，即便是被热炒的327号合约，发行总量也不过240亿元人民币。而中国期货业协会最新统计资料显示，2019年，全国期货市场累计成交额已达290.61万亿元。二则，经济金融化深度与金融业开放程度已然无法用简单的行政化手段干预。数据显示，近年来，中国金融业增加值在GDP中占比持续维持在8%左右，不仅比21世纪初翻了近1倍，还超过了英、美等传统的金融强国约1个百分点。再加上股市、债市、金融衍生品市场等金融市场不断对外开放，从QFII、RQFII制度不断完善，引进外部资本，到沪伦通、沪深港通试水双向互联等，中国金融系统的复杂程度早已不可同日而语。况且，即便真能"一关了之"，往往也是治标不治本，金融业根本上的问题还是悬而未决。就拿频繁"爆雷"的P2P来说，虽然清退了市场上大量的相关机构，但其背后金融炒作的热情实则此消彼长。比如，眼下披着加密货币、区块链技术外衣的传销式庞氏骗局，又能不费吹灰之力地收割一批"韭菜"。更何况，如今负利率时代来临，颠覆了人们的常识和千百年来金融运行的逻辑和机制，整个社会都将走向一个没有历史经验的时代，又何谈用人类有限的理性去应对？

究其原因，金融内置市场经济原罪，金融异化是市场经济发展的必然逻辑。因为在市场经济条件下，人性贪婪的潘多拉魔盒被打开，进而导致交换或交易产生过剩。过剩就要平仓，而市场经济往往通过资产证券化来化解产品过剩，利用种种金融工具（如股票、债券、衍生品等）做到纸面平衡。在中国，不少所谓精英又向来唯自由主义市场经济马首是瞻，故而中国的金融也逃不开被金融原罪捕获的命运。于是，机构纷纷玩起"钱生钱"的猫腻。比如，银行表内表外辗转腾挪、空转获利，信托机构在不同市场间开展资金池业务监管套利等，莫不如是。

即便金融业的"遵义会议"（第五次全国金融工作会议）给中国金融改

革定了调子，结束了"市场原教旨主义"主导的金融改革路线，否定了"金融自由化思潮"，引领中国金融"脱虚向实"，严监管、去杠杆，金融市场还是乱象难消。归根结底，是中国金融行业发展的特殊性决定了其复杂度非别国可比。一方面，政府与市场界面不清。中国的市场经济是由计划经济转轨而来，并凭借土地和房地产的迅速资产化和金融化撑起了经济迅速崛起，以致中国的金融天生带有市场与政府的双重烙印，甚至在二者的拉扯博弈中愈发复杂，它一面享受着制度与政策红利，另一面还要承受市场化不足的成本。另一方面，传统金融与新金融混搭。传统金融在不完全市场经济中尚未发育完全，就拿退出机制来说，不仅股市"只进不出"，金融行业本身也很难自主完成问题机构市场化的优胜劣汰，以致始终难以形成市场硬约束与资源有效配置。而随着金融创新、金融科技野蛮生长的投机套利、圈钱骗局又甚嚣尘上，可谓旧伤未愈、新伤又起。种种因素综合之下，中国金融业在迅速膨胀中混乱、失序愈演愈烈，难以挣脱"一放就乱、一抓就死"的治乱循环魔咒。

那么，中国金融业发展究竟要走哪条路？眼下来看，市场和银行分别主导的两条金融路线各有各的短板。一是，处于经典市场经济高级阶段的美国金融业已然走邪入魔，完全脱离了经济的基本盘。以至于如今疫情当下，美国的实体经济与金融市场已然是冰火两重天，一面是破纪录的失业率居高不下，另一面是股市依旧火热。二则，德国的全能银行模式也面临瓶颈。不仅在一定程度上抑制了高新技术、数字经济等轻资产创新型行业发展，还有"大而不能倒"的混业银行体系无形中放大了系统性风险。再加上负利率已然抽去了现行金融系统的逻辑支点，无法线性依赖。

以此观之，中国金融业的发展不能"非左即右""有先有后"，而是将在半道上再次转弯，全面开启金融复式时代。一方面，金融市场化、证券化将继续不断深入。改革开放以来，中国的资本市场不断扩张，如今A股已经是全球第二大股票市场和债券市场，而商品期货的成交量位居世界第一。与之相对的是，国民经济证券化率不到50%。而《2019年资产证券化发展报告》显示，2019年我国共发行资产证券化产品23439.41亿元，同比增长17%；年末市场存量为41961.19亿元，同比增长36%，恰恰反映出了巨大的市场潜力。进而，不断完善的多层次资本市场将通过不同的风险定价机制进一步发挥市场优化资源配置效率的优势，扩充多样化的直接融资渠道。比如创业板成立10年间（截至2019年10月底），就让近800家企业实现了约7500亿元股权融资。

另一方面，金融资本化、资本基金化、基金平台化、平台股权化将引导金融业为实体经济服务。毕竟，向基金平台化、平台股权化发展升级，本身就意味着这些基金既不缺钱，还能带企业、做项目。尤其是近年来政府引导基金以财政10%的资金撬动了90%的社会资本，已经不自觉地走出了一条金融服务实体经济的另类道路。截至2019年上半年，全国共成立1311只政府引导基金，其自身总规模为19694亿元，而政府引导基金募资基金群总规模达82271亿元，投向了信息技术、生物医药、互联网等高端新兴产业。如此一来，中国将在两条路线上走出复式化的第三条路。即便金融之恶不自动退出历史舞台，中国金融的复式道路在"一放一收"之间也能进行纠偏。

第七章　产业互联网让中国再获机遇

消费互联网的核心是便捷、廉价、云端，产业互联网的核心则可收敛为超级链接、集成整合、AI（数据＋算力＋算法）。消费互联网已在便捷、高效方面登峰造极，而百年一遇之大变局势必推动互联网由消费向工业迭代。产业互联网将成为中国转危为机的筹码，再一次把百年一遇的大危机转为百年一遇的大机遇。

从消费互联网到产业互联网

产业互联网不是一个新概念。2012年，通用电气前全球董事长兼CEO杰夫·伊梅尔特在美国发表题为《又一场工业革命》的演讲，将产业互联网概念推至台前。而彼时的中国还沉浸在消费互联网的狂欢中，"8.3亿网民、14亿人口"的体量带来的巨大商业价值，让互联网企业想方设法地追逐每一个消费者。而随着人口红利释放殆尽，消费互联网高速增长消退，于是，对应消费互联网提法的产业互联网高调入场。2016年，美团王兴提出"互联网下半场"做出预热；2018年，腾讯大刀阔斧的组织架构调整，以及马化腾夜半知乎"产业互联网和消费互联网融合创新，会带来哪些改变"一问，将产业互联网推向高潮。

但直到当下，产业互联网都没有一个标准的定义。工业互联网产业联盟认为，产业互联网是"以机器、原材料、控制系统、信息系统、产品，以及人之间的网络互联为基础，实现智能控制、运营优化和生产组织方式变革"；有研究机构认为，产业互联网本质是"生产要素的数字化"；腾讯给出的注解是，"产业互联网构建新型的、产业级的数字生态，打通各产业间、内外部连接，以新兴产业的技术提高传统产业效率，以传统产业的市场带动新兴产业规模"。总之，1000个人眼中有1000个产业互联网。

如果说，消费互联网是以个人为用户，以日常生活为应用场景，其存在价值是提供消费体验，核心是便捷、廉价、云端，即按照线下实体的系统和要素建立线上的系统镜像—搜集线下需求端与供给端数据—匹配供需数据后进行交付，在实现"不让中间商赚差价"的同时，带来各种各样的便利，创造消费者剩余。这也决定了消费互联网的局限性：其触角主要集中在线上和个人消费者，难以解决线下实体产业优化、产品服务附加值提高、生产效率提高等问题。

那么，产业互联网的核心则可收敛为超级链接、集成整合、AI（数据+算力+算法）。具体而言：

第一，其核心功能是集成整合，通过互联网技术，对冗长而分散的产业链进行资源整合和流程优化，去掉或减少产业链的不增值环节，促进产业链上各环节的分工协作，实现对产业链生产关系的改造优化和生产力的赋能提升。

第二，其实现路径是超级链接。产业互联网打破了以公司为主体的沟通基础，通过实现供应商、客户、设备、生产线、产品等产业垂直领域要素资源的互联互通，构建起全要素、全产业链、全价值链、全信息链等跨企业、跨地区的全面链接，促成供需间精准匹配。

第三，其技术底牌是AI智能技术集群。其中，数据是必要的生产原料，更是产业链上"云"的基础；以云计算、边缘计算为代表的算力的快速发展，为处理海量数据提供了有力支撑；算法技术通过采集与处理海量数据信息，帮助产业链运营分析预警，并提供智能决策支持。

因此，消费互联网与产业互联网的差异，并不仅限于前者侧重需求侧、后者侧重供给侧，两者的核心差异导致了其本质性的不同。一方面，消费互联网是成本为王，产业互联网则是效率为王。消费互联网实现成本最大程度优化，开新零售风气之先的小米即为一例。雷军曾公开算过一笔账：同样100元成本的产品，小米定价105元就能盈亏平衡，有的企业可能需要两三百元才行。而产业互联网通过对内智能化、模块化，对外链接化、云端化，构建一个以产品数据为核心的产业链，实现全流程精准调度决策。以服装领域为例，以前的西装定制可能需要几个月时间，而互联网赋能的酷特云蓝（原红领集团）将时间缩至一周。

另一方面，消费互联网是规模经济，产业互联网则是价值经济。传统消费互联网让线下实体上"云"，但没有形成共赢机制，线上的大规模发展往往伴随线下传统实体的大规模消亡，淘宝的兴起让七浦路失去原先的热闹，即为典型一例。而产业互联网与传统产业是赋能、加持和升级的关系，借杰夫·伊梅尔特的话来说，产业互联网的威力在于"1%"，即在产业互联网所推动的变革中，即使效率只提升1%，其所带来的效益也是空前巨大的。全国目前有60余个万亿级的产业集群，仅在航空、电力、医疗保健、铁路、油气这5个领域引入数字化支持，假设只提高1%的效率，那么在未来15年中，预计就可节约近3000亿元；如果数字化转型能拓展10%的产业价值空间，每年就可以多创造2000亿元以上的价值。

来自产业互联网的挑战

产业互联网一旦全面落地，各行各业的运作方式都将从消费互联网的逻辑中转换，面临前所未有的变局与挑战。

首当其冲的就是微观企业层面的参与动力问题。

第一，产业互联网的互联互通以开放为前提，而企业为维护核心竞争力，往往选择封闭。这既是为了避免信息泄露，保护知识产权，也是为了防止社会资本干扰企业决策，毕竟资本趋利而动，必然要求获得更快、更多的回报，这与华为、宜家等企业坚持不上市的逻辑相通。因此，产业互联网往往与企业长远目标和运作方式互斥。

第二，企业作为产业互联网的受众，要比消费互联网的C端受众更难被打动。消费互联网的C端受众是量大面广的个体，容易被主观意识支配，但企业端的决策要理智得多。更何况，与C端相比，B端的头部效应很明显，其自身往往已经向产业链垂直延伸，形成一套完整的供应管理系统和销售体系，对产业互联网的需求度没有那么高。

第三，从更实际的成本角度而言，以企业为主体的供给端自建"云"的代价太大。产业互联网对基础设施和技术的要求较高，对资本的需求也更大，单单依靠一个或几个企业，难以支撑起产业互联网的快速发展。即便是通用电气级别的行业巨擘，都在产业互联网实践中受挫——通用曾推出拥有完整"边缘+平台+应用"构架的Predix平台，美誉度之高，使得产业互联网圈内一度言必提及Predix，但是，该平台却始终没有带来相应的利润回报，最终以通用剥离Predix收场。

尽管如此，"只要思想不滑坡，方法总比困难多"，通过"云端企业+产业龙头企业+政府背书的引导基金"，可以在很大程度上化解企业个体的不情愿。云端企业主要化解实体企业自建"云"的成本，产业龙头则充当产业互联网实践的先锋，大规模导入产业链资源要素。而云端企业与产业龙头入局的关键前提则在于政府，事实上，产业领域新技术、新思想的应用和推广，都离不开政府的引导，即便是高举经济新自由主义旗帜的美国也不例外。20世纪80年代，美国推出《拜杜法案》，特别规定，允许企业把政府拥有产权的专利转化为商品，赚了钱之后再和政府分成。这对美国的创新发展起到了很大的撬动作用：美国的科技成果转化率在1978年仅为5%，《拜杜法案》出台后，这个数字在短期内翻了10番。

但与微观层面的企业动力问题相比，在中观产业层面和宏观管理层面，产业互联网显然将面临更棘手的挑战。

中观产业层面，产业互联网面临全过程的非标问题。消费互联网C端需求存在通用化特性，尚且可利用终极商品的标准化来倒推全过程的标准化，但产业互联网涉及的B端则面临设备种类繁多、应用场景复杂、数据格式差异等问题。比如，汽配上游有150多个品牌，10万多个车型，具体到每个配件有1亿多SKU（最小存货单位）；中间经销商有20万家；下游50万个维修厂，每个环节都面临标准不统一的问题。目前，虽然条码、二维码已被广泛应用，但是绝大部分企业使用的都是自己的私有标识。一份2018年的企业调研在全国31个省区市统计了700多个工业企业，超过60%以上的企业使用了标识，但是绝大部分企业都是自定义标识编码方案，这些标识编码互相难以兼容和转换。这就好比没有形成统一的语言，产业互联网各个环节的沟通交流就成了大问题。而想要解决产业互联网的标准化问题，在现阶段还没有善巧方便的途径，只能扎扎实实埋头苦干。中国在2018年颁布了《国家智能制造标准体系建设指南》《工业互联网标准体系框架》等文件，工业互联网标识国家顶级节点在北京、上海、武汉、广州、重庆五大城市建设并投入运营，还建设完成了55个二级节点。但对于占企业总数90%以上的中小企业来说，二级节点的建设能力还远远不能满足企业发展的需求。而唯有这些基础设施到位后，方能打通产业链、供应链和销售链，实现链上要素全面串联。

宏观管理层面，政府也将面临前所未有的挑战。一方面，线下企业被洗牌后将出现规模空前的失业人口。正如蒸汽机让传统手工业者失业，拖拉机让农民失业，随着产业互联网的发展，数字劳动力的崛起也将让未来的人们

"无工可打"。就连创造性岗位都面临被颠覆的局面。2017年，阿里"鲁班"正式上岗后，仅在当年"双11"期间就制作了4亿张横幅广告设计，约等于每秒做8000张海报，干倒一大片设计师；更无须提机械化的人力劳作正广泛被无人工厂、无人生产线替代。另一方面，产业互联网将催生超速发展的超级垄断。B端头部效应突出的产业结构、产业互联网投入的巨额成本等，早已证明产业互联网在一定程度上将成为巨头们深度博弈的"黑暗森林"；何况正如上文所述，产业互联网以效率为王，企业为追逐自身效率必然沿着产业链上下游延伸，经过激烈角逐，横贯垂直产业链的超级巨无霸也将跃然而出。更需强调的是，在产业互联网崛起的同时，消费互联网并未消亡，相关问题与挑战只多不少。于是乎，消费互联网重在横向，产业互联网重在纵向，相关政府部门俨然处于两者的交界处。

尽管产业链的非标问题尚未解决，政府部门纵横捭阖的能力亟待提高，但产业互联网的发展不会因为"还未准备好"而停下步伐。

就中短期看，产业互联网将加速网内化学反应，一场更为广泛的产业洗牌开始了。产业链上的每个环节都需要做数字化升级，并通过数据产品和服务拓展产业链的价值空间。而随着产业链上的资源整合，并购重组是产业互联网发展的一条必经之路。尤其是以企业为主体的沟通交易方式被打破，产业资源导入的重要性远大于单纯的资金投资。因此，将民营企业市场竞争优势和国有企业资源信用优势进行互补的混改将成趋势，或以产业链上的国有核心企业（股权投资、资源投入）+民营骨干企业（运营模式嵌入）为主体，形成产业平台模式。当然，产业互联网不仅关乎企业的命运，也蕴含着一座城市、一个国家的发展机遇。

就长期看，产业互联网仅仅是一个开始。如果说互联网上半场是消费互联网，中场是产业互联网，那么下半场则是万物互联。纵观消费互联网的发展历程，早期是单一方向上满足人们获取信息的需求，对应出现的是

Lycos、雅虎等搜索引擎；接着开始加入互动要素，以脸书、QQ、微博等为代表的社交类网站崛起；其后，线上信息逐渐延伸至线下生活，亚马逊、淘宝等线上交易网站逐渐发展壮大；随着交易内容从商品延伸到服务，平台经济崛起。由此构成了"消费互联网单向资讯（C端单向服务）—信息交互（C端互动）—在线交易（引入B端）—平台生态（丰富B端）"的全过程。梳理来看，互联网的星星之火正沿着产业链向上游供给侧延伸，最终必然驱动产业互联网的发展。

更进一步而言，自20世纪60年代阿帕网开始组建，一场持续推进的数字化浪潮就已开启，技术和数据作为最重要的生产要素，以自然溢出的方式向各个行业扩散。因此，消费互联网和产业互联网最终将走向打通融合，进入从源头到终端的万物互联时代。

产业互联网将在中国爆发

虽然工业互联网之风最早从美、德刮起，但是，中国却是最有条件、最有实力实现产业互联网落地、发挥产业互联网威力的国家。

第一，中国具有最大的互联网应用前景。需求层面，14亿大众是中国互联网航船的压舱石。截至2020年3月，我国网民规模为9.04亿，位列全球第一；电子商务交易规模34.81万亿元，已连续多年占据全球电子商务市场首位。更何况，有别于成熟的欧美市场和相对狭小的日韩市场，中国作为一个新兴的发展中大国，各个领域的巨大市场也为企业新技术的孕育提供了必需的需求规模。供给层面，中国在互联网领域也拥有非常好的基础。乔布斯曾比喻仙童半导体公司"就像个成熟了的蒲公英，你一吹它，这种创业精神的种子就随风四处飘扬了"，从一定意义上说，BATJ（百度、阿里巴巴、腾讯、京东）也已成了成熟的蒲公英，种子不断生根发芽，枝繁叶茂。

第二，中国拥有世界最完整的工业门类体系。经过70余年的发展，中国已是全世界唯一拥有联合国产业分类中所列全部工业门类的国家。这意味着所有领域的技术创新，几乎都可以与中国工业制造能力链接。

第三，供应链、产业链、价值链调整在中国具有难以替代的战略纵深。中国规模巨大、差异也巨大的市场需求以及完整的工业体系，提供了多样化的产业应用场景，让不同的技术方案和升级路径都可以得到探索和试验，形成三链调整、产业生态系统演进的巨大动力。此外，中国消费互联网领域发展基本实现了全球规模最大消费端的数据化迁移，积累了信息技术对产业进行改造的经验，可通过消费端与产业端对接，进一步拓宽三链调整的空间。

第四，产业互联网重新"格式化"的过程中，中国不"差钱"。上篇已谈到，产业互联网对基础设施和技术的要求较高，而且涉及与各行各业链接，因此培育过程投入较大，但中国市场尤其不"差钱"。在一定意义上，中国消费互联网发展的最强逻辑就是"烧钱"，过去10年就经历了8次"烧钱"大战：2011年千团大战，百亿融资烟消云散；2012年电商大战，以京东喊出"三年零毛利"为标志，价格战大幕开启；2013年在线旅游大战，携程、艺龙、去哪儿拼得你死我活；2014年网约车大战，仅4个月内，滴滴、快的便"烧钱"20亿元；2015年外卖大战，饿了么、美团、淘点点和百度外卖四巨头贴身肉搏；2017年共享单车大战，40多家车企逐鹿中原，每家平均"烧钱"4200万元；2018年新零售大战，其中无人零售"烧钱"百亿元后几乎全军覆没；2019年下沉市场大战，拼多多、淘宝聚划算、京东秒杀的"百亿补贴"交替上演。

与此同时，中国还形成了两股"最强辅助"势力，可以让产业互联网最大可能释放威力。英国剑桥大学著名学者卡洛塔·佩雷斯在其著作《技术革命与金融资本》中，将人类工业革命的发展史用一句话概括为"一次科技革命，一代基础设施，一种'技术—经济范式'"。他认为，每一次工业革命的真正爆发，基础设施建设都是先行条件。而中国目前正好达成了产业互联网基础设施方面两个独特优势。

北斗与5G技术的结合，超宽传输、低延时、应用场景无限，让产业互联网进入"高速公路"。5G技术的出现让超宽传输成为可能，支持数据传输达到100兆/秒，同时支持大连接，可以做到1平方公里100万个传感器联网。过去发展产业互联网，由于网络带宽可能不够，时延比较大，数据指令传到后台时已经错过了最佳时间，决策再回来时难免出现时滞。而5G技术的出现使得数据指令能第一时间送到后台决策，第一时间反馈，让生产资源、信息数据、生产设备和员工能够高度无缝连接。而北斗卫星导航系统组网成功，更是可与5G技术相互赋能、彼此增强。中国工程院院士刘经南曾在报告中指出，5G技术与北斗结合，可以产生感知、学习、认知、决策、调控五大能力，"让广域或全球性分布的物理设备，能在感知的基础上具有计算、通信、远程协同、精准控制和自治等功能"。这无疑为产业互联网应用打开无尽想象。

可以预见的是，在产业互联网背景下，中国将迎来前所未有的产业大变局、大洗牌。一方面，当下正处于全方位的过剩阶段，依然遵循过剩必然出清的逻辑；另一方面，产业互联网不是一种平缓的增量改进，而是一个"破坏性创造"的过程，无疑将解构原有的产业格局，形成新的产业秩序。在国内工业互联网的战场上，就出现了互联网巨头、信息通信企业、工业企业，以及拥有相关背景的创业公司4股力量混战。仅在工业互联网的底层基座——工业互联网平台，就不仅有海尔、富士康这样的工业王牌部队一路高歌猛进，还有百度、阿里、华为等跨界者强势入局，再加上数以百计的后来者们（东方国信、浪潮、黑湖智造、昆仑数据等），足够搅乱产业格局的一池春水，谁执牛耳还未可知。

30多年前，中国第一封电子邮件从北京发出，这封邮件的主题是"越过长城，走向世界"。而在七八年后的1994年，中国通过一条64K的国际专线与美国NSFNet[1]直接互联，彼时距美国互联网雏形阿帕网建立已过去25年。谁都没有想到，这根线会开启如此辉煌的中国消费互联网时代。当互联网进入下半场，中国独有的实力与底气，叠加疫情危机开启的时间窗口，将带动产业与经济进入下一个波澜壮阔的产业互联网时代。届时将不仅仅是"越过长城，走向世界"，更是穿越时空隔阂，实现产业资源互联互通，甚至突破人与物的界面，实现交互。

---

[1] 1986年7月，美国国家科学基金会（NSF）资助了一个直接连接美国6个超级计算机中心的主干网络，并且允许研究人员对因特网进行访问，以使他们能够共享研究成果并查找信息。这个主干网络就是NSFNet。——编者注

第八章 财政压力凸显

我国财政压力越发显性化，财政收入下滑，支出高于收入，让本就已捉襟见肘的财政雪上加霜。先发债、后放贷，又怕中间被"截和"，但"财政货币化"实际上做反了，与其推行花样繁多的经济刺激举措，不如进行税收增长替代性改革。通过税收主战场调整，实现税收增长替代，进而回归税收的初心——承担二次分配功能，摆脱增和减的二元对立。

"财政货币化"做反了

纵观历史，当一个国家财政入不敷出时，通常会以借债的方式解决支出问题，这笔借入的钱就是赤字。通常情况下，政府债券的买主都是企业和个人，而如果"财政赤字货币化"，则购买政府债券的主体就变成了国家央行——政府卖、政府买，这样的债券一般都是零利率或负利率。由于政府本就缺钱，央行只能通过"印钱"的方式购买债券，可见，所谓的财政赤字货币化，就是央行通过增发货币来购买财政发行的债券，那么债务就变成了货币。也就是说，借钱变"印钱"，一字之差，结果却是天差地别。原来借多少钱总会有所顾忌，毕竟借钱要连本带利还。财政赤字货币化以后，却变成政府花钱，央行买单，中间缺少了市场的约束。

此门一开，货币或如滔滔江水一发不可收拾。正如《印钞者》一书中反复强调的，印钞重要，但更重要的是，谁来承担印钞的代价。既然政府可以直接从中央银行拿钱，没有偿还的约束，那还有什么必要付息？因此，政府往往通过"借新还旧"，有期限债务转化成永续债，让中央银行用核销等方式，逃避债务偿还，最终实现"无成本"。看似无成本的操作，实际上却是以通货膨胀的方式让整个社会来买单。纵观人类历史，财政赤字货币化的实践大都以悲剧告终。第一次世界大战后的德国魏玛政府，20世纪70年代的美国福特政府及卡特政府，都在高通胀中吃了大亏。

货币历来是个复杂的课题。没有搞懂货币本质就贸然开启货币宽松大潮，推行财政赤字货币化，就像在地圆学说提出之前，人类在茫茫大海中漂泊，但不知所向，亦不知祸福。一来，政府发债不再需要从民间回笼资金，也不用考虑资金成本，导致行政化取代了市场化，政府财政资金不再考虑效率和利润，货币也将不再向有效生产的领域涌入，而是向权力集中的领域涌入。二则，大规模的财政资金涌入市场，又没有了购买国债等方式来回收，会导致大量资金迅速涌入大宗资产和固定资产领域。显然，如果实施财政赤字货币化，最有可能出现的结果就是国家的抗疫资金仅仅救了一小批靠近权力的国企，顺带导致房地产等行业泡沫化等一系列后果。

事实上，当前市场的核心问题并不在货币的流动性（市场上不缺货币），而在于这些货币和信用有没有拿来进行生产性的活动，也就是传导机制的问题。央行通过公开市场向银行"注入"流动性，增强银行放贷能力，未必能传导到实体领域。事实上，中国的M2已经超过了200万亿元，信贷占社会融资规模的70%左右。可即使信贷规模如此之大，中小企业融资成本依然高，大量资金只会流向金融领域空转。即便要求银行拿到的资金必须用于放贷，结果也可能事与愿违。因为传导机制的问题不解决，不断推出相关政策仍是隔靴搔痒。

那么，传导机制的问题在哪里？

第一，中国的利率以官方定价为主，而非市场化。通常，传导机制是由利率机制决定的。商业银行根据资金供需及市场风险调整利率，向企业提供贷款。然而，目前我国存贷款利率虽然上下限已放开，但央行仍实行存贷款基准利率，存在基准利率与市场利率并存的利率两轨，这实际上对市场化的利率调控和传导形成了一定阻碍。利率价格失灵，价格机制无法合理调节余缺，信贷传导机制自然就会出问题。

第二，当价格机制失灵时，取而代之的是人为调配，资金在种种复杂的调控手段下被中间截流。次贷危机以来，我国央行也创造了一系列货币政策工具，包括定向降准、再贷款、再贴现、MLF（中期借贷便利）、SLF（常备借贷便利）、SLO（短期流动性调节工具）、PSL（抵押补充贷款）等，但这些工具都需要通过商业银行或政策性银行进行货币政策的传导，在途时间长、传导程序多，还不可避免地增加了行政成本。

第三，广泛存在的"所有制歧视"扭曲了传导机制。商业银行的国有属性和对资金安全的考量，注定了调配资金时的"所有制歧视"。与岌岌可危的中小企业相对的是，国企往往有隐性信用背书，如此一来，资金只会流向国企或大型民企，大量的中小企业仍然嗷嗷待哺。如果硬让银行这个中介机构放贷，一旦出现无法还贷的情况谁负责？由此可见，央行与实体经济中的中小微企业之间隔着利率机制、金融机构，还隔着市场认知差异，资金不是在金融领域空转，就是在国企、基建、大企业大项目领域运转，央行与中小微企业只能两两相望。

先发债、后放贷，又怕中间被"截和"，这种逻辑下的财政货币化实际上做反了，极端地讲，应该是货币财政化。即通过央行货币政策的途径，实现类似于财政政策的结构性功能。研究表明，在利率水平没有达到零利率下限时，货币财政化对经济的刺激比通过政府举债支出的方式要更强。根据财政部测算，2019年我国减税降费2.3万亿元以上，拉动GDP增长约0.8个百分点。因此，与其推行花样繁多的经济刺激举措，不如探索"没有中间商赚差价"的直接救助，即回归第一性原则。既然本次新冠疫情后调控的核心是民生就业，而主要承担就业责任的是企业，那么就要找到最短的途径、最直接的方式让利于企业，无须硬性规定银行40%的贷款增速、后续监管查账等来确保小微企业获得贷款。

如果说，财政货币化是所谓的大水漫灌，那么减税免税就是"放水养鱼"。非常时期，虽然与美、日相比，中国仍有足够的政策空间，但是如何让央行的政策扶持真正落实到实体经济，才是关键。

财税改革根本在内部结构

我国财政压力越发显性化，一边是财政收入下滑，另一边是支出高于收入，让本就已捉襟见肘的财政雪上加霜。在此背景下，中央与地方政府财政均面临两难困境。一方面，若减税，财政收支平衡压力加大。实际上，截至2019年，全国财政累计收支缺口就已达4.8万亿元，比2018年扩大1.1万亿元，疫情更是使财政收支缺口进一步加大，政府不得不面临"钱从哪里来"的问题。路径依赖下，地方财政收入的重要来源——土地财政，成"江湖救急"的必备手段。贝壳研究院的统计数据显示，2020年前三季度，全国351城整体住宅用地累计成交金额突破4万亿元，成交金额累计同比增长10%，杭州、上海、北京成交金额分列前三名。可见，即便是上海、北京这些初步摆脱了土地财政的中心城市，也需要靠卖地来缓解财政压力，遑论其他没有摆脱土地财政的诸多城市了。实际上，2019年，近九成城市对土地财政依赖度超过50%。如此一来，地方财政的全面转型或将再次被搁置。另一方面，若不减税，企业难、民生艰。若不进行减税救助与补贴，还会有更多企业活不下去，最后不仅收不了税，更重要的是影响就业这个民生之本。而作为实施

"六稳"（稳就业、稳金融、稳外贸、稳外资、稳投资、稳预期）着力点的"六保"（保居民就业、保基本民生、保市场主体、保粮食能源安全、保产业链供应链稳定、保基层运转），首要目标便是保就业、稳就业，因此，减税相关举措必不可少。

长期以来，中国在财税方面偏重绝对的量增量减，要么增加税种、提高税率，要么减税降费、"两税合一"等。如2019年，我国全年累计减税降费2.36万亿元，占GDP的2.39%；2020年，为对冲疫情影响，中央政府又超预期地继续加大减负力度，1～4月全国累计新增减税降费9066亿元，预计全年为企业新增减负超过2.5万亿元。从2013年开始算起，到2020年，我国累计减税降费规模将超过9.16万亿元。

然而，减税的同时，却是税收收入依然在增长。2019年，全国税收收入15.8万亿元，同比增长1%。其中，增值税62346亿元，同比增长1.3%；企业所得税37300亿元，同比增长5.6%。这看上去似乎与减税政策不吻合，令政策被诟病。但实际上，税收增长和减税之间并不是此消彼长、完全对立的两面，税收收入增加与中国经济体量及其不断扩大息息相关，也在一定程度上表明了中国减税降费空间仍然巨大。

第一，相对于自身而言，中国目前的税负处于高位。改革开放前30年，中国宏观税负先低后高，2013年达到巅峰，为38.27%，后缓慢下降并趋于平稳，到2017年，中国宏观税负水平为34.6%。但此前税率虽走高，却有"五免三减半""三免两减半"等一系列优惠政策，拉低了实际税负，如今这些优惠却早已退出历史舞台。

第二，相对国外而言，中国税负已站上世界高地。2017年，"特朗普税改"引发各国竞相减税潮，相形之下，中国税负更显沉重。世界银行数据显示，2017年，中国宏观税负显然高于新兴经济体平均水平（26.3%），甚至接近发达经济体平均水平（36%）；而企业总税负更是高达67.3%，为美国的1.53倍，是世界平均水平的近1.67倍。高税负无形中提高了中国企业的压力，使企业在竞争中处于劣势，倒逼企业出走异国他乡。税负的政策效应已经超越国家本身，上升至国际投资环境竞争力的角逐。

第三，相对过去，征税体制趋紧。原本社保费率的刚性增长，已经让企业深感压力。虽然近年来我国先后4次降低社保费率，但这种下调已被每年10%的基准上调冲淡。尤其随着"金税三期"的应用，社保缴纳归税务系统统一管理，并根据员工的实际工资来缴纳社保等，让原本的偷税漏税手段无处遁形，增加了企业经营成本。基于生存考量，企业不得不减薪裁员。显然，税改未能真正反映"减税富民"的政治诉求。

而除了相对上的不平衡，我国财税体制还存在更重要的问题有待解决：

第一，税基狭窄，引发不公正。征税范围较窄，不仅导致税源流失，还凸显征税的不公正。如大量税负集中在制造业企业身上，制造业税收占总税收比重长期高于其增加值占GDP的比重。但制造业目前已陷入价值低洼困境，平均利润率仅为2.59%。又如对不同性质的企业采取不同政策。在同等环境下，国企更具资源、资金等优势，政策性银行向相关企业提供的政策性贷款，主要受益者是国有企业，一些垄断性行业的国企"一亏就补"，中小民企却被杜绝在外。此外，税基基座越窄，越容易转嫁，且"税收大厦"的抗风险能力也会被相应削弱。

第二，税收结构不合理。目前，流转税在中国税收总量上保持超半数的绝对地位，而财产税占比不过三成左右。与此相反的是，世界发达国家大都以财产税为主，比例一般超过60%。其中，美国财产税更是占到八成以上。实际上，由于流转税的存在，市场价格因包含税收而"不纯粹"，税负被转移到消费者身上，而大部分税收针对企业征收，企业"税感"强烈。

第三，税制复杂，带来较高征收成本。如"营改增"全面推行之后，实行多档税率使增值税的统一性和抵扣链条的连续性遭到破坏，导致"同业不同策"，引发寻租行为，增加了征管成本与难度。又如，对量大面广的中小企业征税，花费大量人力、物力、财力及时间。目前，中国税收征管成本约占总税收的8%，是美国的4倍。在征税过程中，均衡征收成本是必要的。

由此，中国财税改革实际还有很大的操作空间，但这个空间并非绝对的量增量减，而是在结构上进行相对调整——通过简税制、扩税基、既纵深又扁平等手段。

第一，对国企及垄断企业等适当多征税；而对中小企业，与其另外采取补贴救助，还不如简化税制、减免税收。中国中小企业具有"五六七八九"的典型特征——贡献了50%以上的税收、60%以上的GDP、70%以上的技术创新、80%以上的城镇劳动就业，占比90%以上。鉴于中小企业的重要性，尽快纾困中小企业成为重中之重。或可采取税收优惠政策甚至是免税，并根据经济形势适时调整；或可如同海南15%的新税率[1]一样，采取永久减税。如此，既减少了"先征后返"的行政成本，避免了被"截和"的可能，又可保证中小企业活下去，"放水养鱼"扩大税基，还有助于刺激内需。从长远看，随着企业效益改善，财政收入形势反而会好转。

第二，征税重心从传统行业向虚拟行业切换。信息文明时代，共享经济、体验经济、平台经济等新玩法、新概念层出不穷，颠覆了传统工业经济时代的游戏规则。而传统税收体制难以覆盖新经济，形成天然的"免税特区"。如电商行业，过去基本上不缴税，在经历20年左右的空窗期后，随着2019年1月1日《电子商务法》的施行，才正式需要缴纳税费，税收体制的"补漏"明显滞后。又如当下万亿规模的"新基建"，前期享受的优惠与培育必不可少，当行业成熟后，没有理由对数字、虚拟类商品及服务同有形商品及服务进行差别化征税，"新基建"也要及时承担起税收责任。总之，围

---

[1] 2020年6月，《关于海南自由贸易港企业所得税优惠政策的通知》规定，对注册在海南自由贸易港并实质性运营的鼓励类产业企业，减按15%的税率征收企业所得税。——编者注

绕新经济领域的征税要"跟紧时代步伐"。

第三，税制从以流转税为主，转向以财产税为主。如今，普通人仅靠劳动已经不能致富，而资本边际效应递增，正在以空前的速度积累财富。尤其是当前全球大通胀下，富人的财富更是水涨船高。然而，我国劳动所得的个税税率最高达45%，资本所得税率却仅为20%，且尚未对诸如炒股所得税、房产税、遗产税、财产赠与税等财产性收入开征，财产税征收空间较大。且开征财产税承担着"均贫富"的作用，以涉及面较广的房地产税为例，2016年5月，中国全面推行"营改增"后，地方税的主体税种消失了，需要新的主体税种取而代之，房地产税成为焦点。对普通房产不征税、对大部分房产征收轻税、对少量奢侈性房产征收重税的方式，能够调节和促进社会公平。

总而言之，无论是从绝对还是相对、从纵深还是扁平的角度，财税改革的根本在于内部结构性调整。

地方招商引资版本升级

招商引资对中国经济可算是法宝与功臣。只要经济增长有需要，招商引资就充当先锋。尤其在吸引外资上，外资为中国贡献了10%的城镇就业、20%的财政收入、25%的工业产值和将近一半的进出口业绩。不管是地方经济增长，还是增税收与促就业，招商引资都功不可没。可说起最早的招商引资（1.0版），实则是熟人之间、乡里乡亲的人脉招商，更多集中在内资的内部流动上。地方政府招商引资真正在中国登上历史舞台，源于改革开放后因开放政策成立的开发区，以沿海地区试行4个经济特区为标志。只不过，当时地方政府没什么经验可借鉴，也不知从何抓起，就先从深圳吸引港资开始。当时，港资占比外资六成以上，并以"三来一补"（来料加工、来件装配、来样加工和补偿贸易）与香港形成了"前店后厂"关系。再加上台胞回大陆探亲，投资逐步开放，港商、台资荣归故里，开启了大陆布局（2.0版）。仅20世纪80年代，台商在福建的投资额就超过100亿美元。而真正让招商引资大放异彩的是中国加入WTO后，外资大举进入布局产业链和供应链（3.0版）。据专家测算，1995~2013年，外资和外资企业对中国GDP的贡献率约为16%~34%，对中国就业的贡献率约为11%~29%。各地基本通过税收优惠、基础配套等吸引FDI（国际直接投资），对外资尤以超国民待遇奉为上座，创造了地方经济增长奇迹。尤其在1998年房改和2002年实行土地招拍挂（国有土地拍卖）后，不只园区等卖地生财，就是地方，都靠土地财政进行招商引资（4.0版），直到造城运动大潮热度逐渐消退，各地才真正回归比拼成本——这才是招商引资的核心竞争力（5.0版）。毕竟，从市场到人才再到商务成本，都影响企业入驻决策，而只要一取消优惠政策，就将导致企业撤离，这让地方开始注重整个营商环境的打造和长远规划的招商。于是，在五年规划和三年行动计划中，地方纷纷将重心放在产业战略高地上，进行倾斜式招商（6.0版），为此编制地方产业规划，甚至为便于精准招商，制定产业引资路线图。伴随2014年政府引导基金在全国遍地开花，尤其是政府以10%的启动基金撬动社会90%的闲散资金，产业引导基金招商（7.0版）迅速被追捧，地方只要招到基金，就从资金到项目全有了，何乐而不为？更有甚者，2017年以来，全国多地爆发"抢人大战"，从送户籍到送房子，开启了吸引人才的倒贴式招商（8.0版）。因为在不少地方看来，推动高质量发展，人才支撑是关键，招才引"智"自然能让资金、项目和创意"快到碗里来"。

  显然，40多年来，随着形势不同，在不同阶段中国进行了8次招商的版本升级。可2020年疫情一来，以往所有招商套路在新变局下都得重新检验、重新建立。一方面，从降低需求到影响生产，疫情重击地方经济，商业环境的恶化已让各地重心放在稳商稳资上，这样才能更进一步招商引资。而为化危为机，城市形象的宣传成了招商引资的名片。多地推出城市战疫宣传片，《武汉色彩》《书香昆明》《四季》等宣传片竖起一面面城市旗帜来招商引资，有些区县甚至连一把手们都上台直播带货。另一方面，云为媒、网为桥，招商引资线上化、集体上"云"已成共识。不管是河北网上投洽会，还是湖南招商云平台，抑或是温州首场直播推介会，无不让地方招商从"面对面"变"屏对屏"，并以"云签约""云开工"等促使项目落地。以往招商靠门庭若市的展会，可如今疫情之下，网上招商会更便利、更热闹，只要在线发出邀请函，客商"网见面"、项目"远程谈"、投资"云上签"，甚至连项目全流程都是"云服务"。招商引资从线下转战线上，并从被动危机公关上升到主动整体城市营销。从形势上看，这是一个最坏的时代，连招商引资都得大洗牌、大整合，但这也是个最好的时代，机遇颇多。

尤其对地方来说，以往行之有效的仍得用，如各类基金招商，实则以基金牵头，从资金到项目一起打包，招商为地方串起产业链，形成产业集群。只不过，当下的新式招商不能再怎么时尚怎么来，因为"风口的猪"已经掉落在地，如今再追风口，很容易风口没追上，反被修理。因此，新式招商可能新在方式、载体，但实质还是要与原有的产业生态相衔接，既要维护好原有的基本盘，又要在商招商、在资招资，才能真正盘活源头，流水不腐。

这也意味着招商引资不再只是政府经济部门的单一行为，同时也是相关企业产业链调整的自我需求。毕竟，这么多年的"地方经营城市"，在房地产为主的一次城市化中如鱼得水，但伴随土地财政的无以为继，优惠政策的边际效用递减，单靠政府主导招商早已独木难支。尤其此次疫情导致全球供应链断裂，很多企业难以为继，从产业链到商业模式都不得不进行调整，以适应时代变化。因此，如果说过去是文化搭台、经济唱戏，那么今后就是政府导演、企业表演。因为对地方来说，市场的活由企业来干，政府该干的是市场不能干、不愿干的事，更关乎国计民生与国家战略。未来，地方将注重整体营商环境的打造，从产业规划到战略制定，更多起到引导作用。随之，招商引资也不再只靠单一税收优惠，未来将是多政策的复合，涵盖财税、土地、新金融、新基金等，既要在经济萧条时给出希望的信念，更要通过退出机制等金融创新打消企业顾虑。此次疫情让中国在有效防控下的经济安全岛地位增强，势必引得全球资金竞逐中原。为避免被国际游资"剪羊毛"，地方可通过项目基金化来合理引资，甚至以开放式基金，即可购买、可赎回等方式，来控制风险。最关键的是，招商并非单向，而需双向流动，在彼此嵌入中形成"共同体"。如此，风险共担、合作双赢，更便于招商引资的横向递延与纵深发展。由此，告别单打独斗，招商引资进入复式时代，既在政府与市场中各司其职，又在多政策、多模式下复合，更在组织化地彼此嵌入。伴随边界的模糊，地方不再故步自封，企业跨界融合，招商引资也将向区域化、专业化迭代。

以此再看各地千方百计招商引资，个别地方即便竞争过了对手，也输给了时代——它们无疑是用错了方式方法。若想事半功倍，还需以复式化的新哲学来攻略这场招商引资的大竞争、大洗牌。

首先，当下网络招商的火热，是疫情之下的无奈之举，但仅仅把招商从线下搬到网上，则仍是出于便捷考虑的表象，关键是既要有深刻内涵和强大逻辑，更要有接地气的实操性。湖南分"三步走"打造招商云平台，就不单纯是招商线上化，更多是利用大数据整合多方资源，从政策发布、项目撮合到管理服务等，将多种功能合成到一张网、一个平台。虽然载体变成了网，但实质内容依然在商务成本、营商环境等的比较上。深圳甚至创新"以技引技""以智引智"来邀请知名科学家等作为投资推广顾问，加强科创城市形象的全球推广。

其次，招商引资要有支点与杠杆。这个支点不止于地方的战略布局与产业规划，更在政府作为导演的导向性上。尤其在当下去产能、去杠杆之下，杠杆已不在大小，关键在如何应用，即支点和模式的选择。招商的杠杆更多在产业引导基金等——通过金融资本化、资本基金化、基金股权化来撬动社会资本，聚合多方资源，进而推动地方经济发展。

第三，过去招商靠人脉关系，从人群战术扩延到跨部门分配，其至指标一度落实到党校老师。可到复式时代，不止于发动群众，招商的重心将由全民招商到抓组织创新。未来的招商引资或要如八爪鱼一样能与外界快速链接，通过抓组织和模式创新来进行彼此嵌入与高效复制、繁殖延伸。如此，才能真正高效地招到商、引到资。

第四，产业环境如此严峻，中国虽然在疫情有效防控下率先复工复产，但也因此次疫情暴露出产业"卡脖子"等诸多问题，未来要弥合产业链的断裂，核心就在形成生态化。因此，对地方来说，招商引资首先就要稳住存量，用存量去做增量，提升原产业结构的生态层次，进而形成产业生态。如此，才能以商招商，群以类聚，形成地方的专业个性。

最后，也是最重要的，招商引资是一项系统工程，不仅关系到政府，也关乎产业和企业，更与当下城市竞争、城市形象、地方战略息息相关。这都要求地方高瞻远瞩，从供应链、产业链、价值链通盘布局，系统招商。这就不难预见，未来谁能率先把握复式化精髓，在招数上复合，在功能上叠加，加强顶层谋划，改善营商环境，构建产业生态，谁就能在这场招商大竞争、大洗牌中拔得头筹，脱颖而出。

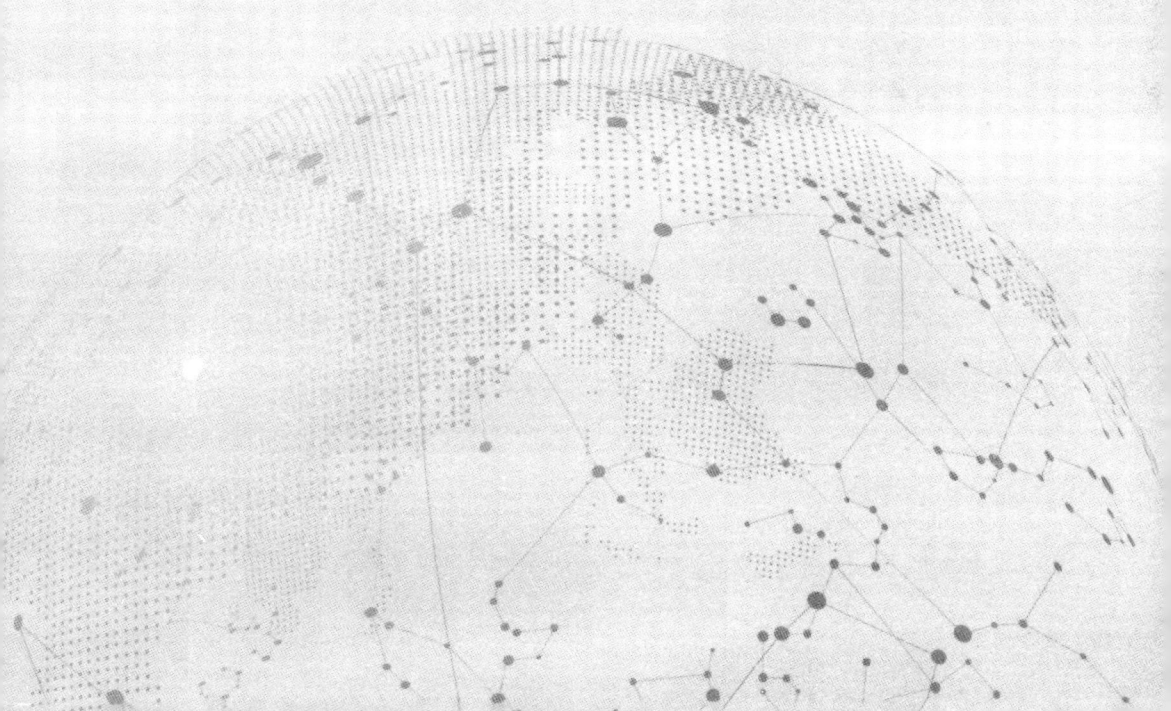

金融篇

第九章　金融"末日大洪水"

当下危机的复杂度前所未有,已无法沿用超发货币的方式解决,无限量化宽松将面临需求、通胀与国家信用的三大约束。用"货币大洪水"来对冲疫情之下的经济问题,不仅效果有限,反而可能弄巧成拙——不仅进一步加剧经济脱实向虚,金融市场本身也将逐渐扭曲。

弱国减"单位",强国发货币

疫情冲击之下,伊朗发起了一场"货币革命"。2020年5月,伊朗议会投票通过《伊朗货币和银行法》修正案,该修正案将官方货币"里亚尔"改为"土曼"。新法案要求伊朗中央银行在考虑货币储备和对IMF承诺的情况下,以土曼重新计算汇率。法律还明确规定,里亚尔将与土曼一起保持两年的信誉,在此期间,将逐步收集旧硬币和钞票,并用新硬币和钞票代替。据了解,新的货币换算将变成1万里亚尔兑换1土曼。也就是说,里亚尔被抹去4个0,用新名字重新使用。一夜之间,伊朗人民的纸面财富大幅缩水。

其实伊朗给货币面值清零不是个例,1998年的俄罗斯、2005年的土耳其、2018年的委内瑞拉,都在恶性通胀的困境下,用改变币值解决货币流通问题。然而,换钞并非万能药,更多国家则是在货币清零后依然处于原地踏步甚至继续恶化的窘迫境地。尤其是在经济下行压力较大的情况下，为了刺激经济，诸多国家深陷"印钞—货币走弱—通胀风险—实际利率降低—资产抛售—货币进一步贬值"的恶性循环，不论币值如何改变，始终是治标不治本。典型如土耳其，21世纪初，土耳其通货膨胀导致里拉严重贬值。到2001年年底，里拉对美元汇率达1650000∶1。2003年，土耳其议会颁布新法，决定发行"新里拉"替代"里拉"，新里拉与旧里拉比值为1∶1000000，于2005年1月1日正式流通。2009年1月1日，土耳其央行又在全国范围内发行新货币"土耳其里拉"，以取代流通中的"新里拉"。2010年1月1日起，土耳其货币"里拉"退出市场流通，由新"土耳其里拉"纸币和"库鲁什"硬币取代。不过，更换的法币并没能稳定太长时间。伴随着土耳其和美国政治冲突升级，土耳其央行连续不断下调政策利率，里拉的实际利率已经处于负利率，这也是里拉持续走弱的原因之一。2018年，土耳其货币兑美元大幅贬值，8个月内贬值超过40%。

即便是手段看起来更为高明的委内瑞拉，也仍难逃出通胀的泥沼。为了应对恶性通胀，2018年2月，委内瑞拉开始预售石油币，并在首次公布的白皮书中这样描述："石油币将以委内瑞拉国内原油作为抵押，这是全球第一个主权虚拟货币。"同年8月20日，委内瑞拉宣布启用新货币"主权玻利瓦尔"替代原有货币"强势玻利瓦尔"，两者兑换比率为1∶100000，而新的法币会锚定正式发行的虚拟货币石油币，定价为60美元或3600主权玻利瓦尔。然而，全球第一个主权数字货币显然又崩了，推出短短半年不到，石油币就大幅缩水至1∶18000主权玻利瓦尔。据委内瑞拉相关机构统计，2019年委内瑞拉通货膨胀率仍高达7374.4%。由此来看，以货币改革来对抗通胀风险，一不小心便会得不偿失。

新冠肺炎疫情重创全球经济，让长年依赖财政举债、央行印钞维持经济增长和就业的新兴市场国家的债务危机瞬间暴露了出来，新兴市场等小国脆弱不堪，又无法通过货币国际化转嫁，便只能管制资本账户维持纸面汇率，通过货币更迭转嫁给本国国民。相对于弱国只能以货币清零这样的手段来抵抗风险，美欧日等发达国家和地区则仍在开动印钞机，并将滔天的"货币洪水"通过货币国际化转嫁到世界。无论日本过去二三十年的情况，抑或2008年以来的美国和欧洲，物价指数与货币政策预期之间都出现了日益明显扩大的差别。在2008年以后，全球主要央行开动印钞机，极大地推高了全球的债务水平。2020年10月，IMF在报告中预测，2020年全球政府债务将达到几乎与全球GDP（约90万亿美元）同等的规模，债务与GDP之比达到98.7%，创历史最高水平。2021年，发达国家政府债务占GDP比重将达到125%，超过"二战"刚刚结束后的1946年（124%），同时也远远高于1933年经济大萧条时期（80%）和2009年金融危机后（89%）的水平。所有这些，都反映了世界主要央行的行为事实上极大偏离了维护货币稳定的轨道。目前全球性的货币政策过度宽松可能正在走向其反面，成为世界经济放缓的重要原因之一。

1969年提出"直升机撒钱"的经济学家米尔顿·弗里德曼可能怎么也想不到，在50年后的今天，这个主意正在被越来越多的发达经济体使用。尤其是疫情发生以来，世界主要央行纷纷降低利率并增加了债券购买，截至2020年10月，主要国家采取了总计12万亿美元的财政措施，旨在缓解疫情的冲击。当经济下行时，央行开启宽松闸门；当经济过热时，央行开始紧缩。即便发生大危机，央行也会实施"无底线"救市，将危机拖延、分散与转嫁。如此反复操作，世界似乎尽在央行之手。由此可见，弱国减"单位"，强国发货币，无论是伊朗的货币清零还是委内瑞拉的石油币，抑或是美国"战时级别"的救市计划，殊途同归，但凡货币超发，都要通过蒸发、转移或直接消灭货币来减轻自身债务。

"直升机撒钱"之后，恐怕不得不面对超级通货膨胀。不少分析认为，针对新型冠状病毒性肺炎疫情的经济救济响应已经模糊了财政与货币政策的界限，全球面临通货膨胀危机。国际投行摩根士丹利表示，冠状病毒危机很可能会结束长达30年的通货紧缩势头，并预示着通货膨胀压力重新加速，有可能会超过各国央行的目标。无独有偶，经济史学家罗伯特·斯基德尔斯基在彭博电视接受采访时也说，全球经济走出防疫封锁的时候，可能将面临一场独特的"通胀型经济萧条"——一方面失业率飙升，另一方面政府拼命花钱支撑需求。此外，包括英国央行前官员查尔斯·古德哈特在内的经济学家，以及法国巴黎银行资产管理公司在内的投资者，都在怀疑在全球经济的废墟之下是否隐藏着通货膨胀的风险。

更为重要的是，这种"无底线"救市，表面上救民于水火，实际上是公然上演最恶劣的贫富差距加大与财富转移。超发的货币由强国转移给弱国，弱国转移给民众，每一次货币超发都将引发大规模的财富存量掠夺。如今的贫富分化与20世纪存在显著差异：穷人与失业者获得更多生活保障；中产阶级纳税高、负债高，真实财富受到挤压；高收入阶层受益于资产泡沫，财富规模暴增。

开放无限式金融调控有无底线

危机当前，有形之手再次战胜无形之手，"放水"刺激成为主流。各国央行陆续祭出猛招、重招，救助及刺激力度动辄就是万亿美元量级，甚至开启无限模式——钱管够。如此做法主要基于国家信用赋权——国家拥有，以国家信用背书的货币发行权，以及货币学派理论——央行运用各种工具来控制和调节货币供给和利率，进而影响实体经济。1987年第一次金融危机之时，美联储前主席格林斯潘做出救市操作——"美联储已经为向经济和金融系统提供流动性做好准备"，金融市场得以迅速稳定。在路径依赖下，伯南克紧跟格林斯潘的脚步，手持"缓解金融恐慌的最佳方式就是为那些缺乏资金的机构提供流动性"法则，让美国似乎侥幸躲过2008年次贷危机。如今，本欲开启货币政策紧缩窗口的现任美联储主席鲍威尔，却在特朗普的口诛笔伐下，一下子打光了"子弹"，陷入黔驴技穷之窘境。正所谓"同样的方法，第一个用的是天才，第二个用的是庸才，第三个用的是蠢材"。当利率低到降无可降时，任何货币量的增加，都会以"闲资"的方式被吸收，从而掉入"流动性陷阱"。

无限式金融调控实际存在"有限"约束的硬边界，面临着市场需求、通货膨胀与国家信用三大约束：

第一，市场需求底线。市场经济思维主导下，国家要GDP增长，个人要财富增加，但这种生产与消费方式已经逼近了地球承受能力的极限，甚至有科学家预测，"若不改变现状，到2050年，人类需要第三个地球"。可见，人类生产与消费需求是有边界的，地球无法承受的资源消耗与环境污染等便是底线。当地球难以承受时，大自然有足够的办法让一切保持在合理范围内。如新冠疫情全球大流行初期人类活动几乎停止，其间全球10个主要城市的空气污染水平下降了9%～60%，比如首尔、武汉的空气污染较2019年分别减少54%、44%。汽车产业常常因对环境造成的影响被顶在杠头上，如今也因疫情遭受了沉重打击，据不完全统计，截至2020年3月底，全球共有26个国家超过150家汽车工厂停工停产，超过1400万名车企员工面临就业难题。而这与2008年金融危机时，各国纷纷出台刺激消费、支持汽车产业发展措施，如"报废更新"或税收优惠等手段，未能化解过剩反而进一步加剧了过剩不无关系。毕竟，过剩是市场经济的常态，解决过剩的关键是减少无效供给，创造新需求。因此，不管如何刺激，没有结构性调整形成良性、可持续的发展模式，最终还是会回到危机原点，面临清算。

第二，通货膨胀底线。一般而言，通货膨胀是货币宽松带来的可能结果，即实际的商品供应跟不上货币供应的速度，市场中货币过剩就会导致通货膨胀。纸币因其具有无限发行的特点，造就了国家财政透支的机制，而如今纸币的升级版——虚拟货币来势汹汹，货币发行者也不再局限于国家。但不管是政府发币还是公司发币，普通民众无法忍受的通胀，便是悬在货币发行者头上的达摩克利斯之剑。因为货币超发带来的繁荣不是真实的繁荣，而是财富转移者的繁荣，不然，津巴布韦才是现在世界上"最富有的国家"。曾经的津巴布韦政府靠随意印钞来维持运转，一度导致超级通胀，钱不如厕纸，严重时一个月内贬值百倍，最终致使其彻底废除流通了不到10年的本国货币。在此过程中，整个社会物价疯涨，全社会资金发生集中式大挪移，大量的钱通过人们的购买行为，转移到少数掌握生产资料和生产能力的企业手中，普通人民的财富被洗劫一空。而过去10余年，以美国为首的国家在持续货币量化宽松下，尽管未引发国内通胀，但这是因为大量的流动性并没有大规模进入实体经济，而多用来购买股票证券和金融衍生品等虚拟产品，如美股上涨速度和美联储量化宽松的速度基本节奏一致，美股连续11年牛市即为佐证。但这不过是通过资产价格隐匿通胀数据，无法改变的是贫富分化加剧等实实在在的社会现象。2005~2013年的9年间，经过金融危机的洗礼，最穷的人财富丢掉了57%，次贫的人财富减少了28%；相反，最富的人财富猛增了64%，次富的人财富也增加了19%。

第三，国家信用约束。美联储之所以这么任性，可以无限量"放水"，背后仰仗的就是美元信用，美元信用源自美国国家实力。在全球交易中，美元长期位于国际结算的货币之首，是绝大多数国家的外汇储备货币，以致每一场内部危机，美国都能不计成本和后果借助"美元"来刺激经济、对冲风险，让持有美元、美债的其他国家买单，将金融风险转嫁给全世界，"薅"全世界的"羊毛"。如此无节制的做法不但会激化国际矛盾，给其他国家制造额外麻烦，还将削弱自己的权威。量化宽松下，美元本身的价值被持续稀释，相应的购买力持续下降，最终推高这些国家的资产价格，形成明显的输入型通胀。美元变身"病毒"，世界各国争相脱钩美元，美元相对应的国际地位也被大幅削弱，美国作为世界金融安全岛的作用将名不副实，必然摧毁其摇钱树的根基——美元信用，信用破灭，便会引发美元崩盘。信用体系瘟疫化，最终会让美元、美债等再难以找到"买家"，而没有了接盘者，也就没有了可以转嫁的机会。超发货币本就是一种权力滥用，其他国家若如此做法，最终结果也是一样的。

显然，疫情全球化下，各国央行和政策制定者用降息和货币刺激等传统金融调控手段很难渡过危机。纵使无限式金融调控胜利了，全球仍将进入新一轮的通货膨胀；如果"大放水"失败，世界则将陷入大萧条。"寅吃卯粮"只能缓解金融市场的流动性问题，却不能真正解决危机，而是将危机一次次延后甚至换一种表现形式，"如果印钱就能解决金融危机的话，那这个世界就不存在金融危机"。况且，此次危机并不局限于金融领域，其复杂度与广度前所未有。一方面，危机乃多重因素同时作用，由产业链、产能及资本市场等叠加而成，导致实体经济遭受大面积重创。增发货币无法直接创造实物，也无法根治实体经济的问题。另一方面，新冠疫情对人类社会进行的是无差别攻击，已经没有哪个国家能够真正幸免，通过货币超发等进行转嫁的空间也就不存在。如同输血在大部分情况下都不是主要治疗手段，真正的治疗还是服药、手术等，应对危机，有必要对产业、金融、经济等进行根本性调整，对生产、生活、交换方式合理纠偏，才能彻底解决。毕竟，在需求、通胀与国家信用三大约束下，加大流动性也只是让企业及经济体多延长一时的喘息期，一旦触及底线，那些带有"基础疾病"的企业连带经济体终将在劫难逃。

央行数字货币，是挣扎还是引领

若站在2021年，回望2008年那场金融危机以来地球表面大量"新物种"的狂奔，数字货币无疑是跑在最前面的那一个：2009年比特币横空出世，像是一根导火索，点燃了大众对货币金融理论和制度的兴趣，掀起了两波数字货币热——第一波是以比特币作为先导的加密货币热；第二波是由大型科技公司的涉足开始爆发的资产稳定币，Libra即为一例。

尽管这两波数字货币热从风靡逐渐到冷静，但主权数字货币接过了这一棒。2020年1月，国际清算银行（BIS）调查研究显示，覆盖全球75%人口和90%经济产出的66个国家中，80%的中央银行正在研究数字货币，10%即将发行央行数字货币。其中，法国央行已开始尝试使用中央银行数字货币（MDBC），计划与8家顶尖金融和银行业公司合作开展一系列实验；俄罗斯签署了一项加密货币法案，承认数字货币是合法资产；韩国央行计划2021年建立并测试央行数字货币试点系统。而与以上发达经济体相比，新兴市场经济体发行数字货币的势头更劲：柬埔寨已开始试行数字货币项目Bakong；泰国央行在2020年6月启动了数字泰铢支付系统的试点项目，7月进入数字泰铢开发的第三阶段；巴哈马数字货币沙元于2020年10月在全国范围内流通……

12年数字货币发展历程，历经3波数字货币热，实则埋下了一条中心化与去中心化路径选择的暗线。数字货币最早的去中心化构想看似源于比特币创始人中本聪在一个秘密讨论群"密码学邮件组"里发布的一个帖子——"我正在开发一种新的电子货币系统，采用完全点对点的形式，且无须受信第三方的介入"，具有偶然性，但放在数字经济维度下，实为必然。数字货币是适应未来数字化迁徙下越来越先进的经济形态的必然要求，更为重要的是，数字经济时代无论是生产资料，还是生产力和生产关系，皆呈现去中心化、扁平化的特征。核心生产资料是大数据、计算设备等一系列数字生产要素所组成的综合体，每一个个体甚至器物，就是一台去中心化的生产数据的机器。数字技术作为生产力，本就是对中心化结构的颠覆性存在，如其初级——应用互联网，代表的便是开放、共享、互通、平等精神，"赋予人们平等获取信息的权利"（"互联网之父"博纳斯·李）。生产资料和生产力的去中心化，必然导致生产关系的去中心化，区块链技术就代表了新的生产关系，其本质便是用计算机程序记录所有交易信息的"分布式公开大账本"。因此，必然需要去中心化的货币体系做匹配，才能更好地满足去中心化的数字经济发展需求，进一步激发应用场景出现。

但事实上，从加密币石破天惊的去中心化治理设计，到Libra"利用了去中心化理论中的一些要素，技术形态上更像是一个中心化的产品"，再到主权数字货币的中心化管理模式，数字货币的演进明显拉出了一条中心化的趋势线。尤其是主权货币，在一定意义上，更像是增加了货币的存在形式，甚至在操作中可以让央行掌握更高程度的中心化控制权。如果说，主权数字货币出现以前，央行对货币的控制力正被商业银行和科技巨头削弱——前者携M2掌控货币创造力，央行的主要任务是维护金融和宏观经济稳定，其功能只剩下了发行和监管；后者借科技手段"外行颠覆内行"，以移动支付为例，2019年非银行支付机构发生网络支付业务7199.98亿笔，金额249.88万亿元，同比分别增长35.69%和20.10%。那么，央行以数字货币为支点，则可夺回控制权。区块链技术点对点的传输，从根本上剥离商业银行作为"中间商"存在的必要，腾讯云区块链首席架构师敖萌认为："通过编程，央行可以控制货币的整个生命周期——创造、流通和回笼。"

究其原因，理论是独立而单一的，但现实是复杂交错的。去中心化具有理论"正确"性，但现实很长一段时间都需要央行来撑起数字货币。截至2020年2月3日，在世界范围内进入交易状态的数字货币就有5089种之多，数字货币尚且处在武装割据阶段，还未找到明确的发展路径，且其中很多加密货币、稳定币也注定了只能是特定社会圈层内的小众货币。在最初的《比特币白皮书》中，"信任"是一个关键词，从中可以嗅到对传统银行中心化体系和信用货币制度的失望与质疑，这一部分文化基因极大影响了比特币及后期加密货币，甚至在早期，中本聪一度将用户类型锁定在与互联网相关的亚文化群体。被称为"V神"的维塔利克·布特林就是其中典型——他本是一个名不见经传的"网瘾少年",据称其反抗中心化的意识萌芽于打《魔兽世界》的经历,当比特币体系性地提出去中心化构想,他便成为最早的一批信徒之一,并一路"开挂",在19岁就创立以太坊,发明类IPO(首次公开募股)的融资模式"首次代币发行"(ICO),打开了资本新玩法。之后的套路就有点类似汉武帝推出的鹿皮币——按照汉代的礼制,诸侯宗室每年朝觐皇帝、祭祀祖先的时候都要用到玉璧,汉武帝就下令诸侯在使用玉璧的时候必须用一块鹿皮在下面垫着,以示尊敬。这块鹿皮由汉武帝定制(发行),明码标价,概不赊欠,一平方尺大小卖40万钱,相当于一个千户两年的租金收入。[1]太阳底下无新事,旧时的鹿皮币现在换成了加密货币,宗室王侯换成了亚文化群体,汉武帝换成了控制币圈的庄家。因此,公众对数字货币的最初印象停留在"极客和黑客使用的货币",之后又成了"投机商炒作的货币",尽管大型科技公司推出锚资产[2]的稳定币,也并未改变这种圈层感,数字货币始终无法走进主流。

但数字经济滚滚而来,疫情更让全球生产生活加速各个环节数字化和云化,早已等不及"币圈"做好准备。但"如果说货币是这个世界中超越任何经济、军事和政治的一股力量,那么由谁来制定货币金融体系的顶层制度和秩序就显得至关重要",尤其是货币的去中心化早有前车之鉴,难免让人忌惮。汉文帝时期劣币驱逐良币就作为经典例证,被西汉初年著名政论家贾谊写进《铜布》和《铸钱》两篇文章,用以阐明"允许民间铸钱是一件很麻烦的事情"。而明朝的白银货币化甚至是导致明朝走向灭亡的原因之一。在

---

[1] 《汉书·货殖列传》:"封者食租税,岁率户二百。千户之君则二十万。"——作者注
[2] 锚资产:指那些风险较低、收益较为稳健的品种。这些品种的潜在收益率并不高,难以与股票、证券、商品等风险资产抗衡,但是它们具有极低的风险,在投资市场不景气、市场波动剧烈的环境下,这些看似保守的品种却能够凭借安全性胜出。——编者注

明朝初年，朝廷曾强制推行大明宝钞，但彼时毫无节制的滥发很快就致其失去货币职能，同期白银使用规模不断扩大，在这场自下而上的白银货币化进程中，以明朝内阁首辅张居正推行一条鞭法为标志，朝廷被迫接受白银作为交易媒介。但当时的白银供给主要依靠海外流入，欧洲人在"新大陆"南美获得的白银，通过菲律宾和丝绸之路，源源不断地流入中国。据统计，从隆庆开关到明朝末期，仅从菲律宾就流入了4000多万两白银。于是17世纪，当欧洲爆发"三十年战争"时，明朝的进口白银断供了。明朝危亡前夕，太仓只剩区区4200两白银，守北京的官军一年领不到饷银。在历史学家皮埃尔·肖努的描述中，明朝危亡前夕的1642年更是"全球危机中的死亡时刻"。

或许是历史上类似的教训太多、太惨痛，从13世纪元朝创建者忽必烈进行纸钞革命——《马可·波罗游记》中记载"它流通于大汗所属领域的各个地方，没有人敢冒生命危险拒绝支付使用"，到16世纪著名的宪政专家让·博丹提出"铸币权是一个国家主权组成部分最重要、最根本的权力之一"，再到18世纪，谁不接受法国大革命时期的"指券"，轻则20年监禁，重则上断头台……国家权力历来试图牢牢把货币权力握在手里，这种权威并非朝夕间可改变。

概言之，数字货币的中心化，一方面是央行币圈"尚待才人出"时表现出的担当，另一方面是历史经验教训得来的不容动摇的法币权威，尽管放置于百年历史长河中，它站在了市场对立面，但至少在一个年代内却是必需的。换言之，央行数字货币是一定阶段的引领，长期历史视角下的挣扎。就像19世纪，政府干预阻挡不了玛丽亚·特丽萨银币在贸易经济下的大流行——1854年该币被奥地利弃用，被奥斯曼帝国禁止流通，但这一"非法定货币"却因贸易商的大量使用而在红海周边国家广泛流通（英国公司在红海领域的皮革、石油、食糖、纤维制品等贸易都是以该银币结算），成为国际区域性货币；两个世纪后的今天，政府尽管再不情愿，也难阻挡去中心化货币在数字经济中的大流行。

更进一步来看，这并不简单意味着在这轮数字货币中心化趋势后，即将迎来中本聪们所设想的去中心化理想主义的狂欢，毕竟，绝对的去中心化不具备现实可操作价值。15世纪文艺复兴时期，佛罗伦萨一度推行全民记账，人人都使用标准化的复式记账法，形成了一套去中心、分布式、点对点的账本体系，堪称是区块链思想的老祖宗。有文献统计，佛罗伦萨的金佛罗林现金流通量从未超过15万枚，而一次战争的总消费则可以花掉400万金币，绝大部分开支都是通过账本支付。但这套无须中央管控的机制在资金需求膨胀的背景下却难适用。随着布鲁日通向北海的河道逐渐淤积，比利时西部城市安特卫普借优良港口迅速上位，进而成为商品集散地和资本汇集地，资金量远超佛罗伦萨。各国商人组成了大型银团，专门承销王公的债务，这就催生出专业的公债交易市场。为了让大家方便买卖，安特卫普在1551年正式推出了全球第一家全年连续交易和清算的票据交易所，并最终进化出了一套中央银行体系，成为现代银行体系的雏形。从佛罗伦萨模式到安特卫普模式，货币从去中心化到中心化的主要逻辑，实质是追寻交易效率——分布式记账让相应的消耗成倍增加，因此要借由中心化的服务器集中处理、提升效率。数字经济时代，去中心化的生产资料、生产力和生产关系注定了货币体系的去中心化，但矛盾点在于，这也导致整合和提取交易信息的成本极高，急需一个类似当年安特卫普交易所的中心，将信息集中运作，提高交易效率。

因而，代表未来世界货币基本形态的数字货币，或将在权力架构上去中心化，但在执行层面上又通过协议来收敛。遵照第一性原则，"一纸钞票或一纸支票，皆合约也"，无论是美元上印刷的"该货币系对所有公私债务的合法偿付凭证"，还是港币上书"凭票即付"，抑或是Libra白皮书开篇"建立一个简单的全球支付系统和金融基础设施"，都是合约之辞。

本质上，所有的货币都是合约本位，未必是国家法定、政府背书，形态也可以多样,只要存在协议、规制便可成立。比如《货币的祸害》中就记录了一则木片货币趣闻:"受到大萧条冲击,特奈诺集镇上1055家银行全部停止兑付,一时间城中的交易瘫痪。但是,商工会议所计划发行相当于储户存款25%额度的证书,其中一部分证书以印刷了25美分等面额、明信片大小的木片形式发行,商人们同意接受这种货币,并以此渡过难关。"可见,"并不基于确实的债权,没有来自政府的保证,只是以其本身不过是木片或纸屑作为通货而流通,完全是基于城里的人们共有的松散约定"。而从技术角度来讲,中心化与去中心化并不一定非此即彼,分布式的平台上可以运行中心化的应用,中心化的平台上也可以运行分布式的应用。通过设定货币交换、传输、结算等一套协议,在中心化与去中心化中寻找平衡点,进而在此基础上形成合约(数字货币概念中的"共识")。

当然,要真正达到这一阶段,还需要经历一个不断试错与修正的漫长过程。数字货币专家戴夫·伯奇就在《货币冷战》一书中明确提出了"货币冷战"的概念:全球政治、经济和技术背景的变化将推动货币制度发生根本变化,推动了货币之间的一种全新竞争,形成"货币冷战"——主要来自私人的数字美元Libra与公共的数字人民币央行数字货币(DC/EP)之间;这种变化可能会限制美元目前在国际货币金融体系中软实力的发挥。从趋势角度讲,或要等待各币种货币几番厮杀后,才会由国际机构出面协调,共商协议。

金融投资的"诺亚方舟"何在

降息、降准、央行印钞"放水"等十八般武艺齐发,皆是为对冲疫情带来的经济震荡,但若想重现2008年短期内提振经济之效,预期却并不明朗。

第一,疫情的全面性与特殊性。区别于2008年先是金融市场之后过渡到经济危机,先从华尔街爆破再向全球蔓延的进程,本次疫情引发的市场震荡影响范围更广，直接覆盖全产业；影响宽度更长，在不到2个月内便蔓延至150多个国家；影响深度更难测，作为新病毒，防疫战只能摸索着前进，且取决于各国防疫政策措施、疫苗研发等一系列问题。

第二，金融市场背景不同。与2008年的银行业危机不同，如今的流动性压力是由不断上升的企业违约风险驱动的。疫情之下，企业停摆让流动性压力不断抬升，更何况美国的企业杠杆率本就处于历史相对高位。国际清算银行数据显示，美国非金融企业部门的杠杆率当前已经达到了75%，为历史最高水平。在此背景下，随着全球经济冻结，银行很有可能囤积现金，因为它们预计企业将需要更多的流动性来纾困，且担心企业会出现违约。这又将削弱"放水"疗法的效果。

第三，更为重要的是，全球宏观政策普遍"子弹"不多了，效果也不强了。2008年美国爆发次贷危机前夕，联邦基金利率约在5.25%，而近几年全球央行撒了太多钱，美联储、欧央行、日本央行、中国央行的资产规模涨幅分别逾4.5倍、3.7倍、5.2倍、2.8倍，这便导致进一步"放水"的空间有限，美联储、欧洲央行和日本央行基本降无可降，正在零利率徘徊，甚至滑入负利率。更何况受边际收益递减规律的支配，央行推行宽松政策，经济增长率持续走低。

说到底，全球市场本就有"内伤"，疫情不过是让经济危机爆发的最后一根稻草，而过去10余年的货币"放水"大潮，恰恰是"内伤"的核心，如今再寄希望于"放水"来掩盖疫情刺破的经济泡沫，则是陷入"制造泡沫—刺破泡沫—再制造泡沫"的循环，显然开错了药方。正如凯恩斯所言："你可以把马儿牵到河边，但不能强迫它喝水。"政策当局可以不断降低利率、开闸放水，但却不能强迫企业拿这些钱去投资兴业，这也就导致了实体经济依然是一潭死水。

以"末日大洪水"来对冲疫情之下的经济问题，不仅效果有限，反而可能弄巧成拙——进一步加剧脱实向虚。金融的本源是为实体经济提供资金融通，但金融自携"原罪"——其本质就是钱生钱，一旦屈从于金融的力量，被金融所俘获，其结果就是整个社会被卷入击鼓传花、无中生有的"黑洞"。过去20多年，随着金融全球化和自由化浪潮，金融信用肆意扩张，2002~2018年，全球影子银行资产规模从21万亿美元扩张到114万亿美元，占金融体系比重从17%上升至30%。若在此基础上再大水漫灌，将进一步加剧金融信用创造与所在国经济匹配及监管脱钩，资金淤积在金融体系内，且为了追求短期的资本利得，资金会转向从事较高风险资本操作。但讽刺的是，在这场金融大扩张中，金融市场并不会因此得志，反倒会在扩张中逐渐扭曲。从市场表现看，金融市场脆弱性陡升，当央行决策成为全球金融市场价格的主要驱动者时，它们就替代了经济基本面在确定市场价值中的正常作用，如果说过去至少还有市场规则的约束，那么在国家主义下的金融毫无节制，资产价格变得扭曲了。

在此过程中，下一次"明斯基时刻"的种子早已深深埋下了——一旦中央银行停止购买政府债券，甚至开始放弃宽松政策，便会引发重大修正的风险。从系统运行看，金融系统运行的底层逻辑也面临崩塌。一方面，它违背传统金融理论。零利率甚至负利率超出了传统金融货币理论框架，违背了货币时间价值原则，打破了名义利率不能为负数的"零约束下限"信条，甚至违反市场规律。毕竟世界上没有任何一种商品或服务可以零价格出售或出租。但在负利率的条件下，出借者要为资金成本"买单"，且规模供应。另一方面，它撼动金融实践的基础。根据金融资产定价理论，当期价格是基于未来现金流的折现，有效投资是以"正折现率"为前提。折现率为负，意味着金融资产远期价值低于现价，直接导致估值底层逻辑坍塌，资产配置活动便失去了存在的意义，金融投资系统也被动摇。正因此，即便是在大萧条时代的美国发明了令人惊悚的"食利阶层安乐死"隐喻的凯恩斯，也从未设想过实行零利率或负利率。而如今，美国、欧洲大陆和日本正在尝试货币政策中"不可思议的边界"。

在《圣经》中，当末日大洪水来袭，诺亚方舟是希望与重生的栖息地，而眼下"末日大洪水"来袭，诺亚方舟何在？美国及美元作为世界金融安全岛的作用正在加速消退，中国或将成为新的经济安全岛。首先，在国际主要经济体中，中国仍然是少数处于常态化货币政策的国家，宏观政策的空间和工具储备充足。作为全球唯一拥有完整产业门类的最大工业国和潜力无穷大的世界第二大消费市场，中国有条件实现经济内循环。中国经济也有支撑搭建"诺亚方舟"的底气。美元趋弱，本身就给了人民币逆袭的机会，加之中国人口众多、区域辽阔、市场空间广大，生产需求体量可观，有超大规模经济的优势，社会秩序稳定，二次城市化、产业结构升级等发展红利远未结束，经济长期向好的基本面并未改变。综上，在这场危机之中，中国客观上正搭建一艘有形的"诺亚方舟"。英媒《金融时报》于2020年3月19日就刊文称，面对疫情的冲击，中国成为投资者疫情危机的避难所。

而无形的"诺亚方舟"在每个人心间。对于企业而言，活命方针是"现金为王"，发展要义是少炒作、多资本。现金的意义在于抗风险，连擅长在危机中炒作概念、抄底的华尔街大佬机构都纷纷囤起现金，股神巴菲特执掌的伯克希尔·哈撒韦公司在2020年第二季度末持有1466亿美元现金，创历史新高；华尔街"狼王"卡尔·伊坎称其正在为未来的关键时刻保留现金。通过撒钱快速吹大的发展模式已被证伪，在一定程度上，企业也要回归本源，修炼内功，打造核心竞争力。

对于百姓而言，少投机、多生活。尽管金融大鳄多少都有点"赌徒的直觉"，但精明的投资和胡乱的投机还是有本质区别的，尤其是严格意义上钱生钱的黄金窗口已过，随着"金融回归本源"的号召，一夜暴富的金融梦愈发虚幻。对普通百姓而言，"一玩投机深似海，从此赚钱难入门"才是真实写照。有人会说："如果不想做'韭菜'让人经常割的话，那就努力长成参天大树吧,即使砍倒也是国家栋梁之材。"但这却回避了实现"不做韭菜"最直接的方式,是不进场投机,好好生活。

第十章　股市"杂交牛"迷思

如果说宏观经济的基本面是哺育牛市的阳光和雨露，那么资本市场则是为股市持续提供养分的土壤，这些因素都在A股登台亮相，互相纠结，或对冲，或背离，共同主导未来的行情走势。股王老了，但新王欲戴王冠，必承其重，或许能在实战大浪淘沙中趁势崛起。

股市深不见底

金融的本质是谋求短期利益最大化的投机行为，金融原罪决定了资本必然走向爆仓。以套期保值来避险的对冲基金为例，为最大限度地获取回报，对冲基金往往利用银行信用，以极高的杠杆在原始基金量基础上，几倍甚至几十倍地扩大投资资金。但问题是，市场风险、信用风险、流动性风险是串联的，当市场向不利方向变动时，头寸损失将导致追加保证金通知，这就会冲击基金内部流动性，耗尽现金缓冲。若没有现金能补足保证金，则需要抛售资产，市场加速向下，而市场向下波动的环境中，市场流动性缺失，最多只能低价甩卖资产，造成许多对冲基金强制平仓、清盘倒闭。

可以说，高杠杆意味着对"杠杆成本"（包括融资成本的提升，保证金要求的突然变化）的高敏感度，也意味着对波动的低承受度，通过"市场下跌—头寸亏损—追加保证金—加剧下跌并影响市场流动性—市场继续下跌"的负反馈循环，最终放大损失。疫情之下，全球债市、汇市、大宗商品等各类市场跌声一片，传导到对冲基金，多米诺骨牌倒下：拥有豪华"明星"阵容的新加坡对冲基金Quantedge Capital Pte刚刚庆贺2019年取得70.5%的增长业绩，2020年3月却又遭遇滑铁卢，亏损了28.8%；全球最大对冲基金桥水基金也栽了跟头，2020年第一季度累计收益率为-23%；大名鼎鼎的华尔街量化对冲基金"三巨头"——文艺复兴、Two Sigma和德劭（DE Shaw）都没能躲过从天而降的"飞刀"。绝大多数对冲基金受恐慌交易驱动陷入崩盘，能逆市敛财的只有及时进行投资模式创新的极少数市场参与者。

股市是金融的载体之一，疫情之下的金融危机必然连带股市。况且，股市向来就高度敏感，任何风吹草动都可能引发震荡。随着疫情"震中"一波波切换，经济预期愈发暗淡，资本避险情绪高涨，全球股市哀嚎四起。标普指数自2020年3月9日起10天内4次触发熔断，加拿大股市14天内市值蒸发3300亿美元，巴西股指14天内累计跌幅高达25.08%，德国DAX30指数、法国CAC40指数、英国富时100指数也全线狂跌，深不见底。中国A股在2020年春节开盘第一个交易日大幅下挫7.72%后基本低位横盘，全球股市迎来至暗时刻。这不单纯是金融挤压实体，股市无法价值回归，更多是疫情之下的负面影响直接冲击实体经济，反过来致使金融系统崩溃。不过，利多出尽便是空，反之亦然。伴随各国股市的高杠杆与估值泡沫被戳破，一旦疫情见顶，股指作为经济的先行指标，或又将上演"惊魂逆转"，股市底部将被人捷足先登。

究竟是个什么牛

沸腾的股市搅动着大众的神经。2020年，似乎小级别的"疫情牛"刚刚过去（2月），全球金融动荡才刚刚结束（3月），A股便以迅雷不及掩耳之势打开了一个牛市通道。可以说，这场突然而至的行情就像龙卷风，让各方措手不及，以至于出现了"踩踏式"抢筹的现象：7月6日，40余只ETF基金[1]、80余只分级B基金涨停，新发行的基金一抢而空，竟然逼得基金公司接连发布风险提示；券商营业部开户者人满为患，大爷大妈跑步进场，券商App（应用软件）开市就卡顿……无怪乎有人说"一根阳线改三观"！但动荡说来就来，可谓急涨急跌。7月16日上证综指的闪崩与7月6日上证综指的大涨一样令人印象深刻。市场几乎"哀鸿遍野"，似乎正应了投资大师约翰·邓普顿的那句话："牛市在绝望中诞生，在犹豫中成长，在乐观中成熟，在亢奋中灭亡。"股市如此"冷热交替"的现实，让人愈发吃不准、看不透。

每次A股大盘站上3000点，市场上就会有铺天盖地的牛市论。面对此次行情，关于牛市的呼声持续高涨，同时一场围绕股市"究竟是个什么牛"的大论战也正在上演。各路意见领袖、经济学家乃至大小投资者纷纷出列，互怼激辩。对此，本节将从基本特征、行情结构、深层原因等几个方面来"庖丁解牛"。

从基本特征看，行情的大起大落似乎已经印证了"急牛""疯牛"的论断。这种恐慌式抢筹，与疫情争抢口罩如出一辙：抢口罩是为了防止自己和亲朋染上新冠病毒，抢股票是为了防止自己的资产染上"通胀"病毒——在一个货币大"放水"的环境里，财富的仓储都需要一个"诺亚方舟"。也有多数机构认为，在经过反复的博弈之后，A股有望走出"慢牛""长牛"的行情。前海开源基金首席经济学家杨德龙称："行情在启动时属于热启动，走出快牛的走势，吸引场外资金入场，等到牛市确认，第一波快速入场的资金建完仓后，可能会转向慢牛、长牛。"毕竟目前市场热情已经被点燃，A

---

[1] ETF（Exchange Traded Fund）一般指交易型开放式指数基金，通常又被称为交易所交易基金。——编者注

股"疯牛"在调整中逐步企稳的概率更高。

在"急牛""疯牛"的冲击下,在对"慢牛""长牛"的期待中,从行情结构来看,是否已开启全面牛市又成为另一争议点。有观点认为,目前已具备全面牛市的开启条件。从全球范围来看,我国经济是第一个复苏的,且复苏力度很大,2020年第一季度GDP同比下降6.8%,第二季度就实现同比增长3.2%,第三、第四季度将会继续上行。经济面的V型反转必然会给A股市场带来V型反转,因此,在脱离3000点以下的底部之后,A股市场开始加速回升,场外资金入场的意愿也更加强烈。然而,就此定义为"全面牛",实际上也过于牵强。且不说国内疫情虽然得到控制,但仍未到乐观的地步,而且全球资本流动和全球避险情绪的升温,都会对A股产生冲击;同时,2020年南方雨季的来临、洪涝灾害形势的严峻,各种不确定性因素叠加,也会打击市场的乐观情绪;更何况,仅从资本市场来看,"国债期货阶段新低"这一信号就充分说明了全面牛市的基础不够扎实。更为重要的是,当下股市呈现出的是局部性的、结构性的上涨行情,与其说是"全面牛",不如说是"结构牛"。要知道,本轮的上涨,涨得最好的集中在券商、保险、银行、地产、煤炭股等领域,从2020年整个上半年来看也是如此,个别股票的涨幅接近10倍,但个别ST股票的跌幅接近90%,"一半是海水一半是火焰"。行情就是在这种犹豫、焦虑的情绪中发展的。

从深层原因来看,还有一些学者担心此次行情将重蹈2015年"杠杆牛"的覆辙。事实上,区别于2015年牛市,本轮行情初始动力源自宽松流动性,是毫无疑问的"宽松牛"。一方面,尽管中国在应对疫情的政策"菜单"中竭力避免了"大水漫灌"的货币放水,没有出台美联储"无限印钞救市"的超常规动作,但为抗击疫情,救市、刺激等手段也轮番上阵,特别是国债、地方债、扶持中小企业资金等,各个渠道的"水"都在放。而在疫情扩散阶段,信用宽松政策向实体经济的传导效应偏弱,必然导致货币流动性处于淤积状态，如同堰塞湖，一旦水位过高，只能一泻千里。一旦"货币洪水"泛滥，这些钱多多少少会直接或间接地流入资本市场。另一方面，在全球货币流动性泛滥的条件下，外资也自然而然会进入国内投资市场，特别是当看到A股出现投资机会时。万得（Wind）统计显示，2020年7月9日，北向资金全天净买入79.51亿元，为连续6日净买入，其中深股通净买入46.23亿元。多家外资机构也表达了对A股的看好，比如早在2020年3月，摩根士丹利的中国市场分析师预测说，未来12个月内，中国将大幅跑赢新兴市场，建议投资者增持或大幅持有A股资产。此外，还有万亿级银行理财资金面朝股市"春暖花开"，将以股票为主的权益类资产的配置比例从2%提高到5%。股市刚一露出欣欣向荣的迹象，那些原本对股票市场等权益类资产配置态度冷淡的银行就突然变得热情。各路货币"洪水"遇上金融资本"水银泻地、无孔不入"的本性，一拍即合，共同构成支撑股市向上的动力。

除了符合资金、概念推动的一般特征，本轮行情还有其特殊性与复杂性。首先，本轮行情隐约可见"阴谋牛"的影子，与其说是拉动股市，不如说是拉动券商。毕竟，券商的日子实在不好过，甚至证监会还计划给商业银行颁发券商牌照，这轮行情再不起来，券商恐难以为继。与改革、资金乃至概念推动的"市场牛"相对，"阴谋牛"更多的是市场刻意拉升的结果。

牛市到来，券商将成为最大的受益者。随着开户人数、交易频次、交易量的增大，券商公司的佣金收入会成倍甚至几十倍地增长，自营收入、融资融券业务、保荐业务也会大幅增加。同时，收入的增长，业绩的不断提升，反过来会使得资本市场对券商估值的预期不断调高，牛市行情将带动券商业绩和估值齐飞。历史已给出明证，2005年牛市券商指数累计涨幅超过1700%，2014年7月～2015年6月，券商指数累计涨幅接近250%。更重要的是，这轮牛市也凸显出中国股市的非典型，即"改革牛"。

中国股市作为改革的晴雨表，改革的"大动作"往往会带来大行情，这也是造成股市系统性突变的根本变量之一。决定股市变局的一系列改革，如注册制、退市制度、国企改革、混合经济改革、监管制度的完善等，虽然许多还处于从量变到质变的过渡中，但其在本质重构中逐步搭建出的制度框架，已经足以对股市基本面产生深远影响。例如退市机制改革，2020年7月初，深圳证券交易所出手，一口气让两家公司暂停上市，一个是曾经的"千亿白马"康得新，一个是创业板明星股暴风集团，两者的退市打响了本轮退市机制改革后的第一枪。又如，从2020年下半年起，A股指数中将会剔除ST公司，并纳入一些科创板公司；注册制加速落地，让市场去选择真正有价值的企业，发挥市场在资源配置中的决定性作用。可以说，这一系列已经出台或即将落实的改革举措，极大地点燃了市场热情，新一轮的"改革牛"已经在路上。

综上来看，本轮行情呈现出前所未有的复杂，既有经典规律的体现，也有非典型因素的搅动；既有"杠杆牛"的担忧，也有"阴谋牛"的助推；既是市场上流动性之水汹涌而来所致，也离不开中国股市改革的底色。背后变量相互交织，构成了独一无二、自成一格的"杂交牛"，在股市上演着一部扣人心弦的"命运交响曲"。

改革决定股市走势

2020年7月开始的这轮行情与2015年比较，上一轮变量相对集中在杠杆效应，本轮变量多而庞杂，行情走势自然也取决于多方面因素。

从宏观环境看，第一，由疫情长短决定。疫情不停，货币不止。"嗒嗒的牛蹄声是疫后的美丽召唤"，在疫情之下，实体经济备受冲击，印钞成为各国政府应对措施的首要之选。虽然国内货币政策和财政政策相对海外无限量化宽松等措施显得相当含蓄，但是整个社会的融资成本处于低位，仍然是不争的事实。正如市场常言：一切资产价格都是货币现象。本轮行情的发起日是2020年7月1日，当日最大的宏观新闻是央行下调再贴现利率0.25个百分点，至2%。央行上一次调整再贴现利率还是在2010年12月26日，也就是说时隔近10年，再贴现利率再次迎来调整。与再贴现利率一起下调的还有再贷款利率，下调后1年期再贷款利率为2.25%，这也是2020年再贷款利率的第二次下调。经过降准、降低贷款利率等一系列强力货币宽松措施之后，流动性充沛，且无风险利率持续下行，这些有利于促进股市估值提升。如今，疫情仍未得到完全控制，宽松大潮若持续下去，牛市的延续也是大概率事件。

第二，由后改革时代的改革力度决定。中国GDP增幅下沉不止，改革力度不减。改革开放前40年，中国制造走向全球，但40年过去了，中国GDP增长速度逐年减缓，金融资本市场存在的一些重大问题暴露无遗，房地产严重泡沫化，最具活力的民营企业、中小企业、科技企业融资越来越难等，金融严重背离实体。在这样的背景下，中国经济已进入后改革时代，改革的力度不仅决定着中国诸多经济难题是否得到解决，也关系到资本大市场能否真正建立，更是牛市的主要推动力量之一。例如，宽货币、宽信贷之后，很多地方房价躁动，这是有悖于注资输血实体经济的初衷的，但是充沛的流动性总是需要寻找出口的；要稳住"房住不炒"的总基调，让热钱流向股市，可以以最直接的方式注资实体经济，那么一个持续走牛且活跃度提升的市场，才能更好地发展直接融资，进而重塑基本面，这是一个各方都愿意看到的积极的正向循环。

如果说宏观经济的基本面是哺育牛市的阳光和雨露，那么资本市场则是为股市持续提供养分的土壤。尤其是对于中国股市来说，它诞生于中国特色转轨时期，天生带有为国企改革服务的胎记，却没有将投资者利益纳入考量的范围，这导致股市多年来，要么陷入"投机市"难以自拔，如"圈钱""忽悠"等不良投资行为层出不穷；要么沦为"政策市"，被行政之手操弄，故而往往"牛短熊长"。高层会议也多次提及深化资本市场改革，资本市场的重要性已经达到前所未有的高度。因此，本轮行情能走多远，很大程度上还取决于资本市场的改革力度与完善程度。具体来说：

第一，由有关方面调控的意图与水平决定。资本市场承担着帮助经济调整结构、企业内部转型升级的任务。毫无疑问，上述过程并非一朝一夕能完成，需要有足够的时间积累，而急炒、恶炒势必将透支行情，快钱的冲击往往导致资金从实体经济流入股市或者股东套现频频出现，未必对转型有利，反而有可能助长投机行为，阻碍上述调整。2020年7月后的这轮行情中，面对前期股市快速上涨，监管层采取了一系列举措防范"疯牛"。如2020年7月8日，A股攀升至3400点后，证监会公布258家非法场外配资平台机构名单，严查场外配资；3天后银保监会表态："强化资金流向监管，规范跨市场资金往来和业务合作，严禁银行保险机构违规参与场外配资，严查乱加杠杆和投机炒作行为。"可以说，监管层防范非理性投资和金融风险的意图是明确的，后续的金融稳定也离不开松紧适度、适时调整的调控政策。

第二，由上市企业质量决定。如果说量化宽松是牛市的弹药，那么上市企业质量和盈利能力则决定着牛市的根基能否得以稳固延续。2008年金融危机之后，美国股市能走出长达10年的牛市，固然与美国经济向好、上市公司热衷于回购有关，但主要原因更在于其上市公司的耀眼业绩。2007年，苹果、亚马逊、谷歌母公司Alphabet、微软和脸书合计净利润为223亿美元，2018年合计净利润攀升到1331亿美元，其间净利润复合增速达近20%。可以说，美股牛市的底色离不开这些科技明珠。在此逻辑下，2020年7月的这轮行情走向也取决于A股能在多大程度上摆脱圈钱原罪，当上市公司质量整体上提高了，那么其投资价值也将得到提升，能够吸引更多资本的追捧，自然也能够推动指数的上涨。

以上这些因素都在A股市场登台亮相，互相纠结，或对冲，或背离，共同主导未来的行情走势。从短期来看，行情更多地取决于货币流动性和股市政策性调整。这次行情的一个重要参考变量在货币宽松力度上，无论是从货币还是信用层面看，最宽松的时段都已经过去，再叠加相关的回调政策，股市出现"疯牛"的概率不大。但即便货币政策有收缩，那也是温和的，最起码边际宽松的基本趋向不会改变。从中期来看，行情更多地取决于资本市场改革推进的稳定性和复式时代市场与政府的友好界面。市场与行政两种力量共同作用，使得中国股市呈现出非典型，即在"政策市"与"圈钱市"之间左右摇摆。由于市场运行掺杂了太多的行政意志，股市往往不能充分按照真正的市场化规则来运行，加上缺乏市场化的供需结构、市场化的优胜劣汰，导致A股市场很难真正实现资源的市场化配置。市场一旦扭曲，投资者的投资行为也就充满了投机性，缺乏理性的价值投资理念。

注册制的改革，事实上就是由证监会审批转为交易所审核（发挥市场的作用），尽管这仅仅是开始，但也显示出股市改革正朝着寻找市场与政府的正确方向前进。具体过程或艰难滞缓，但大方向已然锁定。只有充分勾兑大政府与大市场，各司其职，才能确保股市的健康与理性，成为培育优秀上市企业的最佳土壤。从长期来看，中国股市的变化取决于中国经济安全岛概率大小以及真实程度。要知道，牛市不在于短期炒作资金，而在于长期注入的结构性资金。随着美国金融安全岛的沉沦，世界游资无处去，无论是横向还是纵向比较，A股市场都成为吸引长期资金流入的竞技场。从横向看，在全球范围内，中国不仅率先走出疫情阴霾，经济亦率先复苏，全球的宽松货币自然纷纷流向具有景气度优势的A股市场，MSCI、富时罗素指数等全球著名指数纷纷调高A股在其样本股中的比例；从纵向看，在持续深化金融供给侧结构性改革的背景下，2020年资本市场改革更加积极，前期压制A股市场走强的因素得以改观，进一步支撑了A股市场走强。不可否认，股市中仍不乏投机炒作的成分，但在政策充分整肃后，投机空间压缩，A股本身的成色将成为国内外资本投资的重要考量要素。唯有经济安全岛的权重上升，国内资本大时代来临，才有望成为股市走牛的长期支撑力量。

综上来看，不确定的宏观环境叠加庞杂的改革因素，使得这轮行情的表现如同抽象画，整体呈现出斜率小但大于零的走势，而在政策的适度调控下，离散度也被收敛。然而，"社会经济时代"尚在遥远的地平线之下，金融"自娱自乐"的原罪决定了股市天生带有"以概念为王、炒作为首"的本性，真正地为实体经济服务不可能一蹴而就，而在金融原罪与政策调控的碰撞中，处于断裂带的股市不可避免地要释放能量，即表现为股市的起伏。这种火山爆发将是间歇性的，不会在市场上造成股灾等大震荡，但将与中国股市的改革相伴相随，中国股市的新时代也将逐渐"随风潜入夜"。

股王老了，新王在哪

"神奇的2020，我们和股王一起见证历史。"巴菲特在2020年3月前只见过1997年10月27日的美股第一次熔断，却想不到2020年3月9日、12日、16日、18日美股10天内4次熔断，一次比一次狠。虽然3月的前两次熔断，股王还能淡定地兑现"别人恐惧时我贪婪"，次日增持纽约梅隆银行约3.59亿美元，还增持了航空股。可没想到2020年5月3日线上直播股东大会时，股王竟表态一个月全清空了，还主动承认自己在抄底航空股和投资西方石油上犯了错。股王没有"甩锅"，坦然正视错误，止损兑现芒格所言"我们现在要做的就是要活着渡过疫情"。

这次伯克希尔·哈撒韦公司的业绩由于投资业务出现545亿美元损失，在2020年第一季度亏损497.5亿美元，自2018年时隔2年再次出现亏损。但公司却在账面上积累了创纪录的1370亿美元现金流。巴菲特坦言："新冠肺炎疫情导致金融市场衰退，但若发现有吸引力的东西还是会出手。"2020年7

月6日，巴菲特就果断出手100亿美元收购道明尼资源的天然气运输和存储资产，让伯克希尔·哈撒韦"收获"7700多英里的天然气管道、9000亿立方英尺的储气能力，市场占比从8%增至18%，这在其看来是疫情期间的一次成功"捡漏"。可不管是"马失前蹄"还是"意外捡漏"，股王的光环都似乎渐渐黯淡，以致有人感慨"股王真的老了"！

毕竟，股王是人，是人都会犯错！因为就在股王清空后，美国航空股经历强力反弹，航空ETF从2020年3月低位反弹了53%，美联航和美国航空股价反弹一度均超100%。据美国《投资者商业日报》统计，巴菲特在本轮航空股反弹中因提早抛售，少赚27亿美元。但市场忽略了巴菲特抛售航空股的理由——因为疫情而致旅游需求一夜间消失，航班停飞等原因让航空公司从扩张模式转为生存模式，美国四大航空巨头同时通过《冠状病毒援助、救济和经济安全法》申请政府救济，巴菲特预测航空公司将发债融资渡过难关，这势必让巨额债务偿还最终稀释公司的股权价值。尤其当美国根本控不住疫情的情况之下，航空股此前的反弹可能是昙花一现。因此，巴菲特的操作，从短期来看确实属于看走眼，但从长期来看却恰恰是正确的。因为这次疫情刺破了全球化繁荣，导致全球经济大衰退到来，即便美股在2008年金融危机以来逆流而上，也早已无法延续。覆巢之下，焉有完卵？巴菲特股东大会被誉为全世界投资者的风向标，连股神都主动承认错误，这无疑意味着原有的狂欢不再，投资失去了方向，资本大绞杀的时代真的来了。

客观地说，股王以前真的很牛，曾有人统计，1965～2014年，巴菲特的年均收益率超21%，这50年里他只有在2001年"9·11事件"和2008年金融危机时出现过亏损，其余年份全是赚的。应该说，50年里没有一个基金经理的业绩能超过他，也没有一个专业投资家有48年不败的投资业绩，复利效应在巴菲特身上体现得淋漓尽致。可也有人统计了1965～2020年这55年里巴菲特跑赢/跑输大盘指数（标普500指数）的情况，竟然发现，股王的超额收益高峰在50岁左右，其后一路下滑。因为其投资风格是大盘价值股，已经有十几年跑不赢大盘指数，也没跑赢价值指数。巴菲特实则也常跑输市场，比如1989～1993年的投资业绩比市场大盘落后25%，1998～2000年伯克希尔·哈撒韦股价落后市场基准54%，2002～2005年的股价回报落后市场基准30%，后来花了5年多才追回来。只不过轮到这一次有点长，2009年～2020年3月底，伯克希尔·哈撒韦和标普500指数（不含红利）的累积回报都是181%左右。也就是说，伯克希尔·哈撒韦已持续10多年无法战胜市场——归根到底是价值投资失灵，早已没办法给投资者带来期望回报。因为标普500指数的总回报（以IVV计122%）在差不多20年（2001年～2020年5月）里增加了1倍多，可标普500价值指数回报率（以IVE计62%）仅为市场平均回报的一半，反倒是标普500成长指数（以IVW计187%）大幅度跑赢了价值指数。[1]照巴菲特自己所说："在很多时间里，购买伯克希尔·哈撒韦股票和购买标普500指数基金，得到的回报是差不多的。"

显然，价值投资的黯然失色让股王失去了神话光环。因为时代早已变迁，炒股的本质是挖掘"严重被低估"的价值洼地——从格雷厄姆寻找低于隐性账面重置成本的股票而在1929年全球经济大崩溃中大捞一笔，到巴菲特将投资理念衍生至表外无形资产等要素而在滞胀的20世纪七八十年代掘金成功；再到保罗·索金挖掘具有成长潜质的小盘股，通过"成长性"引领价值投资；乃至索罗斯寻找国家间落差，以"开放价格造就价值升水"突袭英镑、游击东南亚。历代股王之所以能创造投资辉煌，就在于利用了时代机遇，突破了那个年代的系统边界，走在了系统变化之前。可时至今日，疫情搅得全球大乱，百年一遇的经济大衰退到来，实则直接挤破泡沫，将所有"严重被低估"一网打尽，潮水退尽之后谁在裸泳，一目了然，直接绞杀了

---

[1] IW、IVE和IW分别指标普500指数ETF-iShares基金、标普500价值指数ETF-iShares基金和标普500成长股指数ETF-iShares基金。——编者注

一系列曾经的股王。不论是格雷厄姆的精准还是保罗·索金的盲打，投资都不是单纯抓落差，而是赶在系统版本切换前抓住那个突变的黑天鹅，可如今黑天鹅早已漫天成群，还不知真假，也难怪股王的阵脚都乱了。或许，历代股王能在美国股市处于"白茫茫大地真干净"的时期"点石成金"，但到了几重危机叠加的系统性拐点时期，投资就不仅仅是在原有版本上修补，而是需要做到时代性迭代。

要知道，这次疫情让LV创始人伯纳德·阿诺特和巴菲特损失惨重，4个月的时间身价缩水上千亿元，相当于平均每天缩水10亿元。而最大的两个赢家居然是亚马逊的贝佐斯和拼多多的黄峥，财富分别增长1500亿元和1240亿元，实现了疫情中"耐克标志"式增长[1]。特斯拉的飞涨同样让巴菲特望尘莫及——2019年，特斯拉股价累计飙升4.8倍，从2020年年初的430美元高涨到2020年7月10日的1544美元（市值超过2863亿美元）。仅2020年7月7日，市值就暴增302亿美元，单日涨出一个福特还多（福特总市值才246亿美元），以致"钢铁侠"的个人财富自然超过股王——巴菲特以686亿美元身家位列彭博富豪榜第8（自2012年以来最低排名）。其实，在美股跌幅超过30%的8次下跌中，前2次巴菲特还小，后6次中巴菲特躲过4次、栽了2次，这恰恰说明股王终究是人不是神，无法改变时代，只能顺应时代趋利避害。马斯克就曾怒怼巴菲特推崇的"护城河"理论，引得巴菲特反击"科技不能解决所有问题"。认为实业才是王道的马斯克说自己不崇拜巴菲特，因为太多聪明人选择金融赚钱，暗示巴菲特为年轻人做了错误示范，惹得巴菲特多次公开表示不会投资特斯拉。两人的"忘年怼"背后，恰恰是产业资本和金融资本之争，实体经济与虚拟经济之争。照马斯克看来，同样赚取巨富，靠设计和制造出色产品获利，与靠股市调配资金通过风险评估获利，两者有着

---

[1] 数据根据胡润研究院2020年6月《疫情四个月后全球企业家财富变化特别报告》。——编者注

天壤之别，前者以增量推进人类发展，后者则是零和博弈、自娱自乐，在拉大贫富差距中更应背负恶名。

当然，股王"廉颇老矣"，并不意味金融领域就不会冒出新王。因为时代的机会从来就是与危机相伴共生的！虽然股市将成为资金绞杀的震仓地，但百年一遇之大变局，对投资来说，投的恰恰不是斜率，而是离散度，这也意味着"拐点叠加期"将是真正投资的黄金时代。大部分人都看不透形势，只隐约察觉到未来曙光，只有慧眼识珠的英雄豪杰们早就开启了下一个时代的布局，引得各路人马押注赛道。马斯克即是典型的新王，从特斯拉到Boring[1]，再到造火箭、上火星等，无不以颠覆原有行业为己任，站在时代前沿挑战人类梦想。毕竟，当原有格局被打破，新规则尚未建立，大家都处于混沌之中，离散度之大可谓速生速死、变幻莫测。如此，再谨遵经济周期、底部建仓，根本就玩不转。以前"三十年河东、三十年河西"，现在"三年一轮回"变成"几天就几个轮回"，新王只有习惯冲浪，才能真正活下来。尤其在无边界浪潮之下，行业竞争早已不在内部，而在外部，你都不知道对手在哪就有可能被颠覆了，这也就要求新王必然是个跨界高手，才能眼观六路、纵横捭阖。更为关键的是，既然大家面对的是混沌的拐点期，就不可能以清晰战略应对。面临诸多岔路的诱惑与赛道的选择，只有真正对未来敏感的人，才能找准未来大致方向，在众多挑战者中脱颖而出。因此，新王欲戴王冠，必承其重！股王虽已老去，新王却将在实战的大浪淘沙中趁势崛起。尤其碰到百年一遇之大变局，恰恰是王者迭代之际，正应了那句老话——时势造英雄！

---

[1] 指The Boring Company，由马斯克创建，旨在解决美国地面交通拥堵问题。——编者注

第十一章　供需趋于平衡，房价蠢蠢欲动

疫情之下，房地产市场"浪奔浪涌永不休"，演变成另一场房价上涨，以致前浪、后浪"分不清欢笑悲忧"！但这实属特殊时期的特殊行情，供需趋于平衡的中国房地产市场，依旧会重回高位横盘的行情，在此过程中，房地产市场将加速分化。

疫情催化房价上行

2020年年初，由于疫情冲击，全球大停摆，经济受重创。美国第一季度GDP增长为-4.8%，为2008年以来最大的跌幅；英国第一季度经济下滑2%，4月缩减20.4%，预计2020年可能下降14%，或将是英国近300年来最严重的经济衰退；中国第一季度GDP同比下滑6.8%，为1992年以来首次单季度负增长。经济不景气的程度甚至到了比肩大萧条的地步，房价理应下行，然而当下却逆势上扬。美国3月现房交易价格中位数报价28.06万美元，同比大涨8%；英国最大的住房按揭贷款机构Nationwide公布的数据显示，尽管4月英国处于抗疫的禁足封闭期，但英国平均房价比3月上涨了0.7%，比去年同期上涨3.7%；而澳大利亚4月综合住房价格上涨0.3%，其中悉尼上涨0.4%。中国也同样如此，3月，70个城市房价小幅上涨，平均涨幅为0.13%。这边房价

市场回暖，另一边土地拍卖市场升温，房地产行业的"疫情景气"究竟能否持续？

实际上，全球房市之所以被疫情启动升温，直接原因在于各国为应对疫情所实施的货币宽松政策。2020年3月下旬，美国重启量化宽松政策并降息为零，还开启无限量的货币供给，自降息为零起23个工作日，美国就已经宣布"放水"（印钞）高达12万亿美元。美元的强势地位也决定了其流动性的溢出效应势必要蔓延至全球，其他国家也不得不"放水"应对，不然只能眼睁睁看着美国薅全世界的羊毛。其中，中国虽最为克制，但依然可观，仅2020年第一季度，金融机构人民币各项贷款就新增7.1万亿元，同比增加1.29万亿元；3月M2增速为10.1%，而上一次M2增速在两位数水平，还要追溯到2017年3月；4月M2同比增长11.1%。各国行动一致，"货币洪水"滔滔，然而实际生产的财富并没有显著增多。那么超发的货币最终一定会寻找一个出口，流向房地产行业便成为首选。因为，无限量宽松政策带来的是货币的大幅贬值，资金需寻觅安全岛，而中国资产配置缺少出路，且房产带有保值增值的金融属性，于是，基于"买房抗通胀"的惯性思维，房产成为吸纳超发货币最重要的资金池。国际"热钱"的流入，加之国内央行降息、降准等释放流动性，为国内房价上涨提供支撑。因此，从房价行情上并没有看到疫情对其他经济数据的同等摧毁力。

显然，超发的货币为房价上涨买了单，而对房地产行业的救助支持与放松调控政策，也在助推中国房价行情。房市因疫情防控遭遇冰冻期，而鉴于房地产业对投资的拉动作用及对上下游相关产业的带动作用，其对经济增长的作用不言而喻，稳住房地产行业与稳经济息息相关。由此，为应对疫情给房地产行业带来的影响，多省市出台房地产支持政策，几乎涵盖供需两端的全部链条。地方政府之所以"大手笔"操作，是为了救企与救市的同时也带动财政收入。

近年来，在经济下行压力和减税降费的大背景下，地方财政已然吃紧，而受疫情影响，税基减少，以及为支持疫情防控保供、企业纾困和复工复产采取的减免税、缓税等措施，必然导致地方政府赤字进一步增加。2020年第一季度，中国31个省区市中，仅西藏财政收入实现同比正增长，20个省区市财政收入同比降幅大于10%；各地陆续公布的4月财政数据中，部分地方财政收入依然下滑，如吉林、山东财政收入分别同比下降22.6%、4.1%。在地方财政收入中，土地财政收入往往占据重要地位，地方政府对土地财政的依赖也已是心照不宣。于是，地方政府为缩窄乃至填平财政缺口，不得不搬出土地财政的法宝。然而，若地价依旧维持"低迷"，地方财政缺口填补恐将遥遥无期，"再穷不能穷土拍"，抬高地价正当时。个别地方政府不惜以"围标"（投标人相互串通，一致抬高或压低投标报价拿地）的名义抓人。2020年4月，中海、万科、华润3家公司因涉嫌"围标"而面临调查。实际上，房企为了底价拿地而"围标"并非新鲜事，而是长期存在的潜规则，有关部门借此开刀，从侧面也可见个别地方财政之窘境。而地价的抬升最终必然要反馈到房价上，由此，房价与地价相辅相成、相互影响的关系——房价高源于地价高，房价高让地价水涨船高——被进一步强化，成就了土拍市场的一片火热，关于疫情危机的"应对"之策也在自觉或不自觉地演变为另一场房价上涨。概言之，当下房价行情由疫情启动，由货币买单。

从表面上看，当下房价行情相较以往有一些相似之处。一则，都是由危机引发，如2008年金融危机时也带来了房价暴涨，后又经历了2012年、2015年的上涨，到2018年，全国商品房销售均价为2008年的2.25倍，相同的指标一线城市为3~5倍，基本每3年房价就跃升一个大台阶。如今，行情由疫情危机启动。二则，都与货币宽松和调控放松有关，如2008年全球量化宽松与今年的全球大"放水"方式如出一辙，房地产调控同样也在放松，如都支持融资需求等。

但从实质上看，疫情之下的房价行情又具有其特殊性。一方面，引发行情的危机存在本质不同。2008年主要是由金融创新过度带来的金融危机，同时伴随着产能过剩问题，货币"放水"让危机扁平化、长期化、隐形化。如今，货币"放水"量虽与2008年不可同日而语，但疫情危机已不仅限于金融领域，而是演变为一场前所未有的复式大危机——实体经济受到重挫，且全球各经济体几乎无一幸免，危机已无法延缓，更不能转嫁也无处转嫁，只有对经济、产业等进行根本调整，才能彻底走出危机。另一方面，在应对2008年金融危机的"4万亿"刺激下，中央与地方一起发力，随后中央逐渐意识到房价暴涨加剧了社会矛盾，开始实施调控，但地方仍有一定的弹性空间。如今，中央层面牢牢把控"房住不炒"调控主基调不放松，决定了地方调控放松政策不能"任性表演"。总而言之，房价曲线上扬实属特殊时期的特殊行情，这意味着当下房价行情也无法如同以往。

房市重回高位横盘

土地市场"一半海水一半火焰"。阔别已久的抢地潮再度出现，而这些不过是后疫情期房企疯狂拿地的一个缩影。2020年4月，TOP100房企拿地总额高达3882亿元，同比增长7.2%，环比增长108.9%。反映在城市层面上，4月，40个典型城市土地成交面积和出让金收入环比涨幅均超100%，同比涨幅超过20%；出让金TOP20的城市成交总额为3507亿元，同比增加48%。其中，南京收金逾439亿元，领跑百城，同比增长431%；佛山揽金289.4亿元，同比增长454%。不过，仍有不少城市土地成交规模虽大，但多以底价成交，甚至有的城市出现土地流拍现象。其中，三四线城市高溢价率（4月约27.55%）与高流拍率（4月约流拍315宗，环比增加252宗）并存。

而房企之所以大手笔抢地，原因在于拿地本就是房企生死线，而疫情期在国内外信贷宽松背景下，房企融资成本降低，融资规模相对扩大，为房企拿地扩张提供支撑。如2020年4月，房企信用债加权平均融资成本为3.87%，创历史新低。由此，房企拿地更能放开手脚。从各房企的投资策略中可看出一二：一位TOP10房企管理层坦言，"内部高管开会要求在近期必须拿地，积极拿地"；另一家中小房企土地投资高管直言，"长三角土地火爆程度超乎想象，大家都以为是拿地窗口期，没想到所有房企都报名参与了拍卖"；大部分二线公司则"拿出销售金额的40%~50%进行补充土地储备"。由此，房企沿着"疫情—金融放松—房企财务成本降低—拿地资金宽裕—购房金融贷款成本下降—房企利润—集中拿地"的逻辑线，纷纷变身购地"狂魔"。与此同时，地方政府为缓解财政压力，在"疫情—税费减免—地方赤字增加—重启土地财政—拉高房价—抬高地价"的逻辑下，与房企逻辑线并行，掀起土拍市场热潮。

实际上，抢地与高流拍率现象同时存在，主要是因为地方政府与房企在土拍上陷入囚徒困境。对地方政府来说，"高地价—高房价"可能会触碰中央"房住不炒"的调控红线，但若不如此，地方财政缺口难填。房企也做出了极端利己的选择：如果都不去抢地，那么每一块土地价格都可以相对下降，但又担心其他房企抢地，导致自己没有足够的土地用来开发；若都去抢地，必然快速推高拿地成本。由此看，地方政府有抬升地价的内在动力，而房企想"花最少的钱买最好的地"，不想当冤大头但又怕拿不到地，博弈之下，高价地、流拍、"围标"等现象层出不穷。土地市场风吹，房价市场草动，"房地互动"让房市的一池春水被疫情搅动。

然而，这并不改变未来房市高位横盘的基本态势。一方面，支撑房市高涨的各因素已日渐消退——中国经济高增长结束了，人口红利日渐消弭，城市化速度逐渐放缓。另一方面，住房供需整体上也由不平衡走向相对平衡。根据贝壳研究院发布的《新居住研究报告》，2019年我国城镇住宅存量超3.5

亿套，家庭户均住宅1.2套，人均居住面积超过40平方米，已超过大多数发达国家。更重要的是，时不时放出风声的房地产税如同悬在中国房市上方的达摩克利斯之剑，如中央于2020年5月18日发布的《关于新时代加快完善社会主义市场经济体制的意见》中再提房地产税。实际上，征收房地产税既可以作为财政收入的增长替代，其税收收入可通过转移支付的方式用于地方保障房建设等，调节社会财富分配，又可代替政策来调控房地产市场，一举多得。虽然目前房地产税悬而未落，但它的存在对房市起到一定的威慑作用。

总而言之，此次房市上涨行情不过是为应对疫情、引流货币之水引发的新一轮房地产泡沫。潮水过后，房市依旧会重回高位横盘的行情。但在此过程中，房地产市场将加速分化，不同群体、不同城市及不同房企也将产生深刻变化。对不同群体来说，贫富分化将会加大。疫情期间，在货币之水的冲击下，相较于与生活用品有关的商品通胀，与生产资料有关的商品通缩，以房地产为标志的资产价格却保持坚挺甚至上涨。有房者，自然会随着资产价格上升，自动分享社会财富，房产越多者，分得的财富越多；无房者，所有货币积累都随房价上升而缩水，购房终将与普通老百姓无关。对于城市而言，楼市分化加速。一二线城市原本就因地缘等优势聚集了大量资源，土地稀缺性与需求持续性支撑房价继续上涨；再加之疫情充分暴露出城市底色，过硬的医疗条件及防控与治理能力，成为当下资金风向标，吸引着全国富人的资产狂奔而来。优质的三甲医院资源主要集中于一二线大城市，尤以北上广为最。从百强医院数据看，北上广三大一线城市占了近半比例。《中国法治政府评估报告》中，位居前10名的城市有5个位于长三角，分别是苏州、杭州、上海、南京、宁波，而这些城市在疫情防控与复工复产方面也走在前面。由此，资金与资本加速向以沪深等为主的一线及热点二线城市靠拢，这些城市房价水涨船高，连带周边城市的房市也维持高位甚至保持增长势头；而人口净流出的城市则房价上涨动力不足。

具体到房企，分化则更加严重，甚至可以说，房企生死之间只隔了一场疫情。自2018年下半年万科高喊"活下去"以来，房地产行业就进入洗牌期，如今疫情更是加剧房企进一步分化，"二八现象"愈发明显。

一方面，房企资金链压力加大。疫情影响了房企销售业绩，2020年1~4月，TOP100房企全口径销售业绩规模同比下降14.5%。恰逢房企债务年，2020年，95家房企年内到期债券总额超过5000亿元，较2019年上涨45%；且部分房企如荣盛、泰禾现金短债比低于1，货币资金已然无法完全覆盖短期有息负债。营收锐减叠加债务到期，房企资金压力加大，而房企本身资金密集型的特质，意味着一旦资金链断裂，其或将面临生死局。尽管借由政府应对危机的措施可以解决一定的现金流问题，但也只不过是多了一时的喘息期，并不意味着就此便能活下去。毕竟，没有资金是玩转不来的。而真正能活下去的大概率是头部房企，如碧桂园、恒大等房企已经率先摆脱疫情影响，并逐渐转向"正收益"；又如龙湖、万科等房企"手中有粮心不慌"，其现金短债比均大于1。在头部房企走出阴霾的同时，另一部分房企则在角逐中失势，不得不让出手中的蛋糕。

另一方面，不管各自命运如何，疫情终让各房企深刻认识到传统"高杠杆、高周转"模式的脆弱性，此打法将无以为继。鉴于此，房企未来可能有两条路：或从以往单纯追求规模转而主动控制规模，谋求高质量增长及更高的抗风险能力，"行稳致远"的战略布局，将成为房企发展之道；又或者，房企根据自身情况量体裁衣，走出一条复式化道路。危机时刻，守成求稳成为趋势，壮士断腕、收敛羽翼，更注重聚焦、做强主业，毕竟开展多元业务无异于在本已紧张的资金链上又加了一根稻草，若未产生效益，反会拖累主业。然而，过分守成以致故步自封也是不可取的。基于此，探索新赛道，寻求新的产业和制度等红利成为趋势：

第一，原产业链复式化。围绕地产主业对产业链进行复式的延伸、扩展，如沿着物业管理等产业链上下游进行生活服务的嫁接。如疫情让购房者对居住体验与物管服务有了新的认识和要求，碧桂园抓住时机，推出社区生鲜零售门店碧优选，提高业主居住品质，同时也利用了自身物业强大的流量红利。

第二，形成复式新产业。对于有些房企来说，仅仅做零售可能还不够，万科致力于打造"从农场到餐桌"的整条产业链，锁定生猪养殖行业。进军与地产主业关联度低的行业时，加深各产业的交叉、折叠与融合，至关重要。

第三，打造复式组织，进行复式化管理。疫情让房企被迫走向线上，适应网络化生存的过程必然会带来组织管理的变革。如恒大推出组织化、体系化、成熟完整的线上售房链条，线上线下协同，增强组织合力，释放复式能量。

学区房走向何方

尽管中国家庭苦学区房久矣，但学区房的魅力却从未失效。学区房的激烈"争夺战"把家长的众生相展现得淋漓尽致：有的为取得购房资格假离婚，最后反倒弄假成真，家庭破碎；有的准爸妈从怀孕开始就掐着时间盘算买学区房落户，看房60多套不在话下；有的直接瞄准了包含小学和初中的双学区房，给孩子的教育上双保险……大多数押注学区房的父母不仅掏空了家庭存款，甚至还要借贷，不得不忍受人到中年"推倒重来"的心理落差，把大房子换成"老破小"重回蜗居不说，为了还贷还得"两眼一睁，忙到熄灯""上班忙工作，下班开滴滴"。而接连出台的新政策，无形中又给家长增添了压力。比如，上海一宣布"公民同招""摇号新政"，原本冲刺民办的家长又被挤上学区房的赛道，不得不做两手准备。于是，"丛林竞争"的学区房市场不仅催生了家庭鄙视链——价高房大的看不起价低房小的，还导致深陷其中的家长不断想方设法拉开竞争差距。比如，深圳高级中学南校区学区房的业主生生用投诉让8个公寓小区的积分由第一类（80分）降至第三类（70分）。

实际上，放眼全球，学区房现象在各国普遍存在。就连实行老师轮岗、学校硬件设施高度标准化的日本，也有家长愿意为了更优质的学区资源，支付10%的额外房价。而欧美国家同样概莫能外，比如，纽约上东区精英社区的学区房，不仅申请表繁复，要求提供财力、学历等各方面信息，还要经过小区家委会的层层面试，才能真正买到房子。

美国政治学家罗伯特·帕特南在《我们的孩子》一书中指出，家长在为好学区竞价时，竞争的其实是学区里受过高等教育、高收入的家长，而非高质量的学校和老师。美国密歇根建筑商也曾统计，如果房屋均价超过100万美元，周围学校的普遍评级是A+；而当房价低于25万美元时，周边大多数学校都处在C+级。而在中国，教育改革和市场经济的助推，将承载着教育与房地产双重属性的学区房推上了时代的风口浪尖。21世纪以来，随着教育改革日渐进入深水区，从叫停中小学考试招生制度和重点学校重点班建设，到全面推广小学划区域、就近入学，再到明令禁止各项提前选拔考试，国家对"选拔式招生"下狠手打压，"占坑班"被送上断头台，各种推优、特长生政策越卡越严，"批条子""搞共建"等以权择校的手段也慢慢"退位"。然而，在社会竞争越来越激烈的当下，向来把子女教育当作人生一大使命的中国父母难以就此消停。当各种门路都被政策堵死时，学区房就成了"赢在起跑线"的唯一筹码，其价格在激烈的市场竞争中自然水涨船高。

深入地看，学区房之所以备受追捧，价格高居不下，背后既有教育的原因，也有房地产产业的原因。一则，教育集中度与不平衡程度居高不下。如今，家长们迷恋的重点学校，往往是20世纪50年代起国家为快速发展教育，大量倾斜师资和硬件资源"砸"出来的。而从城市规划上看，一线城市的教育资源往往又聚集在老城区的核心地带。于是，经过几十年积累，传统重点学校和重点教育区域的优势很难打破。以2019年清华大学和北京大学在北京的录取情况为例,"东西海(东城、西城、海淀)"三区就包揽了全部名额的89.3%。放眼全国,传统一线城市的教育资源丰富程度又远非其他地区可比。比如大学本科录取率,2019年北京与天津分别为68.9%和79.43%,相较之下,高考大省河南的录取率仅有33.2%。二则,城市化、都市化浪潮让人口向(中心)城市聚集,进一步放大了教育资源上的供需矛盾。典型如深圳,随着GDP狂飙突进的是学位缺口的日益增长。再加上名校与房地产开发商互相"抬轿子",共同推高了学区房市场的热浪。一方面,开发商借名校的外溢效应,大肆宣扬学区房的噱头,创造超高溢价,赚得盆满钵满;另一方面,学校与地产商联姻办校,不仅能在利益共同体中分得一杯羹,还能绕开义务教育阶段"划片招生"的政策,收割一批优质生源。于是,深谙套路的资本便将供应稀少的学区房当作房地产投资的最佳标的,进一步加剧了炒作循环。具体而言,无论是金融资本还是民间游资,均是看准了学区房等于入学名额,好学校的名额会越来越稀缺的市场共识为前提入局,持有总成本较低且流动性较好的"老破小",在实现预期价值(涨价或孩子顺利入学)后,加价甩给接盘者。如此一来,学区房的使用价值不断转手传递,击鼓传花的游戏与金融加杠杆的操作如出一辙。

然而,越完美的投资品,往往命门越致命。眼下看似一本万利、稳赚不赔的学区房生意,实则面临着重重风险的考验,并且这已经初露端倪。

其一,政策变动的风险加剧。毋庸置疑,教育公平是改革的大趋势,而近年来正是相关政策变动频繁的试水期。比如2019年苏州突然将学区房的学位锁定期从5年延长至9年,还有深圳罗湖有名校试图出台"住房面积50平方米以下限制入学"的政策,皆为明证。虽说各项政策能否全面推广,还是要看"疗效",但总的来说,"多校划片""学位锁定",甚至"摇号入学"等打压学区房的政策大方向不会改变。这样一来,即便资本再想炒作,学区房也炒不起来了。

其二，教育的投资价值下降，体验价值上升。如果从教育投资的角度看学区房，且不说学区房对口的名牌小学不一定能保证孩子直通名校，即便如愿以偿，教育回报也难以匹配学区房的高额投入。因为学区房价水涨船高的同时，学历却越来越不值钱。正如段子所言，清华大学的毕业生，都无法为下一代再提供一套能保证考入清华大学的优质中小学的学区房。况且，在信息文明和体验经济的洗礼下，学习的体验价值日益凸显。比如，从体验中所汲取的创造性能力及不断提炼内化的智慧，将是一笔人生财富，而生活的幸福感也难能可贵。

其三，技术的加持使得教育日益扁平化，名校垄断程度降低。家长为学区房"抢破头"，归根结底是为了争夺被名校攥在手里的名师等教育资源。而发达的互联网早已让名校资源通过中国大学慕课（MOOC）等平台得以无边界、无差异共享；更别提新冠疫情期间师生转向互联网平台进行线上教学，再次展现了技术让教育量大面广地突破校园边界的可能。随着VR、5G、大数据等技术发展，课堂可能将不再是学生学习的必要选项，名校垄断的权重也将日益被瓦解。

其四，产业变迁势必将洗牌城市布局，眼下的教育格局也将被打破。中国改革开放以来，城市发展迅猛，新区不断拔地而起，而任何地区的教育质量最主要还是由其所聚揽的人口素质来决定的。产业发展聚集人才，而相关生活设施如交通、医疗、娱乐等社区化的配套越完善，就越能留住高质量的工程师、白领、金领等人群，从而潜移默化地形成良好的文化氛围，滋养当地教育的土壤。比如曾经一文不名的北京回龙观，因为聚集了大量互联网企业的IT（信息技术）精英，他们的孩子"把爸爸妈妈辛苦买来的房，生生考成了学区房"。

综上所述，天价学区房终将在各方因素不断调整发展中逐步退出历史舞台。而当学区房被赋予的不切实际的幻想破灭，教育也将从拼家长、拼财富回归以孩子为本的育人本质。而对孩子来说，其实"最好的学区房，就是家里的书房"。一方面，父母以身作则会营造良好的学习氛围，正如教育家马卡连柯所言，父母在生活的每时每刻，甚至不在场的时候，都在对孩子进行教育；另一方面，孩子也能潜移默化地在这种氛围中养成学习的习惯。如果家庭有爱读书、爱学习的习惯，那么孩子也差不到哪里去；反之，若是没有学习的氛围，买再贵的学区房也不一定有用，只能是"昂贵的偷懒"——一种自我安慰罢了。由此看来，对投资者而言，当学区房的价值锚点被政策、教育理念、教育模式和城市变迁等方面的因素釜底抽薪，其估值也将向常态回归。

决定长租公寓的基本坐标

无论是从人们的基本生存条件、社会发展规律还是从市场需求来看，租房都应该是一个朝气蓬勃、空间巨大的市场。毕竟，"住"是人们始终如一的基本生存追求。无论经济环境好坏，衣食住行始终是人的刚需。而与其他三者比较，"住"的分量无疑更重，对于国人来说，孟子"有恒产者有恒心"的古训已成为整个民族的心理印记。另外，与购房相比，租房的成本和门槛都更低，所以也更是不得不满足的需求。而且，从经济发展规律看，轰轰烈烈的城市化衍生大量流动人口，租房需求也随之攀升。以美国为例，19世纪中叶至20世纪初，美国由初步城市化向全面城市化过渡，城市化催生了租房市场，当时市中心土地成本越来越高，大家买不起也建不起房，好多商人嗅到了商机，开始把一些不用的商业用房或者工业厂房改造成住房。1890年，美国每套住宅居住人数平均为5.45人，在纽约甚至平均为18.52人。中国的流动人口总量达2.36亿（截至2019年年底），艾媒咨询调查显示，我国服务租赁市场租赁人口从2017年开始保持稳定增长，预计2022年将达到2.4亿人，整体住房租赁市场需求潜力巨大。然而，与巨大的市场需求相比，我国房屋租赁市场的供给却显得相对不足与落后。一方面，长期以来，我国住房租赁市场不仅供给量少，如《2020中国青年租住生活蓝皮书》数据显示，2020年存量房源预计将达到2.75亿套，投入租赁市场仅约为0.87亿套；而且供给主体较为单一，主要以个人房源为主，机构化占比约5%。从国际经验来看，美国租赁市场机构化率为54.7%，英国为66%，日本的租赁市场机构化率高达83%。另一方面，"北上广容不下肉身，三四线放不下灵魂"，年轻人对租房品质的要求也在不断提升，传统的C2C（个人对个人）模式、二房东模式效率有限，体验也不尽如人意，很难为这些在一线城市漂泊的灵魂提供归属感。

长租公寓作为创新的商业模式，无疑为房屋租赁市场带来了新鲜血液，也曾被寄予厚望，无奈收获的却是跳蚤，还没触碰到租房市场的真正问题，就被资本带偏了路。互联网领域"烧钱"竞争的传统一度将整个行业拖入深渊。一些长租公寓平台在创业初期，普遍采用"高收低租"的模式，即用较高价格收纳房源，又转手用较低价格出租，以期快速占领市场。但是，这种模式从本质上说是违反市场规律的，毕竟长租公寓平台投身市场，不是来"学雷锋"的，通过市场运作赚取利润才是它们的根本目的。一些长租公寓平台通过疯狂"烧钱"无节制地拉长金融杠杆，一旦运作未能达到预期目标，资本"躺倒"或者"跑路"，最后只能徒留一地鸡毛。走火入魔的租金贷也成为长租公寓难以摆脱的原罪。所谓租金贷，简言之就是租金变贷款，信用做租金，利用杠杆持续做大规模。对于公寓企业而言，租金贷相当于提供了一个源源不断的资金池，只要租户持续签约，规模便可不断增大。公开资料显示，青客公寓与十几家金融机构进行了租金贷合作，租户使用租金贷支付租金的比例超过60%。但问题是，这种模式并不等同于盈利，且不说投资一旦"踩雷"，平台就会鸡飞蛋打，更重要的是，一旦走上金融化道路，把房租当作融资工具，被资本裹挟的长租公寓企业随之就会脱离商业本质，陷入庞氏经营的困局，除了靠扩张规模来继续"钱生钱"的游戏，别无他法。

2017~2019年，青客公寓已连续3个财年亏损。为了维持这种虚假繁荣，管理水平同样要为规模让步，居住环境安全、哄抬租金等一系列争议频频爆出，即为最佳例证。正因此，一波疫情就能把长租公寓"高进低出+租金贷"的运营模式打回原形，这也恰恰说明长租公寓行业早已金玉其外，败絮其中。

　　长租公寓如今的四面楚歌，不仅证明了这种以借助实体来带动金融的资本运作模式的脆弱，实际上也反映出以往长租公寓的发展并未找准自己的发展坐标，以致其在资本浪潮中迷失。纵览全球，成熟、稳定的租房市场无不是吻合市场规律、由供求关系主导的产物。在美国，住房租赁市场的平稳运行直接体现在房租没有出现令人匪夷所思的大涨或大跌。针对庞大的房屋租赁需求，美国着力发展多样化的房屋供给渠道，从而确保市场供给。具体来看，美国的房源供给渠道主要有三：一是私人与房地产开发商提供的市场化租房，占比约为81%；二是保障性的联邦政府资助住房，占比约为12%；三是政府与社会资本合作提供的享受税收优惠的租赁住房，占比约为7%。反观中国，房地产领域的特殊性造就了租房市场的非典型性。在中国，房子不仅具有居住属性，还涉及相应城市的基本公共资源和公共服务，如落户、小孩上学等。这些附着在住房上的权益，使得房子既是房子，还是有关权益的载体；加之房地产市场化制度安排迟迟不到位，使得房地产的金融属性被过度放大。双重因素叠加之下，要么为了投机，要么为了附加权益，本来可以租房的人们也不惜一切代价加入炒房大军。高房价的挤压下，租金回报率逐渐降低，《2019中国租赁住宅行业白皮书》显示，国内20个重点城市中，公寓租金回报率仅为1%~3%，日子不好过的长租企业只能或主动或被动地走上金融化道路来饮鸩止渴。总之，无论是金融属性还是附加权益的存在，都决定了中国的租房市场难以实现真正的市场化，若持续租房与买房呈现分裂、背离状态，则无疑会进一步堆高房地产泡沫；若完全由企业主导，则会重蹈住房金融化的覆辙。权责不清，政府与市场的边界模糊，当下长租公寓行业的"拧巴"也就在情理之中了。

说到底，中国的房地产市场太复杂，租房市场也不例外，既被政府、市场等各种因素所影响，也存在着房东、运营商、租客等各种力量的博弈，同时还有城市化、人口流动等客观规律在背后发挥作用。可以说，租房市场是中国复式经济的典型领域。未来，可建立起分层次、分体系的一整套租赁机制，既能解决土地供应、企业开发等方面的供应端问题，又能解决租赁方式、租房权益等需求端的问题。例如，新加坡建立的"廉租房—组屋—执行共管公寓"和"公寓—有地私宅"并行的阶梯化供应体系，实现了对不同收入家庭的全覆盖。

如果说，未来的租房市场是一场盛宴，那么在政府层面，长租公寓"起跑"离不开政府助力。一方面，政府将着重于完善市场规则和为最低收入群体提供住房保障；另一方面，在不断推进租售同权的大方向下，政府或可结合长租公寓产业，尝试可持续发展、良性循环的新型土地财政，打破"卖地成瘾"的魔咒。例如，引入长租公寓企业的自持模式，以长租公寓企业为节点，打通金融投资、土地资产增值和民生保障的节点，政府通过支持市场化的长租房企业，盘活土地资源，既解决了人们的居住问题，又可以通过土地资源增值，为政府财政提供长期保障，实现多方共赢。

在市场层面，发挥市场之所长，培育多元化的市场主体。尤其是针对新群体和新社交需求，要在租住模式上提供更大的灵活性和弹性，匹配不同圈层的生活方式，如长租结合社交、智慧公寓等。以日本为例，日本企业Leopalace21专注于单身小型公寓市场，为单身女租客提供公寓产品。这家公司和日本大型安保公司合作，以保障女性租客的安全，此外还配备了能够满足女性厨艺、化妆、陶艺、瑜伽等多样需求的设施，并对隐私、隔音、地板、墙壁、管道等各个细节做出了进一步改进，女性自然愿意买单。

总之，复式才是租房市场的基本坐标，在此坐标下，市场和政府相互配合，长租公寓才有望克服低利润、金融化的痛点，最终在城市经营和发展中实现良性循环。

香港房价走势

自香港动乱以来，香港成为焦点，香港房价也宛如坐上了"过山车"震荡不休。2019年5月，香港整体楼宇买卖注册量仍创下了7年以来按月计的新高（10353宗），紧接着6月和7月便断崖式下跌，同比分别下滑32.9%和24.6%。其实，在"港乱"爆发前，香港经济在国际经济环境不景气与内需疲软的夹击下早已承压。自2018年第三季度GDP增速放缓开始，2019年上半年香港经济便创下了10年来最差纪录，同比仅增长0.5%。进入2020年又遇上新冠疫情肆虐，于是，香港房地产市场也开启了量价齐跌模式，第一季度房价下跌8%。然而入夏后，香港楼市又突迎大逆袭。在"港乱"、经济、疫情三大危机的叠加影响下，市场上关于香港楼市众说纷纭。看空者纷纷预言将出现外资撤离、楼市跳水、香港衰落等情况；看多者则认为只要"港乱"得以控制，香港经济便能企稳，未来香港楼价仍会以龙市向前。纷纷扰扰之间，香港的房价走势究竟将去向何方？

诚然，香港房价如今确实处在高位。截至2019年，香港的房价已连续上涨15年，租金也增长了不下10年，难怪香港楼市以其高价问鼎世界第一（世邦魏理仕报告）。美国城市规划咨询机构Demographia公布的调查显示，截至2019年，香港已连续10年蝉联全球房价最难负担城市，普通人不吃不喝20.8年才能在香港买得起房。但是，从历史发展来看，香港房市几经波动起伏，既有涨得迅猛之时，也曾跌得惨烈。"二战"结束至21世纪初的半个多世纪之间，香港房市大致经历了6轮涨跌周期，癫狂时房价可以成倍上涨，恐慌时一年跌去60%~70%也并不罕见。尤其自20世纪60年代开始，香港作为亚洲四小龙之首登上国际舞台，不仅社会财富迅速累积，还有金融、外贸、旅游行业的兴盛，吸引了国际资本和投机者的涌入。在刚需与炒作的交替作用下，香港楼市一路波浪式上升，并在1981年达到顶峰，平均楼价11302港元/平方米。但随即而来的经济衰退与银行危机，让香港楼价在一年内就跌了近四成。如果说，早期香港房市的涨跌大多是市场因素唱主角，那么中英谈判乃至香港回归，则开启了香港房市市场因素与政治因素的双重作用。一方面，香港局势的前路不明吓退了一部分外资、港资，如英资怡和、置地、太古、嘉道理家族等，大规模抛售在港核心资产逃离香港，造成了香港楼市的向下缺口。但另一方面，大量美国游资涌入香港提前布局，恒生指数直线拉升至16666点历史高位，资本市场一片繁荣。再加上在地产商如四大家族的鼓吹下，香港深信回归后"内地一定会接盘"，全民炒作不能自拔，回归前的18个月内香港房价就飙升了50%。可谁知1997年香港回归碰上了亚洲金融风暴，资本大鳄收网，东南亚各国房地产市场都扛不住崩溃，更何况早已被炒高的香港房价，以致香港房地产市场泡沫被刺破后房价一泻千里，跌了近70%（2003年），10多万套负资产房产汹涌而来，直到2012年才恢复到1997年的点位。

　　既有前车之鉴，如今香港又恰恰处在多事之秋的历史时点上，看空香港房价也在情理之中。第一，"港乱"使得香港经济雪上加霜。不仅经济基本面受冲击严重，2019年第三、第四季度GDP增长由正转负，同比均下跌2.9%，2020年第一季度跌幅进一步扩大至8.9%。百姓的日子也越来越不好过，尤其是备受打击的支柱旅游业，在2019年下半年急转直下，访港旅客按年流量下跌39.1%，进而造成相关行业大量从业者失业，2020年开年更是雪上加霜，相关行业的失业率在第一季度上升至6.8%，创下2008年金融危机后的最高纪录。第二，香港国安法（《中华人民共和国香港特别行政区维护国家安全法》）触发新一轮移民潮。香港国安法的颁布实为大摊牌，不仅在法律层面明确了全国人大和香港地区基本法的上下位关系，还给乱港分子敲响了警钟，更是在中美关系上亮出了底牌。如此一来，香港国安法实则将开启香港回归以来殖民地时代的彻底终结，由"两制"向"一国"的重心转换。第三，香港"华山一条道"的特殊地位被日益稀释。香港自开埠初期便确立了零关税、低所得税的自由进出口港，回归之后更是凭借其超然的地缘与经济地位成了连接内地与世界的唯一纽带。如今，伴随着中国内地经济的崛起与开放，香港作为中国曾经最重要的桥头堡地位被颠覆，不仅GDP总量屡屡被赶超，2019年以2.52万亿元居全国第16位，就连其引以为傲的国际金融中心地位都在微妙松动，尤其是眼下香港还未从"港乱"旋涡中完全恢复，市场对香港的信心还需重建。这样看来，伴随香港经济腾飞的香港房地产市场，也难以逃开香港经济地位的动摇而独善其身。

与之相对的是，看涨香港房市的因素同样坚挺。第一，从市场经济的规律看，香港钱多地少，供需矛盾难以平衡。不同于新加坡通过组屋制度实现住房自有率超过90%，香港的房屋自有率不到50%，且人均住房面积只有16平方米。况且，香港的土地使用率极低（25%），居住用地只占城市面积的8%，远低于纽约、伦敦等发达地区城市的50%以上。加之上到财政、下到房东，香港经济已与房地产绑定过深，一边是港府慢慢批、慢慢放，另一边是地产大亨"囤积居奇"。如今，横琴新区又划给了澳门，即便有房地产大佬承诺无偿捐地，不管从规模还是效果上看都是杯水车薪。既然有刚需托底，那么对于各路资本来说，香港的房地产就是世界上最稳的资产之一。第二，香港的富人集中度也是房价的利好。根据二八定律，占据社会多数财富的少数人，往往才是决定房价的关键因素，正如纽约源源不断地吸引精英人群，形成了维持纽约高房价的中坚力量。相较而言，香港不仅能在超高净值人群（身价3000万美元以上）数量上有与纽约争夺全球第一的基础，更重要的是，香港的富人密度稳居世界第一，每100万成年人中有1364个超高净值个人[1]。富人的集聚效应在一定程度上推动了城市各方面向上匹配，无形锚定了香港房价的高点位。第三，香港的税收洼地特性吸引各路资本。香港因其自由贸易港的地位，不仅收税范围窄，没有遗产税、流转税等，税率也低得出奇，主要的利得税、薪俸税等，最高税率也仅有15%左右。再加上完善的金融市场与服务，对企业与资本具有天然的吸引力。况且，香港财政不用上交中央，这在税收收支自由度上更是具有难以比拟的优势。由此，资本与经济的活跃带动财税，进一步反哺香港，房价自然也不例外。

不止于此，眼下香港正进入"一国两制"新局面的时代，由上半场"两制"向下半场"一国"逐步切换，这将带来一波香港发展的新机缘。且不提香港在上半场高度发达的市场经济运作中一直保持着市场、资本、信息等各方面的自由地位；进入发展转型的下半场，又有粤港澳大湾区将香港纳入区域协同的框架内，为香港经济提供了进一步突破的战略纵深。由此，香港将在内地的支持下，更加坐实自由人天堂的地位。也就是说，香港将不仅保持原先外向型经济中贸易、资本等自由流通的基本盘不变，更将加载深入粤港澳腹地的创新流、资讯流、人才流和资金流。如此一来，香港体制灵活、市场开放、人才集聚、资本雄厚等方面的优势将被再次激活。比如，眼下孵化先进制造业的新模式便是一例，将科创投融资与研发重心落在香港，而生产落地在工业制造业基础更完善的内地。相较于同作为自由贸易港的澳门，因其经济结构更为单一（以旅游、博彩业为主），且体量很小（仅陆地面积，香港就是澳门的33.73倍），存在纵深发展的客观局限性，香港经济在"后一国两制"时代的潜力与空间都将是得天独厚的。以此来看，只要香港在政治上不乱国、不独立，中国最自由、最复杂的地区仍将是香港。

进而可以得出结论，香港的房价短期看空，中长期势必看多。

---

[1] 数据根据私人财富咨询机构Wealth-X 2019年5月9日发布的《2019年全球超级富豪报告》。——编者注

区域与城市篇

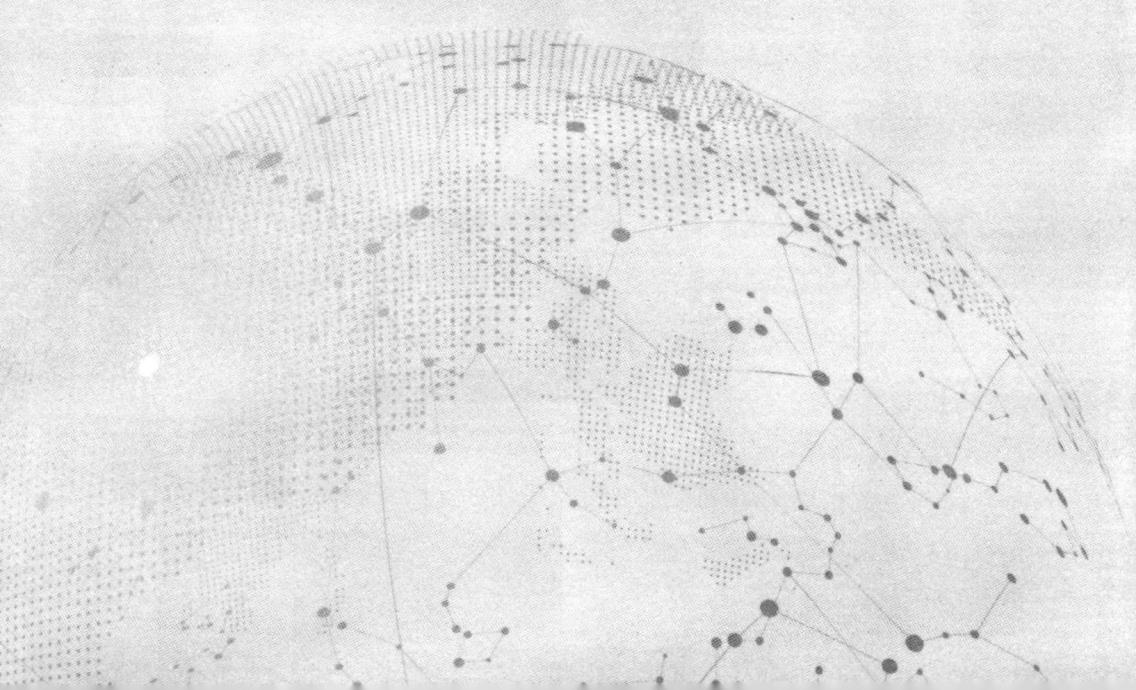

第十二章　长三角一体化变局

中国正面临二次市场化的历史拐点，长三角一体化升级为国家战略的初心正是先行先试。在此进程中，三省一市需要在统一认知的基础上，各自寻找突破口。上海"由硬变软"；浙江突破口在于产业调整；江苏"刚柔并济"，补足南北落差，实现区域间互联互通；安徽最大的比较优势在科创领域。

长三角一体化版本升级

从中央层面看，长三角一体化战略的核心是"市场经济条件下的再统一"，突破口是"打破行政区划与地方保护主义"，构建"超越传统行政区划的区域经济一体化模式"。这意味着长三角区域各省市、各城市要从地方本位主义的视角中跳脱出来。同时，在互联网赋能下，长三角一体化需要从硬建设转向软规则，从而实现版本升级。

第一，长三角一体化的首要锚定点将在于方便便捷的交通网络、生产经营、生活体验等。想想，假如交通网络四通八达，上午去上海陆家嘴商务会谈，下午到合肥科技馆看科技展，傍晚到杭州西湖看夕阳，夜里回到嘉兴的家里休息，第二天再去南京吃个午饭，如此场景成为长三角区域生活常态时，一体化自然水到渠成。近年来，以一小时生活圈、三小时经济圈为主要特征的四通八达的交通网络，打通了相邻或相近城市间同城化发展的空间障碍。就沪杭而言，两地市中心相距180公里，高铁一小时、高速两小时的路程让两地同城化生活已经拉开序幕。其实，这已在交通基建刚硬中体现出了政府关注大众生活体验的软性需求，当轻轨、高铁及城市快速干道等以非常密集的模式向外铺设，区域内的地域优势被平均化，到一体化内所有省市，无论是办事还是出行，体验感都超强时，自然就弱化了人口、资源流入特定城市的动机。

从长三角一体化的战略看，需解决的另一个问题就是如何搭建支撑硬经济发展的软规则。毕竟就当下来看，三省一市的行政划分使得行政规划、税收、优惠政策、责任主体等各个方面都是割裂的。好在首批51个政务服务事项在长三角地区14个城市实现长三角"一网通办"，已经为打破区域间行政壁垒开了一道口子，一旦行政统筹，更多体现一体化的"软性政策规则"出台，减少长三角跨区域办事的烦琐流程，将会让长三角区域的企业感受不到地域性差异，形成更为合理的生产经营和产业集群化发展。

第二，从财政、资本层面看，以往各自发展GDP、一哄而上的时代结束了，未来长三角一体化过程中，财政更可能由原来的"分灶吃饭"到"复式灶头"，有分有合。不可否认，在特定时期财政"分灶吃饭"有其合理性，然而"抢到篮子里都是菜"助长了地方经济封锁和重复建设。长三角一体化不是一地一城之事，不能单靠一方的财政和企业投入，需要共同投入、共同建设。因此，长三角一体化有必要在财政上构建有分有合的"复式灶头"。就拿影响地方财政收入的税源来说，可以按照税源，协商研究跨区域投入共担、利益共享的税收征管协调机制，率先探索产业跨省市迁移、重大产业项目跨省市协作的财税分配和产业增加值统计机制的试点。找准各方利益的契合点，实现各地产业和财政政策的均等化、协调性，在更大范围内推动长三角一体化利益共享。与此同时，三省一市可共同出资组建经济类、社会类等各类平准基金。比如养老基金、住房公积金可以组建专门的平准基金进入股市；联合银行为民企上市公司成立债券平准基金，解决其融资难、融资贵问题。还可借助区块链公共账簿的思维模式，向中央申请组建区域性投资银行，积极自主建设多角度、多层次的长三角引导基金等，保障长三角一体化产业发展过程中资金的有效供给。可以说，财政、资本运作方式转换，也是上海在新一轮长三角一体化"由硬变软"的最好注脚。

第三，从盘活土地资源角度看，土地拍卖、招商引资将从以往给钱、给地的"硬抢"到今后在一个平台统一竞拍等"软竞合"。上一轮长三角一体化饱受诟病的一点就是三省一市相互挖墙脚、不计成本、不择手段地招商引资，各自打着从一体化里实现自身利益最大化的小算盘，重大项目跨省市落地面临地方政府间强竞争的博弈困境。如今一来要盘活土地资源，二则又要避免恶性竞争，有鉴于此，长三角可以搭建一个统一的网络平台，将土地拍卖信息、招商引资信息撒到长三角的每个城市，帮助开发商和各类企业家获取长三角土地市场及招商的最新资讯动态。如此，更能体现公开、公平、公正的原则，有利于理性竞价、节约成本。

有鉴于此，长三角一体化版本将不断迭代升级。最基础的1.0版本是实现交通一体化。在此进程上，交通一体化的加速和互联网技术的普及所带来的时空压缩将润物细无声地替代特大城市的要素集成和配置能力，新产业、新经济也将各大城市置于同一起跑线上。长三角一体化2.0版本，聚焦于生产要素统一配置。三省一市对生产要素，特别是对新经济领域极为重要的科创要素的态度，将转为"不求所有，但为所用"。长三角一体化3.0版本，以平台一体化为核心，以"一网通办"为手段，通过一体化人才互认机制，打通医疗、社保及交通出行账户，着力打造统一的服务平台。长三角一体化4.0版本，即实现土地、财政等宏观领域的一体化，通过组建产业、财政平准基金来落地财税分成，打造"复式灶头"的财政结构。

长三角一体化的迭代过程，是长三角各城市在市场机制作用下不断增进协同发展的过程，更是地方本位主义和"诸侯经济"不断被削弱的过程。这是"大市场+大政府"勾兑之下的必然要求，也是长三角一体化不断迭代中体现的趋势。

一体化示范区战略意图

关于长三角一体化示范区的各种讨论不绝于耳，要拨开云雾见月明，首先需搞清楚一体化示范区的顶层战略意图。对此，长三角生态绿色一体化发展示范区的战略意图在于"四个要"：

一要实现"二次大统一"。站在国家层面，在"二次大统一"的大背景下，以示范区带动长三角一体化破局，将驱动中国由分散式发展升级为统一、整体式发展。改革之初，通过层层放权，计划经济体制下长期深受压抑的经济活力喷薄而出，虽带来了各地百舸争流的发展局面，但问题也随之产生。最为典型的便是在财政分权的治理模式及"GDP锦标赛"的官员考核机制下，形成了地方政府的"诸侯经济"。在此制约下，要素自由流动和合理配置的初衷走向其反面，设置关卡控制外地产品数量，通过工商质检设置技术壁垒等现象屡屡发生，势必将为全国一盘棋的市场经济格局带来不利影响。短期政绩考量的方式不仅让地方长期依靠高投入、高消耗带来的粗放式经济增长，一哄而上的无序竞争更是让产能过剩从钢铁、煤炭等传统行业蔓延至新能源车、共享经济等新兴领域。此外，先天的资源禀赋与后天的"政策关爱"又参差不齐，导致地方经济差距被迅速拉大，可谓是"城乡分割尚未消除，城市与城市的割据已然形成"。就拿长三角来说，仅是江苏一省，就存在苏南、苏中、苏北的落差，即便近年来苏北经济增长不断提速，落差也始终存在。2019年，江苏省中GDP排名第一的苏州（经济总量为18597.47

亿元）是排名最末的宿迁（经济总量为2750亿元）的6.7倍！显然，不仅地方的"乱"让中央的"收"成为下一步的调整方向，城市和地区间的马太效应也意味着当下迫切需要经济上的"二次统一"。在此背景下，各个省市都将整体被置于区域性发展框架中，关注统一的、整体的利益。以示范区推动长三角一体化，显然就是要化解上述已经出现和可能出现的局面，从此前若干个点突击、突进的格局，调整到通过区域内的协同发展兑现整体发展的格局，为中国经济一体化先行铺路。

二要发展绿色经济。众所周知，示范区已经被定为绿色生态示范功能区，为何要加上"绿色生态"这个限定词？表面看来，绿色生态的独特定位与吴江、嘉善和青浦的天然基因相契合，可谓因地制宜。青浦区有21个自然湖泊，朱家角、金泽和练塘3个国家历史文化名镇；嘉善拥有55个湖泊和1个西塘古镇；吴江被称为"百湖之城"，有320个湖泊，以及同里、震泽、黎里3个古镇……示范区水网密布、地势低洼的特殊自然禀赋，与生态绿色的发展道路不谋而合。更进一步来看，当前的经济发展已经切换理念，从高速发展到高质量发展就是要以绿色环保为前提，这必须是示范区的题中之意。过去，在"发展是硬道理"的真理标准下，中国用短短30余年走完了西方300多年的发展历程，也因高能耗、高污染的粗放发展集聚与爆发了西方百年来所有的环境问题，极端天气、雾霾等频繁光顾，工业化、城市化让经济陷入"越发展、越污染"的恶性循环。《BP（英国石油公司）世界能源统计年鉴（2019）》显示，尽管经济增速放缓，中国的一次能源消费仍然在2018年增长4.3%，为2012年以来最高增速，过去10年的平均增速为3.9%。2018年，中国占了全球能源消费量的24%和全球能源消费增长的34%，连续18年成为全球能源消费增长的最主要来源。更何况，当下环保已成让全球紧绷的"红线"，中国如此大的当量，早已注定，中国超出环境和资源承受限度的生产与消费，世界无法承受，这也是美国屡屡指责中国"输出"污染的缘由所在。

因此，随着中国逐渐登上世界舞台中央，切换经济发展的理念，从高速发展转向高质量发展是大势所趋，而示范区要发挥其示范效应，必然要走在前面，切实实现产业的"环保+"和"对传统行政区划经济发展方式的超越"，在淘汰落后产能等"破"与新能源发展等"立"之间，寻找发展与环境的新均衡点。

三要保障经济效益。中央领导讲话中已多次强调，长三角一体化是高质量的一体化，这也是示范区设立的最大价值。也就是说，示范区依然要在经济发展中处于战略高地，不能停留在"意义重大、效益低下"的尴尬位置。从某种程度上来说，追求GDP总量和速度的冲动，和经济发展质量的要求是相悖的。要提高经济发展质量，就要肯牺牲一些经济效益高但社会效益和生态效益低的传统产业。新产业培育期，面临着新旧"青黄不接"的难题，而GDP上不去，又难以称之为高质量发展。长三角目前正面临这样的发展悖论，尤其是上海，经济增长明显乏力，增速从2010年的最高点10.3%降至2018年的6.6%，2019年上半年更是回落至5.9%，低于全国增速0.4个百分点。依托造船业、汽车行业等传统产业所建立的经济领头地位已经被动摇，与周边一些地区的GDP差距也逐步缩小。GDP垫后，这既不是龙头城市应有的成绩，也无法证明其在高质量发展上的先行一步。

从这个意义上考虑，GDP依然是示范区发展中必须考虑的重大指标。而高质量的GDP势必要跳出原有的发展模式，主动探索新的产业增长空间。事实上，示范区也具备一定的转型条件与空间，不仅有自贸区新片区扩容、设立科创板、试验注册制等一些政策利好在"保驾护航"，还有华为研发中心、哈工大智能产业园、启迪科技园等一批科创型产业代表扎根青浦。照此势头，随着新技术、新产品在这里率先被开发应用，新模式、新业态将在这些地区率先孕育，新产业、新就业也将在这些区域率先形成发展。如此，经济效益的增长自然水到渠成。

四要贯彻协调经济。在"二次统一"的逻辑前提下,"协调"是示范区建设的关键词。毕竟,示范区建设,不是一地一人之事,不能单靠一地的财政和企业投入,而是需要共同投入、共同建设、共同治理。况且,一体化推进多年,"体制瓶颈""条块分割"的状态下,同构现象始终是长三角难以摆脱的痼疾。例如,23个长三角沿海沿江城市中,分别有13个和12个城市在"十三五"规划纲要中提到发展石化和冶金产业。"捡到篮子里的都是菜"成为各地招商引资的真实写照。从改革开放初期各地争先恐后上马"五小"(指小煤矿、小炼油、小水泥、小玻璃、小火电等)企业,到当前对战略性新兴产业和现代服务业的争夺,无不诠释了产业日益同质下城市间产业竞争加剧的状况。虽说区域内发展水平相近、资源禀赋相似,在缺乏统一协调下,很难实现错位发展,但更为重要的因素在于,制约要素自由流动的行政壁垒始终存在。当各地都打着从一体化里实现自身利益最大化的小算盘,区域一体化与地方利益冲突时有发生,结果便是看似一团和气,实则"貌合神离",更难以发挥出类似于纽约城市群、东京城市群那样的引领和辐射功能。有鉴于此,建立示范区,推动长三角深度一体化,必然要打破上述局面,可以说,示范区是在"协调经济"大背景下的历史产物。

一来,协调模式首先要解决行政割裂的问题。示范区内江浙部分为四级政府四级管理体制,上海部分则是城市化地区两级政府三级管理、非城市化地区三级政府三级管理体制。在政策供给主体多、发展诉求多样的现实情况下,打破行政壁垒、实现政治一体化迫在眉睫。具体来讲,示范区的三家灶头(嘉善、吴江、青浦)财政必须一体化,可从土地财政入手,率先统一,否则招商引资中的恶性竞争依然难以避免。此外,行政"破墙"既要对长三角地区的社保、医保、就业、就学等进行一体化的制度安排,也要保障环保标准及环境治理的一体化。对此,三家政府可共同出资组建社会经济协调基金,完善社会保障,维护生态和谐。

二则，协调模式更关键的在于大市场与大政府的勾兑与重构。政府由"演员"变"导演"，直接抓规划、规则、规治，进行前置性的协调工作，例如，三家出资组建产业引导基金，支撑新兴产业、高科技产业的发展。为此，在重构示范区的过程中必须强化社会参与，充分调动市场力量，这也是世界上诸多城市群的成功经验。在市场推动下，逐渐集外贸门户职能、现代化工业职能、商业金融职能、文化先导职能于一身，成为新技术、新思想的"孵化器"。

综上所述，示范区的建立绝不是又多了一个开发区或者是自贸的新片区，而是涉及中国政治经济筋骨的点睛之作。示范区的布局一旦成功，不仅对长三角，对全国来说都将具有可复制性和可推广性。

上海"由硬变软"

在长三角区域，上海一直是独一无二的存在，由于地处南北交界，又是政治由北向南、贸易由南北进的交汇处，历来是国策调整的战略平衡点。受益于特殊的地缘和机缘，让上海成为领头羊。然而，如今信息经济时代降临，互联网抹平了地域（缘）差异，城市间的相对位差被消解，瓦解了上海的传统优势。在此背景下，上海的出路更在于利用全世界人流、资金流、商流、物流集聚的比较优势，发展平台经济，以优化要素资源配置，激发众能量，盘活一局棋。

发展平台经济，意味着上海将成为全球资源要素配置的场所。各种资源要素全球性流动，必然打破国家的界限，上海通过与国外城市的相互连接而进入全球网络，成为节点城市，从而便具有了全球性城市的轮廓。可见，上海的文章不仅没有"做小"，反而进一步"做大"了。上海发挥全球性城市的引领性，必将把国际接口这一功能做实。具体将包括：

第一，追求的是全球性的平台、全球性的流量。全球城市的核心，不是财富、资本的积累，也不是吸取大量外部人才、技术到这个地方沉淀，而是要构筑功能平台、吸引流量，成为连接国际要素资源的接口，并促进内外流通。在此基础上，上海将成为全球资源配置的亚太门户，成为具有全球影响力的超级城市。

第二，承接国际会议、展览和活动。自2002年申办世博会成功，以筹备世博为契机，上海的会展经济进入了"加速跑"时代。至今，展馆数量和展馆面积均居国内首位，已成为全球成长最快的会展城市。国家会展中心、国际展览中心、新国际博览中心等必将作为上海成为全球性城市的支点，更多地承接国际会议、赛事、论坛、展览等。

第三，企业的内外连接。在全球城市网络中，主要行动单位或关键性主体是从事各种经营活动的企业和从事非经营活动的机构。从这一意义上讲，这些行为主体直接关系到全球性城市的发展程度。一般而言，可以依靠的"跨国企业"有三类：一类是央企，一类是民企，剩下的一类是外企。央企总部在上海的并不多，外企并非本土企业，因此上海的"全球性企业"角色就落在了民企身上。民企最根本的动力在于市场，这就意味着上海将要在政府与市场之间进行再平衡——由于承担国家战略和市场化进程较晚的历史背景，上海强政府的行政惯性较大，今后重在释放市场能量，对市场力量的倾斜将催生强大的增长替代。

本是"计划经济重镇"的上海将唤醒"沉睡的市场"，进而在此上演"大政府+大市场"模式。在"计划"背景下，上海重点发展的是重化工制造业。而今，地价被房地产业捆绑一路上升，平均工资被金融带动接连高企，所以低端、粗放的制造产业已基本没有机会，它们应付不了高涨的用地成本、用工成本，于是向江苏、浙江转移。从上海转移出去的中低端制造业将与发达国家掌控的研发、设计环节形成纵向的产业分工，上海将在转型升级中形成高端制造优势，从而嵌入国际产业分工体系，并确立在国际产业分工中的话语权。上海不仅要向高端制造拓展，而且还将依靠市场力量挖掘高端制造的潜力，并将踏着市场高端制造的热点——极端制造前进。虽然人类从骨子里抵制或害怕"极端"这个词，因为它有失偏颇，但"极端制造"确实吸引人，它不仅是一个工业术语，也可被视为一种专注精神。通俗地讲，极端制造是指极大型、极小型、极精密型等极端条件下的制造，主要用于制造极端尺寸或极高功能的器件。极小型制造有如芯片制造，极大型制造有如飞机模锻框架制造、万吨水压机加工模锻框架制造，极精密型制造有如发动机旋流槽、心脏搭桥及血管扩张器的制造。此类制造需要尖端科技支撑，正吻合上海科创的资源禀赋。早在2011年，上海研发经费占GDP的比重就已达到3.11%，高于现在美国、德国2.8%左右的水平，与日本、瑞典等发达国家水平相当。即便无法在短时间内完成自主创新，也能够做到科技的集成与应用，再加上上海已有大飞机、中核建、中芯国际集成电路、中车城市交通、微电子装备等产业项目基础，因而有优势占据全国极端制造业的制高点。

　　发展极端制造代表着上海制造业的升级方向，但并不意味着整个上海经济以制造业为主，因为上海早已到了后工业时代，目前正处于经济形态更替中的服务经济向体验经济切换的阶段。经济形态演变规律像一根无形的指挥棒，为上海整体经济轮廓塑形。同时，城市功能也有一定的变迁逻辑，基本沿着交易（满足物质需求）—经营欲望（浅表性精神需求）—体验、创新（改造人类、提高人类）路径演进。上海凭借天然的国际性、开放性和包容性，成为各类思想、创意的聚集地，将经营欲望的功能更深入一步，从而成为体验经济的肥田沃土。主要表现在：

　　第一，靠"与顾客相处时间"生存的企业将明显增多。如果对初级产品收费，就是产品企业；如果对有形产品收费，就是商品企业；如果对自己的行动收费，那就是服务企业；如果对与顾客相处的时间收费，则是体验企业。越来越多的企业将用与顾客共处的时间做生意。

第二，经营人性化将成为一种潮流。上海的东方明珠塔、金茂大厦、环球金融中心、各类老街、马戏城、世博园、迪士尼乐园、碧海金沙水上乐园，连同717工坊、800秀创意园等，都提供了"以人为中心创新"的场所，再配以"加工""创作"，必将抓住国内外客户的情致，沁入人心。

第三，智能化体验别具一格。尽管上海没有出现BAT等互联网巨头，但那些耳熟能详的互联网公司，如易趣网、易迅网、大众点评、一号店、安居客、土豆、盛大等都是起家于上海的。即使近年来这些企业都陆续被并购或转手，但上海并未"被互联网抛弃"，而是在智能化方面收获了"桑榆"。因为上海人口集中，消费水平高，对新事物接受能力强，故而成为阿里巴巴智慧战略的桥头堡，如盒马鲜生无人零售店、VR体验馆、星巴克臻选咖啡烘焙工坊中的AR（增强现实）应用等都于上海抢先试水，引领智能化体验风潮。

综上，平台经济、国际接口、体验经济、极端制造业代表着契合上海比较优势的发展方向，将成为上海经济的新亮点。在有助于逆转上海自身经济滑坡的同时，也能够使上海与长三角地区其他城市错位协同、融合发展，从而破解长三角一体化中的同构竞争困局。

浙江产业调整

在长三角的三省一市中，浙江是一个具有多重性的存在：既是人文荟萃的繁华之地，又是商贾云集的财富之地；既是改革开放的先发地，又是市场经济的先行者；既是传统低端制造的典型代表，又是互联网新经济的主力军；既是资源小省，地域割裂，有"七山一水二分田"之说，又是民富大省，中国唯一国民生产总值（GNP）大于GDP的省份；既是民营经济腹地——民营经济贡献了全省65%的GDP、74%的税收、87%的就业和91%的企业总数，又被民间资本所累，屡尝民间债务危机的苦涩；既具有吃苦耐劳、埋头苦干的"四千精神"——历经千辛万苦、说尽千言万语、走遍千山万水、想尽千方百计，又持有赚快钱的心态，投机精神十足，"炒房团"遍布中国，甚至炒向世界……正因为如此，在一场世界性金融危机的袭击下，加之深受中美贸易战影响，浙江的经济现状相当紊乱：既有资本金融对实体经济的劫持，又面临"小散乱"的低端制造业的转型，还有外向型经济受挫后的调整，更有互联网金融野蛮生长后被挤压的忧虑，以及民间资本的何去何从等问题。从一定意义而言，市场经济本身就隐藏着内在的紊乱逻辑，即一面是产能过剩问题难以避免，另一面是对高额利润率追逐无极限。浙江走在中国市场经济的最前面，市场经济内在的紊乱逻辑也因此在浙江表现得尤为突出。对此，浙江如何在长三角一体化中实现破局？

相较于长三角的其他省市，从产业发展来看，浙江的比较优势一方面在于得天独厚的海洋经济，拥有港、渔、景、油等优势海洋资源，且上升为国家战略。尽管其陆地面积仅有10.55万平方公里，但海域面积却多达26万平方公里；海岸线总长6486.24公里，其中大陆海岸线2200公里，居全国第5位；面积在500平方米以上的海岛有3061个，占全国海岛总数的2/5以上；岸长水深，可建万吨级以上泊位；东海大陆架盆地已展开勘探工作的有8个气井；渔业资源蕴藏量在205万吨以上，年可捕量在105万吨以上。

另一方面在于，数字经济成为浙江创新驱动的强劲新动能。以杭州阿里巴巴为首，以乌镇互联网大会为代表，以"互联网+""云概念"为关键词，浙江聚集了一众互联网创业创新公司。根据浙江省统计局数据，数字经济核心产业增加值已从2014年的2854亿元增长到2018年的5548亿元，年均增长18.1%，占GDP的比重从7.1%提高到9.9%，对GDP增长的贡献率达17.5%。从区域内部来看，浙江的比较优势在于省内区域发展相对平衡，城市化水平较高，城乡差距较小。由于县域经济、乡镇经济发达，有14地入选百强县市，16地入选百强区，20地入选千强镇前100名。国家统计局浙江调查总队统计数据显示，2019年浙江农村居民人均可支配收入连续34年位居直辖市以外的各省（区）第一。截至2019年年末，浙江城镇化率为70.0%，比全国平均水平高0.4个百分点。从营商环境来看，浙江商业、创业氛围浓厚，商业精神传承悠久，浙商遍布全国乃至世界。浙江省内有100多万家法人企业、300多万户个体企业，浙商在省外有30多万家法人企业、200万户个体企业，在海外有10多万家各类企业；平均每11个浙江人中就有1位老板，每33个浙江人中就拥有1家企业；浙江在省外投资和创业经商的人数有1020万人，在国外投资经商的人数有150万。从自然人文环境来看，浙江的优势在于自然风光与历史文化交相辉映。从西湖美景到钱江大潮，再到雁荡三绝，风景名胜遍布全省；从良渚文化到吴越文化，再到南宋文化，延续至今，有杭州、宁波、绍兴、衢州、金华、临海、嘉兴、湖州、温州等9座国家历史文化名城，20个中国历史文化名镇，28个中国历史文化名村，名镇、名村总数占全国第一。

当然，浙江也有一些资源劣势，如平地资源仅占浙江陆地面积的20%，在土地狭小的局限下形成了制造业散乱的小格局，产业生产更是依赖外来劳动力；杭州仅有46所高校，远低于合肥的60所与南京的52所。然而，劣势反而倒逼了集聚效应明显。如在产业方面，浙江桐乡不出羊毛，却有全国最大的羊毛衫市场；浙江余姚不产塑料，却有全国最大的塑料市场；浙江海宁不产皮革，却有全国最大的皮革市场；浙江嘉善没有森林，却有全国最大的木业加工市场。再如人口方面，2017年浙江常住人口同比增加67万人，这一增量不仅创下了浙江省本省近5年来的新高，还超过了一些人口大省、经济强省同年的常住人口增量。

鉴于现有比较优势及制造业产业基础，浙江产业调整方向将收敛在港口经济、互联网经济、资本金融、精致制造、体验经济等方面。

第一，港口经济一体化。对浙江港口进行整合，宁波舟山港完成实质性合并，温州港加快从"瓯江时代"转向"东海时代"，嘉兴港发挥海河联运优势，台州港依托港区，临港产业发展，共同构建浙江港口"大班级"。鉴于大宁波港是深水良港，一年四季不淤不冻，港口泊位水深从-4米到-33米不等，并拥有舟山列岛最避风的天然屏障，因此，大宁波港有绝对的成本优势——包括港口建设维护的成本优势和船舶超大型化的规模优势。此外，从长三角一体化角度，行政区划属于浙江舟山嵊泗县的洋山港，或将逐步融入沪杭港口序列。

第二，发展互联网新经济。新经济区别于传统经济的最大特点是可以实现创业零门槛，资源零成本。浙江小微企业发达、民营经济活跃的特点，将在新时代得到进一步发挥。

第三，探寻资本金融新方向。一方面着力于解决"两多两难"（民间资本多、投资难，小微企业多、融资难），架设金融服务实体经济渠道；另一方面吸纳漂流在外的民间资本，投资新经济，如温州民间流动的资本在8000亿~1万亿元左右。

第四，制造业向精致制造升级。区别于上海的极端制造和江苏的先进制造，基于浙江制造业产品大多是与生活息息相关的商品，以及与上下游产业配套的零部件，在消费升级及产业链重构的趋势下，创新传统技艺，发扬工匠精神，将制造精细化、精致化、高端化。

第五，大力发展体验经济。作为人类继产品经济、商品经济、服务经济之后的第四大经济发展阶段，体验经济为城市注入前所未有的活力，体现为旅游产业与现代农业的结合，以及文化创意产业的发展。

在区域合作层面，一是发展湾区经济，建设M型"沪杭甬大湾区"，接轨上海，聚焦杭州宁波一体化发展。加快建设象山湾、三门湾、台州湾、乐清湾，沿杭衢高铁、衢丽温铁路有序拓展，努力建设全面对接"一带一路"、具有国际影响力的"沪杭甬大湾区"。二是与周边省市积极对接合作。如宁波在交通建设、港口合作、产业对接、科技创新、商贸旅游等重点领域，加速推进与上海的一体化。阿里巴巴与江苏的徐工集团联合打造的"徐工工业云"上线，双方在中间件平台上协同建设，共享用户、算法、交易、评价、物流等，实现模块化开发管理，在产业链上的各个群体都可以通过开放的App与徐工集团和阿里巴巴对接。三是利用自身的信息经济、块状经济、山水资源、历史人文等独特优势，在省内以特色小镇建设为抓手，在有限的空间里优化生产力布局，并形成分布式节点。这里说的特色小镇既非简单的以业兴城，也非以城兴业；既非行政概念，也非工业园区概念。而是要在有限的空间里充分融合特色小镇的产业功能、旅游功能、文化功能和社区功能，在构筑产业生态圈的同时，形成令人向往的优美风景、宜居环境和创业氛围。

实现长三角一体化破局，与浙江大市场相匹配的，还需要大政府的到位。尽管"无为而治"在很大程度上鼓励了自下而上的草根经济和民本经济的发展，使得浙江在改革开放之初能够率先取得突破和跨越式发展。但随着市场经济的深化，国家竞争的加剧，民间资本的大量积累，政府应该约束市场与资本任性而为，更重要的是破解制约民间资本投资的各种屏障，使浙江巨量的民间资本发挥出正能量。

江苏"刚柔相济"

论长三角最复杂的省份，当属江苏。不仅省会城市南京在经济上被苏州力压一头（2019年苏州GDP是南京的1.37倍），被无锡步步紧逼（2019年无锡GDP是南京的0.84倍）；在精神上，兄弟城市视上海为灵魂归属——离南京最近的苏州是上海外企"后花园"，次近的南通自称"北上海"，在省外反倒受安徽部分地区推崇，外来人口中近四成来自安徽，被戏称为"徽京"。而且省内离心力日增，以长江（淮河）为界，划分为苏南（南京、苏州、无锡、常州、镇江）、苏中（南通、扬州、泰州）、苏北（徐州、淮安、盐城、连云港、宿迁），从南至北形成递进式"鄙视链"。从经济体量看，"富者为南、穷者为北"，2019年全省GDP9.96万亿元，其中苏州、南京、无锡三市就顶起半边天（贡献45%），是苏北五市的近2倍（贡献23%）。从城市交通看，仅南京一城就有77条跨区断头路，苏中、苏北除徐州，均未搭上高铁快车，苏州和南通相距仅100公里，开车需1小时，高铁却要绕道南京耗费4小时。从城市布局看，从南到北三大城市群（苏锡常城市群、南京城市群、徐州城市群）按行政区划而分，各自为战，经济增长极呈点状发展，鲜有互动。支柱型产业更是面临密集整治。江苏石化企业沿江临海已有4家国家级、6家省级、30多家市级化工园区分层集聚，环保风暴下，"263"专项行动、"四个一批"专项行动等铁腕"减化"，计划淘汰化工企业超2000家，诸工业园区亟待"腾笼换鸟"，仅宜兴一地2018年就集中整治两个化工园区和其他工业集中区。简言之，江苏陷入总体经济向好、内部资源割裂、产业亟待重调的困局。

在一定程度上，江苏困局多由地缘因素导致。南京位置太偏西，仅东面和扬州、镇江、常州相邻，北面、西面和南面被安徽的滁州、马鞍山、宣城三市包围；而南北发展不均，一边是海运取代大运河，苏北对外港口的优势尽失，另一边却是苏中、苏南位于上海辐射圈内，离上海越近，发展能级越强；至于石化企业，沿江、临海而建本是出于运输便捷的考量，但不想这里恰好是人口密集区、经济发达带，有环境污染之患，招致环保整治则是必然。然则，今时不同往日，随着"3+1"（高速、高铁、航空+互联网）要素对由地缘因素形成的城市形态和经济生态釜底抽薪，江苏省四大比较优势凸显：

一是就地形地貌而言，江苏属长三角地区最优。平原辽阔，计7万多平方公里，占江苏省面积的70%以上；通江达海，东濒黄海，横有长江、淮河，纵有京杭大运河，连南接北，左右逢源。

二是就自然资源而言，江苏是长三角地区的"生态担当"。根据全省生物多样性本地调查结果，截至2020年3月，江苏省有各类省级以上自然保护地195处，自然保护区31个，畜禽遗传资源保种场30个，国家级水产种质资源保护区16个。

三是就人文资源而言，江苏历史悠久，人才密集。不仅是中国古代文明、远古人类、吴越文化、长江文化的发祥地之一，名胜古迹遍布全省，13座历史文化名城共23个5A级景区实属中国省份之最，而且集聚了全国最多的"两院"院士。早在几年前，江苏无锡下辖的宜兴市就有了"院士之乡、教授之乡、校长摇篮"的美誉。此外，江苏还拥有强劲的创新创造产业化能力，根据江苏省科技厅发布的报告，2018年科技进步贡献率高达63%。

四是就实体经济而言，江苏是全国当之无愧的"带头大哥"。根据《中国制造2025江苏行动纲要》，截至2018年，江苏制造业体系完善，规模连续8年保持全国第一。江苏还提供了园区经济可参考、可复制的范本。根据《2018中国产业园区持续发展蓝皮书》，2018年中国产业园区百强榜上有20席来自江苏，数量位列全国第一。

在长三角一体化探索中，江苏正在潜移默化中成为中坚力量，全国规模最大的制造业集群为经济一体化夯实根基。鉴于长三角进入高质量一体化发展的深度融合时期，不仅要形合，还要神合，江苏要立足比较优势，创造特色，错位发展。辩证来看，江苏本就有强劲的内生动力，其从基建、产业、社会保障体系等多层次补足南北不均衡落差的过程，就创造了发展的空间。

一方面，建设现代化综合交通运输体系，实现物理上的互联互通。完善陆上交通网，2020年、2025年和2030年分别建成"三纵四横"高速铁路网，以南京为中心围绕扬子江城市群的轨道交通网（0.5～1小时通勤圈），

"七纵十横十联"的高速公路网。400多公里长江黄金水道形成沟通长江中上游的水上交通轴，十大港口精准定位，如南京港主打航运物流，镇江港围绕江海河联运。航空至2030年布局35个通用机场，基本实现15分钟航程覆盖全省城，届时真正实现"千里江苏半日还"，天堑变通途，进而增强南北联动，发挥廊道效应，带动区域经济协调发展。

另一方面，地区间连接点状发展极，构建密集的互动网。从"一带两轴，三圈一极"到"1+3"功能区，再到扬子江城市群，皆以经济发展优先，打破苏南、苏中、苏北三大板块的地理分界和行政壁垒。未来甚至可按城市共性规划布局，如按交通1小时左右的生活圈，去构建更具新经济特征的城市群。但这并不意味着搞均衡化，踩高捧低，而是全面开花，将点状分散分布的市场、人才等要素模块化组合，形成分布式、扁平化、去中心、点与点对接的结构网，协同发展。

在此过程中，产业不仅是省域补落差的支点，也是与外省重点增长极加强联动，利用溢出效应轮动发展的契机。如产业梯度转移加强地区挂钩，再如制造业与上海的金融优势、浙江的互联网优势相互成全。从产业发展维度来看，强调凸显刚柔并济的特征，突破口有三：

一是成为先进制造业的主战场。制造业直接体现了一个国家的生产力水平，如今传统制造业依靠人力发展的道路已经越走越窄，未来先进制造业将成为我国参与国际竞争的先导力量。江苏省拥有雄厚的国资"家底"，肩负行使国家意志、落实国家战略的重任，担当先进制造业"前锋"，责无旁贷。从产业基础看，江苏有制造业规模化发展基础，人才资源集聚优势明显，还有为经济发展植入新基因，与浙江互联网遥相呼应、融合裂变的物联网技术加持。现阶段，以新材料、医药和新能源为代表的江苏先进制造业在规模、体量上不断壮大，未来更要从产业竞争力和创新性发挥引领作用，推进创新链和产业链融合，尤其加快高新技术产业和战略性新兴产业的部署，以创新驱动发展。

二是打造生产性服务业的新高地。尽管截至2019年年底，江苏省服务业占比已达51.3%，但生产性服务业（研发、现代金融、现代物流等）发展相对滞后，占服务业比重约50%，难与欧美国家普遍占比70%的水平比肩。而经济转型升级的需求，客观上倒逼生产性服务业发展，并与第一、第二产业融合，通过跨界整合资源、创新服务供给，构建产业协同创新体系。如促进创意农业发展，通过"物流+"形式，鼓励形成线上平台展示和线下便捷运输的有机结合，完善从农田到餐桌一整条服务链。

三是构建体验经济的试验田，"向有风景的地方要新经济"。一方面，以传统文化为依托，拓展文创体验经济。截至2019年年初，江苏省共普查记录非遗资源项目28922个，已入选联合国教科文组织《人类非物质文化遗产代表作名录》10项，其中诸如云锦、苏扇等皆具商业化的基因。非遗资源正在IP（知识产权）化、市场化，逐步完善设计、生产、交易等要素的全产业链，创新文化体验模式。另一方面，以生态为牵引力，因地制宜发展休闲体验经济。如宿迁作为江淮生态经济区的一分子，以绿色旅游为主，打响"山水情、慢生活、苏北味、健康态"的招牌。甚至可以因此形成生态经济化的园区模板，作为寻找绿水青山与金山银山的协同路径的范本，复制到浙江等地，在嫁接合作中收割红利。

归根结底，从江苏角度破局长三角一体化的核心，就是省域间补落差、地区间强联系，形成分布式、点对点的协同发展网络。这一过程中，省内政策应导向性北移，向欠发达地区倾斜。但一味强政府反而过犹不及，政府天然的中性与滞后和具有超前性、迭代性特征的新经济格格不入，因而要凸显大市场作用，真正实现"市场在资源配置中起决定性作用，更好地发挥政府作用"。大市场体现在资源配置、要素整合上，大政府表现在制度创新和制度供给上，两者合力经营，分阶段推进。

安徽成为"后起之秀"

安徽作为后起之秀，究竟如何破局？要知道，安徽GDP总量由2010年的全国第14位，到2019年11位，上升3个位次。2019年，安徽省实现生产总值37114亿元，位列全国第11位，较2018年前移2位；人均GDP达到58496元，冲到了第13位，较2019年上升8位，经济总量和人均GDP均创下了安徽历史上的最高纪录。一时间，安徽被冠以"2019年最大一匹黑马"的名头。尤其是合肥一马当先，GDP总量逼近万亿大关，近10年以33.25%的平均增速领跑全国（第一为贵阳），实现了完美逆袭。

可逆袭前，安徽已蛰伏多年，并被江浙沪远远拉开差距。这并非安徽"不思进取"，而是受制于地缘生态的割裂、国家政策的边缘化与资源的束缚。因为安徽地跨长江、淮河南北，是承接南北、沟通东西的过渡地带，在中国非均衡国策下，恰恰落得个"不东不西、不南不北"的尴尬。计划经济时，国家投入集中在"大小三线"；到了改革开放时期，安徽既没凑上东部沿海开放，也没赶上西部大开发，即便来个中部崛起，也因周边强省的虹吸效应而被压制。最关键的是安徽"北部平原、南部山区"的地形制约。北部因历史上的黄河泛滥而土地贫瘠，皖北以资源型产业为主；南部则受地形约束，无法大力发展农业与工业，西有大别山阻挡武汉经济圈，东有皖南大山区阻隔杭州经济圈，以致皖中一带（合肥为中心）孤掌难鸣。更何况，安徽被长江和淮河横向截断成3个差异明显的地理单元，即淮北、淮南和江南，又有中原、皖江、徽州不同文化圈的纵向拦截，以致在中国没有哪个省份比安徽的方言更多，文化习俗更繁复。这直接导致安徽区域离散度极大，而且各地各自为战，更间接致使合肥等地发展战略左右摇摆并缺乏连贯性。再加上，安徽东有富庶的江浙，西临华中大武汉，自身又没有形成超强中心，以致全省不但被地缘生态肢解，还在周边虹吸下因离心力太强而"割裂"，自然在凌乱步伐下发展迟缓。

可正因安徽多年"隐匿",反而造就了今天的后来居上。因为时代变了,不仅国策已从沿海先富等非均衡路线走向均衡协调、共同发展的方向,就连中国的城市也从单打独斗转向区域一体化的都市圈、城市群发展方式。这恰恰意味着安徽会进入国策调整的"法眼",成为均衡发展的重点。仅是弥补非均衡的落差,对安徽来说就将是极大的市场空间。因为以前国家"牺牲"中西部地区来补贴东部沿海地区发展,中部"受伤"最大,安徽又为中部之最。可到如今,长三角内部能量巨大,尤其是上海已成资源集聚高地,未来将从原来的虹吸走向外溢辐射,安徽与上海离得近,自然受惠也就大。毕竟,作为江浙沪的腹地,安徽正处于工业化中后期,将承接江浙沪等地相关的产业转移,尤以第二产业为主,恰好迎来做大GDP的好时机。更为重要的是两个"劣势变优势":

一是因地缘产生的交通劣势已被彻底改变。虽然安徽的铁路密度也曾居华东之首,但以支线和运煤专线为主,直到2015年"八纵八横"的高铁布局以"米字型"确定合肥变成联通中东部的重量级枢纽,进而让安徽成为最大赢家。且不说安徽省内打通"三纵五横四联",仅是"3+1"(高速、高铁、航空+互联网)的格式化,就已将安徽从地缘困境中解放,打通区域奇经八脉,进而再造地理优势。

二是当衡量经济发展的标准从强调GDP转向注重生态前提下的发展质量时,曾经阻碍安徽发展的"穷山恶水",恰恰成了"金山银山"。因为从平原到山区,从长江、淮河到巢湖,内部越复杂,越能带来经济和产业的多层次性。不管是现代农业还是山林生态,从旅游康养到体验挖掘,都将给安徽带来新经济、新产业的更新升级。

由此,在地缘和生态"扭转乾坤"下,安徽备受国策调整的照拂。但仅着力于弥补非均衡的落差是不够的,因为让安徽脱颖而出的最大比较优势,将在科创领域。且不说，2012年以来，安徽省的区域创新能力连续7年居全国第一方阵，仅从"安徽制造"创造7个世界第一[1]，多项工业指标位居中国前列，就可见"安徽制造"背后的超强科技实力。而这源于安徽在基础研究上耐得住寂寞、脚踏实地的耕耘。1984年首批两个国家实验室，一个在北京，另一个就定在合肥。也只有合肥在科创上能与京沪媲美，因为合肥拥有中国科技大学和中科院物质科学研究院，是中国四大科教城市之一，中国第一个科技示范城市，也是世界科技联盟会员城市，汇集了世界科学界尖端人才。尤其在基础科研上，合肥拥有4个国家实验室、8个大科学装置，或与北京8个国家实验室、5个大科学装置不相上下，但若再算上19个大科学工程和7个大科学平台（自建），则不仅可俯视北京，更领先于上海。这里有世界规模最大的大基因工程基地（巢湖半汤），还有世界最尖端的量子通信、铁基超导、核聚变、智能语音等技术，这些迅速让合肥与上海、北京同作为全国三大综合性国家科学中心，形成三足鼎立之势。只不过，相较于北京"四个中心"（全国政治、文化、国际交往和科技创新中心）和上海"五个中心"（经济、贸易、航运、金融和科创中心），合肥只承载了全国科学中心。因而在科创方面，上海有张江科学城（总面积94平方公里），面向世界，北京有怀柔科学城（总面积100平方公里），定位全国，京沪的重大科学装置都集中在各自的规划区内，唯有合肥是全市全域地打造原始创新策源地。科创显然将重新定义安徽，不单让安徽从劳动力输出大省变成全球人才集聚地，强大的基础科学更将支撑安徽从低端工业晋升到高端科技型产业为主，并成为前沿科技的风向标，先进制造的前沿阵地。

以此观之，安徽将在大科学上具有引领能量，所谓厚积薄发，又岂止于

---

[1] 7个世界第一指：研制出世界最薄0.12毫米浮法玻璃，建成全球首条最高世代10.5代线，诞生全球首颗量子通信卫星、首条量子保密通信网、首台量子计算机，华米手环、阳光电源光伏逆变器出货量全球第一。——作者注

当好长三角的"后花园"？虽然安徽在基础建设、现代服务业等其他方面依然滞后，需要配合打通交通网络，进行链接互补，但相较于江浙沪，安徽在城市化、工业经济上的增长空间巨大。仅从城镇化率看，截至2019年年底，上海以88.1%接近饱和，江浙都在70%左右尚有空间，唯有安徽2015年才刚突破50%，初步进入城市型社会，2019年全省城市率才55.81%，还不及中国整体60.6%的平均城市化水平。而据经验规律，城镇化率每增加1%，GDP就增长1.2%，安徽单是整体赶上江浙，就有16%~17%的GDP增长空间。更别提安徽的三产结构本就以第二产业为主，但根据安徽统计局数据，2019年第二产业占比GDP也才41.3%，其中工业增加值占GDP比重仅为30.9%。2019年规模以上工业增加值增长7.3%，居全国第10，其中战略性新兴产业产值增长14.9%，比如微型计算机设备、集成电路和移动通信手持机产量分别增长11.5%、14.6%和16.7%，显示出科创活力的爆发与新动能替代的良好势头。

但当下对安徽的普遍认知，仍沉浸于过去10年的高速增长中，在认清城市化、经济规律和理解未来产业发展上，仍缺乏清晰思路。尤其对长三角一体化，仍局限在招商引资的竞争上。殊不知，这次在三省一市的重新洗牌中，江浙沪皖站在了同一起跑线，无所谓谁领导谁，也无前队与后队之分，大家都在跟未来赛跑，自然各凭本事，以各自的比较优势来吸引重组要素，进行产业转型升级。以此看安徽，若仅盯着自己的一亩三分地用于服务长三角，这样的格局显然就小了。而一旦真正看透"一体化"内置去中心化、扁平化、分布式的逻辑，那么安徽也就不会较真于区域内的高下与空间上的融入，而将站在更高视角，寻找适合自己的（才是最好的）发展路径，并形成自身个性和特长，在功能上真正融入长三角。

自2019年以来，南通市在基础设施建设方面开始大幅加速。2019年2月，上海的第三机场选址最终确定于南通海门市，上海周边各城市对第三机场的争夺终于尘埃落定；2020年7月，北起南通通州区，南至苏州张家港市的沪苏通长江公铁大桥正式通车，更是极大地改善了南通及苏中一带的交通环境。南通乃至其他上海周边城市在基础设施建设上的种种举措，均不约而同地指向了一个目标——长三角一体化。通过基础设施建设以实现交通一体化，通过减少跨城通行时间以实现时空压缩，对于在整个长三角三省一市范围内实现产业转移、开展区域合作来说，同样意义重大。这也是加速推进长三角一体化的第一步：根据国家发改委、交通运输部2020年4月印发的《长江三角洲地区交通运输更高质量一体化发展规划》，将于2025年建成较为完善的长三角交通体系。

然而，交通一体化所实现的，仅仅是长三角一体化的1.0版。这样的一体化在短期内固然可以使长三角范围内的经济相对落后地区作为成本洼地，通过承接经济发达地区的产业转移，在一段时间内取得经济规模的快速增长。但从长期来看，对致力于建成"全国发展强劲活跃增长极，高质量发展样本区，率先基本实现现代化引领区、区域一体化发展示范区和新时代改革开放新高地"的长三角一体化而言，单凭交通一体化，远不足以满足长三角一体化的发展目标——随着苏浙皖等省份经济增速的提高，长三角三省一市在生产要素成本上的趋同效应正日益显现。据《第一财经》报道，自2008年以来，苏浙与上海在居民收入水平上日渐趋同，部分城市，如苏州，在人均收入上还要高于上海；而安徽虽然在经济发展水平上较苏浙沪相对落后，但后发优势最为明显，经济增速在三省一市中最高。照如此进展，在并不遥远的未来，长三角三省一市间再难有明显的成本洼地可言。

更何况依靠成本洼地承接产业转移来发展地方经济，在视角上便与长三角一体化规划格格不入。在国家层面上看，长三角一体化国家战略的核心是"市场经济条件下的再统一"，突破口是"打破行政区划与地方保护主义"，构建"超越传统行政区划的区域经济一体化模式"。这意味着长三角地区各省市、各城市需要从地方本位主义的视角中跳脱出来，避免让各城市变成"大口袋里的一堆土豆",导致长三角一体化名不副实。鉴于此,国家必将对长三角一体化提出迭代要求。那么,问题在于如何迭代。

长三角一体化1.0版的症结,在于长三角地区的生产要素目前尚难以实现充分流动,更难以实现统一配置,这才让各地方大兴本位主义,"诸侯经济"有了"本钱"。因此,长三角一体化必将从聚焦于交通一体化的1.0版迭代为聚焦于生产要素统一配置的2.0版——长三角三省一市经济发展水平的进一步趋同,交通一体化的加速,以及互联网技术的普及所带来的时空压缩,正在"润物细无声"地替代特大城市的要素集成和配置能力,新产业、新经济也将各大城市置于同一起跑线上。在这样的大趋势下,"上海有它的强项,江浙皖也各有自己的优势"。上海的研发能力、金融市场国际化程度均在全国领先,江浙皖在生物医药、新能源、电子信息等方面的竞争力也在全国首屈一指。三省一市产业布局正趋于模块化,协调发展。加速这一趋势,正是长三角一体化2.0版的应有之义。

在长三角一体化2.0阶段,对处于不同发展水平的城市而言,对生产要素,特别是对新经济领域极为重要的科创要素的态度,将转为"不求所有,但为所用",大兴"飞地经济"——在上海、南京、杭州等科创资源富集地打造"研发飞地",在苏州、南通、宁波、合肥等地打造"生产飞地"——充分调动各城市的比较优势,使长三角区域合作进入核心是"错位、互补、竞合"的2.0版,实现"内生、协同、共赢"目标。长三角一体化2.0版的实现,离不开长三角三省一市之间在经济发展水平上相对收敛。如今苏浙皖的部分城市,如无锡、苏州、南京、常州、杭州、宁波等,已经在人均GDP水平上接近甚至超过上海,已经有条件在上述城市之间实现科创、金融等领域相关要素的统一配置。至于长三角一体化2.0版在三省一市范围内全面展开,还需要三省一市整体范围上实现经济水平进一步趋同。

然而,要想生产要素真正实现统一配置,便不能只抓生产要素一点。毕竟，生产要素作用的发挥，离不开人的作用，统一配置生产要素，实质上便是统一配置掌握生产要素相关知识和技能的人才。人才的种种专业技能需要社会权威机构的认证，人才也免不了生病就医、缴纳社保。然而现行体制对外来务工的人才却并不友好——人才资格到异地往往面临考核复评，否则不予认可；异地就医，医保报销手续烦琐；缴纳社保，要么得回户籍地，要么花钱找代缴机构；公共娱乐也无法与当地居民实现同等待遇；最大障碍是住房，高房价一度吓跑科研人才。长此以往，人才对外出务工必将热情大减，人才统一配置便会成为无源之水、无本之木！以上种种，归根结底还是各地决策部门在心态上于本地人与外地人之间厚此薄彼，制度上为了地方利益对外来务工人员多有约束。因此，未来的长三角一体化也必将进一步迭代到3.0版——以平台一体化为核心，以"一网通办"为手段，通过一体化人才互认机制，打通医疗、社保及交通出行账户，着力打造统一的服务平台，同时推进实施统一的基本医疗保险政策，有计划地逐步实现药品目录、诊疗项目、医疗服务设施目录的统一。要探索以社会保障卡为载体建立居民服务"一卡通"，在交通出行、旅游观光、文化体验等方面率先实现"同城待遇"，以此破除长三角各地在人才资格认证、医保、社保、文化娱乐等领域实行"地方割据"的制度基础。

长三角一体化3.0版从微观层面破除了"地方割据"的制度基础，但尚未涉及土地、财政等宏观领域的一体化。而这些领域向来是地方政府打小算盘、组建本地小金库的"重灾区"，也是本位主义和"诸侯经济"的财政基础的重要组成部分。土地、财政等领域不能实现一体化，本位主义和"诸侯经济"便阴魂不散，致使长三角一体化难以顺利推进。而土地拍卖无法实现统一，必将导致长三角各城市在财政收入水平上天差地别，最终也不利于长三角各城市间的协同发展。以苏州市吴江区和上海青浦区为例，两地地理上相邻，区位上相近，然而吴江区凭借廉价的土地价格，在招商时"门庭若市",而青浦区则在招商方面"门庭冷落"。类似现象如不加干预,最终只能让两地发展渐行渐远。因此,未来的长三角一体化必将进一步迭代到4.0版,实现土地、财政等宏观领域的一体化。长三角一体化4.0版将会把"一网通办"延伸到土地招拍挂的统一上,着力打造统一的土地拍卖平台,破除长三角各城市"诸侯经济"的财政基础。有"破"就有"立",待土地统一拍卖平台建成后,可以预见部分地区曾经凭借低廉的地价同周边地区展开恶性竞争来招商引资的行为,必将难以为继。届时,将以财政一体化为方向,通过组建产业、财政平准基金来落地财税分成,打造"复式灶头"的财政结构。由各城市根据土地财政的规模确定认缴规模,共同出资成立各类"长三角平准基金",一方面通过对发展落后地区、在协同发展中局部利益受损地区加大补助以平衡发展,另一方面则平抑土地财政收入在各城市财政总收入中的占比,进一步抽去地方本位主义思想和"诸侯经济"的财政基础。

长三角一体化的迭代过程,是长三角各城市在市场机制作用下不断增进协同发展的过程,更是地方本位主义和"诸侯经济"不断被削弱的过程。这是"大市场+大政府"勾兑之下的必然要求,也是长三角一体化不断迭代中体现的趋势。

第十三章 城市经济下半场

如果说城市经济上半场是由政府主导的大拆大建式的空间扩展道路，那么城市经济下半场将逐步转向功能迭代，让市场力量起决定性作用。从钢筋水泥高楼大厦到互联网赋能，经济引擎正由城市化切换为网络化。后城市化已经来临，未来还将从产业互联网向万物互联进阶。

城市刮起"对标风"

近几年，中国城市之间又刮起一场"对标风"。武汉夺取"双胜利"动员大会提出要全面推进"对标工作法"，社会治理要对标北京，营商环境要对标上海，科技创新要对标深圳，智慧城市要对标杭州。另一个省会城市南昌也提出：对标成都，打造山水名城；对标合肥，实施科技创新；对标长沙，发展流量经济。而在此之前，对标口号喊得最响的城市当属青岛，青岛旗帜鲜明地提出要"学深圳，赶深圳"，强调"凡是深圳能做到的，青岛都要做到"，并把学深圳的目标细化到各个行政区，列出"学赶"清单。青岛学深圳，不甘落后的兄弟城市济南自然也不能比深圳差，提出要对标上海，甚至在2019年组织70余名领导干部，前往上海学习取经。作为国内城市主要对标对象的上海、广州、杭州这些"优等生"，则纷纷将目光投向全球。

上海提出要建设卓越的全球城市，对标纽约、伦敦、东京等城市；深圳一直致力于成为像硅谷一样具有世界影响力的创新之都；杭州自筹备G20峰会起，便已同步推出国际化战略，将目标瞄准了"独特韵味、别样精彩的世界名城"……对标先进，比学赶超，俨然已经成为城市成长、向更高处攀登的"必修课"。

对标管理又称标杆管理或参照管理，最早源于20世纪60年代的IBM（国际商业机器公司）。20世纪90年代，伴随西方国家新公共管理运动，标杆管理被广泛引入政府改革与治理的过程中，成为促进政府绩效改进的战略性工具。如今，城市纷纷进入对标时代，既是出于城市发展的一种路径选择，也是城市竞争白热化的无奈现实所致。古往今来，从某种程度而言，正是城市之间一场接一场或明或暗的城市竞赛，助推着历史车轮滚滚向前，进而加速城市化向更高层级迈进。一些全球城市的先进经验确实可以为城市发展提供可参考借鉴的模板。例如，纽约的开放式创新街区"硅巷"，为诸多城市提供了城市创新空间的建设样板；东京的TOD（以公共交通为导向的开发）建设，则是优化城市空间结构的有效范例；而伦敦成立夜间经济活动委员会来提振消费，亦成为城市夜间经济发展的范本。正因如此，中国经济奇迹的一大秘诀，往往被认为是城市间的竞赛。随着城市化登峰造极，城市竞争加剧，可以说是"标兵渐远，追兵渐近"，不进则退，慢进也退。加之，基于行政权力进行资源分配的城市竞争优势也在被大范围消解，在城市竞争愈发白热化的背景下，城市之间既互相提防又互相学习，争夺人才、资金、产业的戏码全面上演。对于上海这样的一线城市来说，更是如此。从GDP角度来看，上海自清末以来雄踞百年的经济中心之位遭遇空前挑战。2000年深圳GDP相当于上海的36.6%，2010年相当于上海的56.4%，2019年相当于上海的70.6%。从创造力角度来看，上海似乎也要被杭州打趴下，"上海没有互联网""上海是杭州的后花园"等论调一波未平、一波又起。在残酷的现实面前，强烈的危机感正是上海思变的动力，它主动通过对标全球城市来寻找出路。

在城市竞逐的当下，谁也不愿甘拜下风。然而，城市间的你追我赶从未停止，也从未跳出"大干快上"的窠臼。当下的对标风潮也是如此，仍是以政府规划为主导的自上而下的过程，存在运动式的、机械式的对标设定。最为普遍的误区是，误以为对标学习就是跟着目标搞造城运动，试图通过建筑物的"克隆"与硬件设施的模仿，实现城市的比学赶超。典型的例子有摩天大楼崇拜。尽管超高建筑面临造价、管理维护、防风防震等众多挑战，但我国不少地方建设摩天大楼的热情不减，甚至像义乌、华西村等县级市和村镇，也建起了超过300米的高楼。然而，某些毫无章法的"拔高"反而会破坏城市景观，甚至加大城市负荷。没有相应的产业和人口基数做后盾，仅仅是钢筋水泥的堆砌与生活方式的模仿，无异于画饼充饥。即便能逃出外在模仿的陷阱，急功近利的心态也容易让城市将对标发展简单地等同于政策、路线、战略的复制粘贴。例如，随着直播卖货新经济模式的兴起，广州、杭州等多地都提出要打造"电商直播之都"。然而，"电商直播之都"的背后离不开丰富、低价的商品供应，如"网红直播第一村"义乌市北下朱村，汇聚了5000多名短视频从业者，平均每天送出的订单在60万件左右，其背后依托的是义乌小商品市场的8万多个商铺。对于同样雄心勃勃要打造直播之都的重庆、成都等西部城市来说，即便积极打造直播基地、直播电商服务机构等，没有丰富的供应链为依托，商品拿不到最低价，就没有竞争力，"筑了巢也难引来凤"。更有甚者，不顾自然规律和城市现实条件，"拍脑袋"决策、上马工程，结果只能适得其反，如被陕西7部门联合通知批评的"秦东水乡"项目。一个经济发展水平不高、易干旱的农业市，平时连道路绿化都缺乏资金，却要大手笔打造生态水乡，而所造的景观水系，一部分水源需要通过抽取地下水或调用水库水源、农业灌溉用水等进行补给，这与当地农作物缺水的现实形成了巨大反差。如此严重脱离实际的"生态建设","魄力"之大实属罕见。

显然,外在的形能够模仿、学习,而内在的魂却难以创造,盲目对标的结果很可能是城市"失魂落魄"。更何况,用目标明确、规划长远的方式去完成发展战略,属于一种典型的目标导向方式,其背后是一种有意无意的假设,以为人们完全可以控制、动员和操纵经济生活和社会发展。然而,城市发展从来没有具有普适性的标准模板。一方面,二三线城市对标一线城市、一线城市瞄准全球城市之时,殊不知,某些曾经的世界顶级城市已把世界"带歪"。广州曾在21世纪初提出对标美国底特律,当时正是汽车工业的巅峰时代。然而,随着美国的工业化之路逐渐向以金融为主的服务型经济转型,底特律、匹兹堡这些城市也沦为铁锈地带。如今,这种空心化趋势仍未停歇,特别是一些激进的城市政府,如西雅图和纽约,正在通过增加税收与强化监管,把新企业推出市场。沿此路径发展,无疑只会重蹈城市空心化的覆辙。另一方面,过去的经验无法延续到未来,工业时代的城市发展经典路径已不适用于未来的城市发展。互联网将全世界"一网打尽",商品交换、信息交流可以通过网络实现,城市的聚集效应削弱,规模至上的竞争法则已失去前提。硅谷能在纽约、芝加哥、洛杉矶之外异军突起,就是打破了规模与体量的窠臼,通过互联网的连接性突破了物理空间的集聚限制。更何况,当新经济逐渐替代工业经济,城市的衡量标准除了有形的物质,还包括无形的精神和体验,"旧船票"已无法登上体验经济时代的城市"新客船"。更为重要的是,确定的目标无法应对不确定的城市风险。新冠疫情的大流行让人们越来越意识到,在城市发展中,许多无法预见的问题会随时涌现出来,城市所面临的风险已经不是简单的叠加,而是指数放大,风险链条的传导机制也越来越难预测,早已不是目标导向的城市发展方式所能应对的。

由上可见,城市对标发展背后的这种目标导向的"计划"思维,正面临方方面面的掣肘。事实上，城市的形成与发展本就是在各种力量组合推动下的复杂过程，外在变量越是扑朔迷离，越要穿透混沌的表象，回归事物本质去探索其间的真实联系。也就是说，城市发展应回归第一性原则，不是目标导向，也不是外在价值取向，而是以自身为依据和尺度。第一性原则其实是古希腊哲学家亚里士多德提出的一个哲学术语："每个系统中存在一个最基本的命题，它不能被违背或删除。"只有回归城市本质去思考最基础的要素，从城市最本源出发寻求突破口，才能最快速、直接地寻找到答案，避免让城市沦为规划的"牵线木偶"。第一性原则既可以是自然的温情和生机——如在日本的濑户川，三四十年前，市民们在沟渠中放生了3000多条鲤鱼，为了让这些美丽的生灵拥有清澈的生活环境，保护水质成为市民义不容辞的集体责任，经过全民参与的清理河床活动，原本污浊难闻的下水沟渠，已经变成了清澈美丽的景观，成为这座城市的独特招牌；也可以是传统的韵味和风情——如在京都，传统的町屋受到了最大程度的重视和保护，当地人让大自然进入宅第之中，庭石、植栽、青苔、回廊、雨水、微风构成家居生活的一部分，这种深植于民间对传统空间的认识和喜爱，成为京都传统延续最大的力量；还可以是历史烙印与新时代气息相糅合的以人为本的改造和重建——如在德国，柏林墙倒塌后，波茨坦广场这个原本荒芜破败的大工地，经过戴姆勒-奔驰公司、索尼公司以及阿西亚-布朗-波威利公司和特伦诺公司的共同改造之后，重新变得生动有趣，那里甚至还曾请舞蹈大师替起重机编了一支芭蕾舞。如今，波茨坦广场已经成为名副其实的柏林中心，广场商务区创造的经济收入占柏林市的74%，其中57%来自新兴的创新型企业，23%来自旅游创收。总之，正如美国城市规划"教母"简·雅各布斯在《美国大城市的死与生》一书中所言，城市的本质在于其多样性，城市的活力来源于多样性，城市规划的目的在于催生和协调多种功用来满足不同人的多样而复杂的需求。只有告别运动式的造城热、对标热，立足于城市自身，回归城市服务于人而非服务于城市，城市才会有创造力和人文气息，才有人为其前赴后继，谱写伟大的城市文明。

灯光秀与夜间经济真假

夜间经济的发展离不开灯光。回顾历史，早在电灯出现前，灯光与夜间经济便已分不开。唐代诗人王建在《夜看扬州市》中，就描写了"夜市千灯照碧云"的盛景。宋朝取消夜禁制度后，催生了繁华的夜市，《东京梦华录》中便记载了当年开封的夜市规模和热闹场景。勾栏瓦肆，灯火璀璨，城市夜生活和夜间经济空前繁荣，灯光便是最佳印证。照明技术的发展更是让夜间经济又上一层楼。正如德国历史学家、文化研究学者沃尔夫冈·希弗尔布施所说，黑夜变得光明，市民的安全感得以增强，经济活动也得以展开——不管是生产（加班）还是消费（夜生活），经济活动时间延长就意味着产出，这正是夜间经济的立足点。

如今，夜间灯光亮度已成为衡量地区经济水平的重要指标。例如，美国布朗大学教授戴维·威尔等3位经济学家依靠卫星记录下的中国夜间灯光亮度与铁路货运、耗电量等指标，一起建立了一个经济模型，得出的结论是："一个地区夜晚的灯光亮度和它的GDP成正比。"毕竟，人们不论是在喧闹又便宜的大排档里大快朵颐，还是在电贝斯海豚音中排解压力，抑或是在安静的书店里放松身心，灯光都是各项夜间活动得以展开的基础。尤其是当灯光被赋予各种文化、体验内涵后，更将成为刺激消费、带动经济的直接抓手。自带流量的大IP故宫"上元之夜"一票难求的案例尚且不提，常住人口仅400多万的广东三线城市肇庆，就是受益夜间经济的典型代表。2019年，肇庆举办为期60天的粤港澳大湾区光影艺术节，春节假期共接待游客378.7万人次，实现旅游收入10.6亿元。在西安，根据《夜游西安方案》提出的目标，2020年，夜景亮化工程将为西安新增社会消费品零售总额500亿元以上。

如此看来，以灯光秀促进夜间经济发展有其合理性，"没有照明，就没有夜间经济"也成为诸多城市规划者的共识。然而，当越来越多的城市开始试水夜间经济，大搞灯光秀，随之而来的就是"成长的烦恼"。一是适度变过度，城市纷纷开启竞赛式亮灯工程，陷入"无差异陷阱"。在极强的利益驱使下，各地发展夜间经济业态的过程中，运动式、同质化问题严重，存在盲目跟风、模式雷同等现象。如深圳灯光秀、西安灯光秀、天津灯光秀、重庆灯光秀等，全国各地灯光节扎堆出现；秦淮游船、桂林游船、重庆两江夜游、黄浦江夜游、珠江夜游等，夜间游船成为标配；更别提每个城市都存在的"酒吧一条街""小吃一条街"，繁荣背后不乏千篇一律的复制粘贴。二是主角变配角，导致灯光秀的实际效果与城市品格和城市精神相背而行。城市底蕴本应是发展中优先考虑的主角，然而，当各地一哄而上搞夜间经济，城市规划中往往忽略了当地的环境、历史、人文等城市底色，一味追求灯光秀的华丽炫目，以致主次颠倒。例如西安的"大唐不夜城"，古色古香的历史建筑与绚丽多彩的灯光秀硬性混搭，全然不顾文化史迹与现代灯光的违和感，以致有网友戏称："大唐不夜城是陕西省西安市义乌灯具批发市场。"备受瞩目的故宫"上元之夜"，也在亮相后遭遇口碑"反转"，被嘲为"大型土嗨蹦迪现场"。三是手段变目的，灯光秀异化为"面子工程"，夜间经济陷入"虚假繁荣"。灯光秀本是促进夜间经济的手段，现实中却往往异化为目的，尤其是随着夜间灯光亮度成为衡量经济活跃度的代表性指标，一些地区为了凸显经济活力，甚至出现空置楼宇刻意亮灯的做法。这无疑是本末倒置，再华丽的灯光秀营造出的也不过是场虚假繁荣。

一旦陷入以上种种误区难以自拔，灯光秀所带动的夜间经济也不是真经济。先算经济账：灯光秀、亮化工程造成政府财政压力和社会资源浪费的现象屡见不鲜。杭州西湖风景名胜区管委会在2014年10月左右出炉的一份调查显示，当时，仅西湖湖心和环湖一带"亮灯工程"的灯具总功率就达5884千瓦，年消耗电费约621万元。还有数据显示，杭州"亮灯工程"大约每小时耗电1万千瓦时，以每天亮3小时计算，一天大约总耗电3万千瓦时。而如果一户普通家庭一天用电10度左右，那么"亮灯工程"停一天，节省下来的电就能让3000户家庭用一天！即便如今越来越多的灯光秀采用节能灯泡、循环灯具等以降低能耗，但从设计、策划，到执行、维护、器材配置等过程，无一不是真金白银的投入，动辄花费数十亿元，结果很可能得不偿失。全国已有诸多夜游项目投资血本无归，即使是一些知名夜间经济打卡地，比如西安的大唐芙蓉园夜游项目，拥有水舞灯光秀、《梦回大唐》演艺等，情况也并没有好到哪里去。其母公司曲江文旅集团2019年发布的报告显示，景区业务毛利已连续3年下降。再算环境账：过度亮化将导致光污染、气候变暖等一系列外部负效应。目前地球上绝大部分人类活动地区的天穹都被昏黄的人造光源所笼罩。广州市民的光污染感受调查表明，97.1%的市民认为广州存在光污染，其中40%的受访者认为广州市光污染较严重。过度亮化还在加剧全球变暖。科学研究表明，发电会产生大量二氧化碳和二氧化硫等气体废物，加剧了全球气温升高的趋势，产生热岛效应。而地球环境变暖因素的50%是二氧化碳造成的，虽然没有数据把这些照明用电的用途进行详细区分，但毫无疑问的是，这些照明耗电有一部分就用在了过度亮化上。而这一系列环境负效应，最终都将"报应"在人类自己身上。

由此看来，灯光秀与城市照明既可以扩大诸多经济活动的时间段，招徕游客，提高经济收益，又可能造成环境污染，助长弄虚作假、奢侈浪费的不良风气。关键就在于拿捏好灯光秀与夜间经济之间的度。事实上，从国外一些经验来看，夜间经济所需要的灯光并非一味明亮与华丽。西方的很多国家对景区晚上的灯光有着严苛的要求。在新加坡野生动物园，夜幕临近时，动物园仅在路上、树枝间放置灯光，用纸雕等艺术形式让灯光极具美感；有些地方则完全漆黑，被动物夜晚的叫声笼罩；还有的地方若隐若现，仅有猫头鹰、豹子等很多动物眼睛散发出的黄绿色光芒，游客可以看见十几双眼睛在移动。适度的灯光辅以动物莫测的行踪，让神秘和美感弥漫整个动物园。即便有些夜间经济业态离不开灯光和照明，但灯光是基础、是引子，更重要的还在于相关配套服务和产业链联动。真正的夜间经济不仅是消费，更是城市服务功能的完善、延伸和提升。交通运营、垃圾清运、治安管理等相关配套都要跟上，在此基础上，各项夜间产业实现有效衔接——如坐"红眼航班"[1]的人能顺利打上车，夜班工作者能轻松找到一碗小面，如此，夜间经济才能实现有序运转。

更为重要的是，在一定程度上，灯光秀促进夜经济发展的前提已不复存在。如今各地执着于打造灯光秀，无非是为了吸引人流，从而带动商业。然而事实上，随着信息时代的到来，夜间经济早已不拘泥于实体，不局限于"十里洋场"。在0和1织就的互联网世界里，一种看不见的夜间经济正在蓬勃生长：暮色四合，网商银行小微借贷为众多小微企业解燃眉之急；23点到凌晨3点，数以万计的人在网上"熬最晚的夜，买最贵的眼霜"；支付宝夜间服务不打烊，生活缴费、公积金、医疗健康成为深夜查询最多的公共服务。科技还在催生一批新兴职业，给当代夜间经济注入完全不同的内涵。以淘宝夜间直播为例，从主播到背后的经纪人、场景包装师、直播讲师等，仅因直播兴起的职业就多达数十种。一个网络主播所带动的经济效应或许远大于一场灯光秀。不论是从现实发展需求出发，还是从时代背景切换来看，夜间经济是大势所趋，灯光秀是锦上添花。未来，夜间经济要发展，灯光秀要控制，如此，才能把握好两者之间的平衡。

---

[1] 红眼航班（red-eye flight）是指在深夜至凌晨时段运行，并于翌日清晨至早上抵达目的地，飞航时间少于正常睡眠需求（8小时）的客运航班。——编者注

扩功能还是造新城

纵观近代城市发展史，城市往往会经历上下两场截然不同的发展历程。城市化上半场（1.0阶段）是从分散到集聚的过程。从发展阶段性特征看，沿着交易中心—生产中心—商品中心—金融中心—办公中心逐步进阶。以第一个实现城市化的国家英国为典型：地理大发现和新航道的开辟让欧洲的主要商道从地中海区域转移到大西洋沿岸，伦敦顺理成章成为交易集中地；此后工业革命率先在英国爆发，让伦敦成为当时的生产中心；城市经济实力与全球吸引力倍增，国际贸易额自然剧增，尤其是建立在殖民掠夺之上的贸易，到1914年，英国殖民地面积达到本土面积的111倍；经济空前繁荣与财富膨胀滋生出对金融的强烈需求，再加上以英镑为中心、以黄金为基础的国际金本位在19世纪末成形，最终成就了伦敦"金融首都"的地位；人流跟着产业、资金流走，精英在伦敦集聚，白领职业人群的大量出现甚至导致社会结构发生根本改变，催生了20世纪以中产阶级为主要构成的社会特征。从发展趋势特征看，整个过程属于向CBD（中央商务区）的收敛发展。根据美国社会学家伯吉斯的界定，CBD是城市地理中心，更是城市经济和商业功能的核心，城市化上半场从要素分散到集聚，最终在城市核心区构成金融、商贸、商务高度集中，衣食住行、文化娱乐等配套设施完善，交通通信便捷，生产要素快速集聚扩散的物质空间。换言之，成就CBD是城市化上半场发展的必然，是城市经济1.0阶段成熟的显著标志。

而城市化下半场（2.0阶段）则迎来新特征，与上半场相反，是从集聚到再分散的历程。一方面，"长安居，大不易"，综合成本与"城市病"成为难以承受之重。城市规划家刘易斯·芒福德就曾愤愤指出："有史以来从未有如此众多的人类生活在如此残酷而恶化的环境中。"另一方面，交通、通信又一定程度上消解地缘隔阂，进一步加深市中心空心化程度。英国的"新城市运动"，美国"罗斯福新政"中促进郊区发展的政策，苏联"消灭城乡差别"的都市分散化政策等，都是这一逻辑下的产物。于是乎，城市化下半场便开启沿着中心城区边缘向外"摊大饼"似的扩张，从世界上几乎所有超大城市的卫星图上，都可以清晰地看到城市沿轨道交通呈树枝状扩展的印记。区别来看，内陆城市往往向卫星城市扩散。城市中心的人口、产业、资源向郊区和周围的中小城镇转移，以交通、通信为强链接，构成卫星城镇散布的网络状城市圈。典型如东京都市圈，在20世纪50年代，东京都的面积不过2000多平方公里，后来随着经济腾飞、交通助力（轨道交通总里程2500公里，是全国总里程第一的上海市的约4倍），扩张成"一都三县"（包括神奈川县、千叶县、埼玉县卫星城镇），总面积13514平方公里。海边城市则进入湾区时代。湾区作为重要的滨海经济形态，其发展模式往往可以兼顾与生态环境和谐共处，已成为当今国际经济版图的突出亮点。以GDP计算，数据显示，2018年东京湾区（1.86万亿美元）、纽约湾区GDP（1.83万亿美元），均超越位列世界第九大经济体的加拿大（1.73万亿美元），旧金山湾区（0.82万亿美元）与荷兰相当。与其他国家相比，中国城市化进程从一开始就是非典型的。一是城市化范围之大，实属罕见。几十年来，超过5亿人口涌入城市，中国城市所吸纳的人口比西方很多国家的总人口还要多。中国现在有130个至少拥有100万人的城市，超过美国（45个）、欧盟（36个）和南美（46个）的总和。二是中国大部分城市几乎闪电般走过城市化上半场。城市化水平从20%提升到40%，英、法、德、美、日分别经历了120年、100年、80年、40年、30年，而中国只花了22年时间，比发达国家的平均速度快了1倍多。三是许多CBD发展过程不经典、走过场。区别于城市化循序渐进发展，最终形成CBD，中国CBD的发展很大程度上是为了承接改革开放之后的外资涌入。无论是1990年陆家嘴的规划，还是1993年北京CBD规划，其主要职能是吸引外商投资，为外资企业在中国设立总部提供方便。

更进一步而言，中国城市化上半场"非典"式崛起和迅速发展背后的玄机在于，中国城市化是建设出来的，而不是按照城市发展的一般规律自然发展出来的。政府不但通过各种政策激发城市活力，还通过制定城市发展规划，不遗余力地直接参与到城市的开发建设中。回溯过去近70年的城市规划历程，前30余年主要学习和借鉴苏联的经验，如1958年，上海明确将闵行规划为以机电工业为主的卫星城，就是效仿苏联的卫星城政策；而后30余年，则大量借鉴西方城市规划思想，经济社会转型所带来的城市规划转型特征明显。政府主导城建的发展路径，构成了中国城市化重建设、轻功能的偏态特征，城市在GDP的贡献上居功至伟，在城市经济应有功能上不尽如人意，如2019年《商务中心区生态圈构建和发展》显示，北京CBD是唯一进入全球CBD排行榜10强的中国CBD，而与其他国家CBD相比，北京CBD将大部分的空间分给了办公，在7.04平方千米的面积上聚集了132座写字楼、14座超甲级写字楼，用全市0.4%的面积贡献了全市接近6%的GDP；留给商业娱乐、市政和交通的空间则显得严重不足。

当下，随着中国城市化上半场的结束，城市化进入下半场的苗头已显现。无论是"一线城市容不下肉身，三四线容不下灵魂"的感慨，抑或是"收缩型城市"现象，皆为例证。客观而论，中国进入城市化下半场的条件也已成熟。一方面，核心大城市足够强。与国内比，全国综合排名前30位城市的GDP、货物出口、集装箱吞吐量在全国占比分别达到42.5%、74.9%、97.8%（《中国城市综合发展指标2018》）；与全球比，根据2019年《全球城市综合排名》（共130个城市上榜），中国上榜城市增加到26个（其中北、上、广、深分列第9、19、71、79位），且均在快速接近世界其他领先城市，平均得分增长速度是北美城市的3倍。另一方面，交通与通信的独特优势成为中国城市化下半场的驱动力。论交通，截至2019年年底，中国公路总里程达501.25万公里，高铁运营里程突破3.5万公里，皆问鼎"世界之最"，尤其是当全球高铁线路深陷收支平衡难题之际，京沪、沪宁、宁杭等多条高铁均已盈利；2019年归属于母公司股东净利润达119.37亿元的京沪高铁，更被誉为"全球最赚钱高铁"。论通信，到2020年年底，我国将拥有全球一半以上的5G基站，同期5G用户数量则会占全球70%以上，移动通信与数字技术使得距离、速度、时间这些概念被颠覆，功能区的划分和形成以及资源配置方式都在被重塑。城市发展模式亦然，一定程度上将为中国城市化下半场提供弯道超车的机会。但最为关键的是，随着城市化下半场开启，中国必然要再一次对城市化发展路径做出选择——是顺延上半场轰轰烈烈的"建设造城"，还是选择其他路径。

这之中，倾政府之力进行空间扩展的城市发展路径，在铸就中国城市化奇迹的同时，也为问题滋生提供了土壤：

一是土地资源浪费问题。土地城市化的速度大大地超过了人口城市化的速度，2016年全国新城新区总面积近4万平方公里，而人口不足4000万，人口密度为每平方公里1000人，是国家建设用地人口密度标准的1/10，大量土地资源被低效利用。其中以康巴什、曹妃甸等"空城""鬼城"最为典型。

二是"城市病"日趋严重。城市盲目扩大规模，必然拉长城市生活和生产半径，导致城市运营效率降低。大量人流每天在城郊之间奔波，饱受"钟摆式"流动之苦，不仅增加了时间成本和经济成本，也加重了对交通和资源环境的压力。

三是城市功能与现实需求脱节。"强政府、弱市场"的城市发展，往往因造城理念太超前难以有效落地推进，如孤悬在上海市中心75公里外的临港，既无法"以港兴城"，又因产业生态限制尚难作为独立辅城发展，落得白天新城、晚上空城之境遇。部分城市规划甚至异化为"政绩道具"，出现"一任领导一套规划"的现象。

四是城市发展落差加剧。一些先发城市迅速拉开与其他城市的距离，从2019年GDP百强城市的数据来看，东部沿海地区占到了50%以上，广东、江苏、山东等经济强省，一省就有10多个城市入榜。甚至随着城市空间规模扩大，内部也出现发展不均衡现象。这从舆论对成都"南部繁华似上海，北边却似小县城"的调侃中，便可窥一斑。

随着城市经济2.0来临，新一轮去中心化的扩展期又面临着功能迭代、空间扩展的路径抉择。但若延续空间扩展路线，损失依然会很大，尤其中国城市化的发展速度过快，又抹杀了城市在此过程中自我修正、调整的可能，纯粹空间扩展带来的一个个问题将堆积起来。更为关键的是，该路线短期来看没必要，尽管中国城镇化率在60.6%，但据《经济蓝皮书夏季号：中国经济增长报告（2018~2019）》分析，道路、管线、机场等城市空间硬件基础设施可比肩欧美发达国家，已经建成的城市建成区面积估计可以容纳中国总人口的80%。中期来看不适宜，工业经济背景下，中国城市最初规划以方便工业生产为主要目的，标准化的商品生产致使建筑环境趋同、设计平庸，几番运动式、跟风式的"造城热"造出了千篇一律的"新城"。但正如19世纪末20世纪初美国发起"城市美化运动"，2011年英国提出"新花园城市"理念，进入后工业时代，城市功能需要满足更多元化的需求。更进一步而言，当下体验时代来临，城市不仅要满足生产、生活需要，还要满足体验和情感需求，经营人的欲望，这也意味着未来城市将带上特有性格特征和脾气，这显然难以通过空间扩展满足。长期来看不可持续，中国城市经济1.0时期的空间扩展主要遵循这样一套逻辑：以土地为杠杆支点并作为启动资金，通过投资基建—土地可开发—出让土地获取基建投资资金—投资基建的循环，实现快速城市化。究其实质，这种模式以土地公有制为基础，以经济高速发展、政府财政支撑为两大前提。一方面，供给要有需求配对，土地供给、硬件建设等配以投资、消费才能实现良性循环。因此在大规模、快节奏的大拆大建中，经济必须持续高速增长。但随着经济增长趋向稳健，需求对城市空间扩大的支撑也会趋缓。以住房为例，当下我国城镇居民家庭住房拥有率高达

96%，要知道全球该比例超过90%的国家一共也就6个（罗马尼亚、立陶宛、中国、新加坡、斯洛伐克、匈牙利），人均GDP和中国相近的墨西哥约在60%，房产市场需求正逐渐走向成熟、分化阶段。另一方面，城市空间扩展必然伴随着大量的物质环境建设，尤其是相关公共设施配套等，涉及大量的政府资本投入。诸多新城新区以地方政府投融资平台方式举债建设，造成大量资金沉淀，财政风险加剧。西南小县城独山县在2012~2018年间负债400亿元，建了一大堆科研、商业、民生都用不上的烂尾"奇观"，而当地年财政收入不过10亿元，人口36万，相当于人均背负11万元债务。

由上观之，城市经济2.0显然需要从政府主导的空间扩展逐步转向功能迭代，让市场力量起决定性作用：不仅反映市场需求——所谓"人民城市人民建"，让城市功能满足人民日益增长的美好生活需求，满足企业商业发展需求；而且通过市场经济提高城市发展造血功能，改变政府出钱的单一模式，实现城市建设投资结构、经济结构多元化。更通过市场机制发挥城市本身的潜力——理论上，以价格和竞争机制为核心的市场机制通过均等机会，让社会要素在流动中追求利益最大化，从而使整体利益得到增加；换言之，充分的市场机制可以让城市资源禀赋、区位条件等要素发挥潜能，催动城市自身聚集和辐射能力的不断增强，实现城市功能迭代进迁。不过，当下矛盾的焦点在于中国市场经济确实进化了，城市功能迭代机制也有了较大的发展，但尚未越过起决定性作用的临界值。就拿城市扩容潮来说，虽然对比当年另起炉灶、不管不顾大造新城有很大进步，表象上是遵循了城市化下半场中心城区边缘向外扩张的趋势，但兑现的过程依然是以政府配置公共物品、变更行政区域、城市规划为主导。可见，城市发展的下半场依然将以空间扩展模式为主，但其权重呈现趋小态势。

而在城市经济2.0阶段，在市场力量逐步介入、推动城市功能迭代的过程中，中国各级城市政府仍有土地资源，纯粹空间扩展的诱惑依然很大。通过《城市环境卫生设施规划标准》等进行行政约束是一方面，更重要的是设立一个清晰的标准体系。如果说城市化上半场的标志和标准体现在CBD的出现，那下半场的标准可以定义为"100年"。就像《建筑结构可靠度设计统一标准》中规定"我国桥梁设计使用年限是100～120年，重要的和有纪念意义的建筑设计使用年限是100年"一样，包括卫星城、湾区等新城新区的城市空间扩展建设，其功能规划年限也要管够100年。作为"造城"样本的陆家嘴，其发展过程就在一定程度上暗含了这种标准。上海陆家嘴中心区规划设计方案经过3年7个月的酝酿，批复于1993年，自此，历任上海市领导都没有随意修改陆家嘴的规划方案，除了2008年面积稍有扩大之外，基本没有任何改动。到2015年，陆家嘴最后一栋摩天大楼上海中心落成，陆家嘴基本建成，总建筑面积470万平方米左右，容量变动基本在规范的范围内（规划建筑面积调至418万平方米）。这份被认为"可能是中国执行得最好的城市规划"，也让陆家嘴成为上海的一张名片，全球最具影响力的金融中心之一。

总部在减少，高楼在"变矮"

引总部、盖高楼越来越成为各地"拼胆气、拼豪情、拼亮剑精神"的发展之道。

"总部经济"看似一本万利。一来，总部的品牌效应是城市重要的无形资产。就拿纽约来说，且不提华尔街因汇集了超3000家金融机构而让全球金融领域唯其马首是瞻，单说联合国总部的入驻，就奠定了纽约在国际政治中举足轻重的地位。二则，总部聚集的经济效益也不容忽视。突破天际的CBD往往是城市就业人口与单位面积GDP密度最高的地方，而总部聚集的高产出必然带来稳定的大税源。再加上2013年工商改革以来允许企业"一址多照""一照多址"，条件放宽引得城市纷纷使出浑身解数吸引企业异地注册，实现了税收增长。何况，"总部经济"还是地方实现产业向微笑曲线两端转型升级的重要抓手。在"管理研发—生产制造—营销服务"的价值链曲线中，总部作为企业集团的大脑，恰恰是高附加值的管理研发与营销服务资源的集大成者。抓住了"总部经济"，俨然就是抓住了产业升级的牛鼻子，地方政府又怎能轻易撒手？但是，现实很"骨感"。若把手段错当目的，"总部经济"便会落入虚幻的注册经济陷阱，对经济发展没好处。如新疆霍尔果斯市自2011年起沉迷打造税收"洼地"，虽然引来企业注册潮，但大多是空壳，这些企业非但没有带动当地经济发展，反而在政策收紧时所触发的资本逃离大潮中徒留实体经济一地鸡毛。

而且"总部经济"本身也有相当的负面性。一方面，政策资源上对总部的过度倾斜，极可能挤压中小企业生存。极端如韩国，政府的培育扶持成就了财阀巨兽虹吸一切资源，让量大面广的中小企业愈发难以出头。另一方面，在"总部虹吸资源—人口、资本集聚—房价、消费品价格上涨"的传导下，生活成本上升与社会福利下降也在所难免。要知道，为避免落得和西雅图（亚马逊总部所在地）一样住不起房、交通拥堵，纽约民众曾自发游行抗议亚马逊第2总部入驻纽约，促成了选址计划的流产。

对超高建筑的迷恋早已融入人类文明的骨血中，高度即权力，高大建筑历来被作为图腾仰望。高大建筑展示了上与下的空间关系，上是抬头仰望，用"高度"来矮化别人；下是一种高度的俯瞰，权威的意象。历史中，从埃及金字塔到哥特式大教堂，再到中国万里长城，每个文明都借巨型建筑作为权力的最高隐喻。正如解构主义鼻祖德里达所言，"建筑总体上凝聚了对一个社会的所有政治的、宗教的、文化的诠释"。进入现代社会，人类急需一种新图腾，去象征现代商业文明与城市文明。相比GDP等抽象的数据，摩天大楼作为看得见的实体，更能丈量经济发展的速度，物理上的高度逐渐演化为城市崛起的标志。19世纪末、20世纪初，摩天大楼是美国强大的图腾。

清朝晚期，游历美国的李鸿章对《纽约时代》记者谈到所见所闻中最惊讶的是"20层或者更高一些的摩天大楼，我在大清国和欧洲从未见过这种高楼"。而到20世纪末，东亚新兴国家从美国手中接过了"摩天大楼竞赛"的接力棒，对摩天大楼的崇拜更甚。其中佼佼者当属中国，中国对摩天大楼的狂热，不只在于追求数量第一，更在于比拼高度第一、速度第一。根据世界高层建筑与都市人居学会（CTBUH）的统计，截至2019年年底，中国超过200米的高楼已经有742座，占全球的50%左右。2004~2019年的16年间，中国一共有9年建成了当年的最高建筑，而且2015~2019年，更是连续5年建成当年最高建筑。此外，各个城市还铆着劲儿比"身高"：2010年封顶的广州国际金融中心高度为440.7米，紧接着第2年，深圳京基100就以1.8米之差小胜前者；2008年动工的上海中心大厦规划高度632米，而深圳平安国际金融中心欲以近30米之差反超（规划高度660米，建成高度592.5米）。事实上，从1987年的深圳发展中心大厦（165.3米）建成算起，"全国最高"平均4年就刷新一次。

实际上，楼宇经济作为城市"总部经济"的具象化表现，已然呈现后继乏力之势。不仅全球性大都市纽约如此——截至2020年第二季度，曼哈顿16条主要零售走廊的平均租金连续11个季度下滑，自2011年以来首次跌破700美元；建设排头兵中国更是如此——据《中国楼宇经济发展年报（2018）》，全国写字楼平均空置率为19.8%，青岛、大连、宁波等二线城市空置率甚至高达35.2%。况且，高楼林立的华丽外表也越来越难掩其自身短板。且不提已有"劳伦斯魔咒"揭示了高楼建成与经济危机的关联规律，单论高楼的集约高效也站不住脚。虽说摩天大楼能够节约寸土寸金的城市用地，缩短公用设施和市政管网的开发周期，但同时也筑就了环境黑洞。高楼建筑不仅消耗了全球超过40%的能源，还影响周边区域的采光、空气流通并造成光污染，形成热岛效应，再加上还有地震、台风、火灾等隐患。例如国内消防登高车最高作业高度才100米，而200米乃至更高的楼宇在城市中比比皆是。

更重要的是，中长期来看，总部与随之而兴的高楼均已被逐步架空。首先，总部的超聚集形式与信息文明的重链接特性格格不入。总部是工业经济高度成熟的产物，而总部经济的关键又在于聚合形成区位意义上的增长极。但是，地理上的聚集正被虚拟化的链接替代。如今互联网巨头已经走在了前列，例如，阿里云先有遍布世界各地的多个数据中心并成为亚洲第一、世界第三的云计算公司，而后建总部，这就象征了在一切关系都能上"云"的时代，总部已非不可或缺。其次，企业组织由金字塔形向扁平化、网格化的自我革命，亦是在解构总部。一方面，瞬息万变的市场与全球化竞争加剧，将科层制的"大企业病"暴露无遗——机构臃肿、决策死板、沟通不畅等，不一而足；另一方面，灵活用工与远程办公等方兴未艾的新形势，更是加速了传统金字塔组织的崩塌。基于此，企业不得不自我分解，无论是按功能（研发、运营等）还是按区域（省、大区等），皆源于此。甚至有时，越经典的企业越能大刀阔斧地自我迭代，如拥有2万多名员工的美国纽柯钢铁总部公司，员工只有不到80人，且只负责极少数决策。简言之，工业文明所催生的总部，在规模上缩减、权重上下降的趋势不可逆。皮之不存，毛将焉附？与总部休戚相关的CBD高楼，也将"岌岌可危"。尤其当新经济如火如荼，城市中心的繁华逐步被个性化、体验化的"诗与远方"所替代时，更是如此。毕竟，只要搭上实体（交通网）与虚拟（互联网）两张网，便能"天涯若比邻"。既然如此，小镇经济对城市功能和资源的导流也在情理之中。形形色色的小镇不仅是休闲疗养的圣地，更可能成为创新经济的高地。比如华为在东莞松山湖投资建设的欧洲小镇，欧式建筑依山傍水，花园式办公区域内含着华为大学、研发中心和中试中心等企业的核心。如此看来，曾是工业时代城市象征的高楼大厦已步入功能"变矮"的下坡路，仍然风生水起的高楼建设其实已然陷入了"历史的误导"。

综上所述，虽然短期来看，总部的意义与高楼的经济产出还难以磨灭，但二者均已被时代推到了下行的轨道上。这也就意味着，过去依赖总部经济乃至楼宇经济而迅速发展的城市经济，也到了动能转换的时候。具体而言，当城市拼总部的边际效应迅速衰减，就将进入产业生态的竞争期。这个生态既包括顶层的龙头大企业，也包含底部的草根小企业。因为一个有生机、有活力的生态体系，必然是参天大树、灌木和小草相互依存的。

如此一来，招商引资便能从"抓大放小"到"大小并重"。"抓大放小"长期以来是地方政府招商引资的偏好，似乎只有大项目才是"好项目"。殊不知，底部的小企业是否优秀，很大程度上决定着能否引来更多大企业。如对合肥家电产业美的、格力、TCL等巨头纷纷加大布局，其背后实际上是集成电路、显示面板、压缩机等产业链关键产品的本土企业配套支撑带来的生态优势。在培育上，从主抓"规上"企业到对"规下"甚至非正规经济极大包容。大企业是工业时代的明星，而轻经济时代则是千千万万中小微企业乃至迷你型企业的天下。虽然单体来看这些企业的经济价值不高，但是整体所营造的创新型氛围与经济活力，则是大企业难以比拟的。更何况，小企业培育好了自然也会成为独当一面的亮点。如阿里巴巴在杭州崛起后，又反哺了杭州浓厚的互联网创业氛围，AI、云计算、物联网、泛娱乐等样样风生水起。总之，与其绞尽脑汁抢夺大企业总部资源，不如做好布局得当的城市经济生态。毕竟，物理反应只是1+1=2，化学甚至生物反应才具备1+1>2的想象空间。

经济引擎从城市到网络

回顾过去，城市始终在国民经济中发挥着不容忽视、不可替代的重要作用，尤其是改革开放以来，中国GDP一跃成为世界第二，与中国这一场人类史上绝无仅有的大规模城市化脱不开关系，甚至可以说，急速扩张的城市化是推动中国经济强劲发展的主要引擎。要知道，1978年中国城镇常住人口仅为1.7亿，城镇化率不足18%，彼时，中国经济发展以农业为主，城市对经济总量的贡献不足1/3。改革开放以来，在各级政府主导下，中国城市化大都是沿着"造城"路径，以行政化方式自上而下开发建设出来的。政府不但通过各种政策激发城市活力，还出资成立城投公司，直接参与到城市开发过程中，大规模、快节奏地大拆大建。典型如延绵不绝的"基建狂魔"和"造城运动"，带来了巨大的经济效益，其中房地产更被喻为拉动中国经济高增长的"火车头"。与此同时，市场经济下，资源和生产要素向中心集聚，形成集聚效应。这之中，城市凭借其自身聚集优势，成为产业、资金、人口等各类资源集中的首选地。最终在政府有形之手和市场无形之手的共同协作下，中国城市化率由1978年的17.9%飞速提升至2019年的60.6%，只用40多年的时间便完成了西方上百年才走完的城市化进程，成就了中国社会经济的飞速发展。由此，从钢筋水泥到高楼大厦，沿着交易中心—生产中心—商品中心—金融中心—办公中心的发展阶段，城市化逐步成为中国经济的重要支柱。根据国家统计局公布的2020年上半年国民经济数据，TOP10城市经济总量占比全国23.22%，TOP20城市经济总量占比全国34.71%，TOP30城市经济总量占比全国42.88%。可见，改革开放以来，城市成为中国经济发展的战略核心区，主宰着国家经济发展的命脉，也刷新了人们对城市带动国家崛起的认知。

　　城市化对中国经济增长的带动奇迹让全民为之惊叹，但发展至今，恰如城市发展理念在改变，表象的背后是经济引擎正由城市化切换为网络化：1994年，通过一条64K的国际专线，中国全功能接入国际互联网，中国互联网时代从此开启。20多年来，互联网在中国蔓延普及，渗透率逐年上涨，截至2020年3月，中国网民规模达9.04亿，互联网普及率达64.5%。而这些技术层面的普及，将散点分布的各地连接起来，形成一个网状格局，极大地扩宽了互联网的应用范围。恰如"互联网之父"伯纳斯·李所言,"互联网最具价值的地方,在于赋予人们平等获取信息的权利",换言之,就是去中心化、扁平化,自由、开放,实现信息和资源的互联互通。正因此,互联网不仅打破了传统城市基于地缘、资源集聚的核心地位,捕获大中小城市,还以"互联网+"嫁接一切行业,如同"水电煤"般逐渐演化成各行各业的基础设施,从而赋能各行各业,并引发颠覆性变革和创新,推动国民经济产业结构优化,催生社会经济发展生命力,促进国家经济增长。《中国互联网经济影响力报告(2019)》数据显示,2018年互联网经济对中国经济增长的直接和间接贡献合计为27.53万亿元,约占当年GDP比重的28.56%。显然,通过对各行各业的渗透融合,网络化正成为我国经济社会的基础设施和经济增长的新引擎。

从根本上看,以钢筋水泥、高楼大厦为代表的城市化发展,是典型的工业经济思维方式,难以匹配信息文明时代中国下一轮经济结构转型发展战略。也就是说,在工业时代向信息时代切换的背景下,经济引擎从城市化到网络化,是不可避免的。但这并不意味着城市化引擎已经熄火,在未来一段时期内,中国经济将由城市化与网络化"双轨驱动",概因中国城市化远未结束,维持增长的态势仍存。虽然中国城市化规模庞大、速度惊人,但同世界所有国家一样,中国城市化进程基本符合世界城市化发展的阶段性规律:当一个国家城市人口到50%左右,会进入相对减速期,面临如何持续推动城市化的问题;到70%时,城市化才会趋于稳定。而今中国城市化率已达60.6%,客观上已来到进入城市化稳定期的最关键时刻,面临结构性调整与发展。且不说城市化发展具有较大惯性,还会持续进行下去——如截至2019年年底,中国户籍人口城市化率仅为44.38%,全国人户分离人口高达2.27亿人,户籍改革和公共服务均等仍在推进;更何况横向比较,在城市化过程中,"过度"与"不足"并存,如一线城市已经趋于饱和,位列全国前三的上海、北京、天津，城市化率分别高达88.1%、86.6%、83.48%，而广大三四线仍落在后面，至今仍有18省城镇化率低于全国平均水平，其中贵州、云南、甘肃、西藏等地不足50%，西藏最低，仅31.5%。鉴于巨大的离散度，城市进一步集聚的空间依然存在。

综上，一边是网络化经济引擎加速启动，一边是城市化经济引擎尚未完成，在这两个引擎的共同作用下，经济将由高速发展进入高质量发展。这之中，在互联网赋能下，强调互联互通的后城市化已经来临。要知道，过去20多年来，在以人为本的消费互联网下，所有产品的核心都指向消费者，"8.3亿网民、14亿人口"的体量带来了巨大商业价值和经济增长，一些城市因消费互联网的赋能而强势崛起。典型的城市如杭州。近年来，互联网行业每年保持着40%以上的增速，其中阿里巴巴已经是一座虚拟的大城市，它的价值比杭州城市的价值更大，这便是消费互联网为城市赋能的最佳案例。与此同时，在互联网技术深化、5G、云计算、AI等新一代信息技术的助推下，后城市化将逐步向重心在供给侧的产业互联网靠拢，通过对产业链生产关系的改造优化和生产力的赋能提升，构建起全要素、全产业链、全价值链、信息链的互联互通，进而迸发出强劲的经济增长潜力。如工业互联网，《工业互联网产业经济发展报告（2020年）》数据显示，2018年、2019年，我国工业互联网产业经济增加值规模分别为1.42万亿元、2.13万亿元，对经济增长的贡献分别为6.7%、9.9%。预计2020年，我国工业互联网产业经济规模将达3.1万亿元，对GDP增长的贡献将超过11%。进一步说，从消费互联网到产业互联网，一端从消费发力，一端从生产发力，最终，后城市化将全面打破人与物、时间与空间的限制，进入万物互联时代。届时，基建设施根深蒂固、"神经网络"高度发达的后城市化时代将全面到来，人类生活将进入物理空间、社会空间和信息空间交叉融合、互相映射关联的"三元世界"。总而言之，"让生活更美好"的后城市化时代正向人类社会驶来！

智慧城市：技术虚拟狂欢？

城市，一直是人类文明发展的标志，是人类利用资源、创造文明能力的最高表现。人类每次科技的飞跃，都将使城市形态产生巨大的变革。自2008年IBM首次提出"智慧地球"这一理念，智慧城市已被认为是城市发展的高层次阶段，是城市迭代的必然。一方面，技术变革在剧烈改变人们生活方式的同时，必将重新塑造城市形态。正如美国作家爱德华·格莱泽在《城市的胜利》一书中所说："佛罗伦萨的街道给我们带来了文艺复兴，伯明翰的街道给我们带来了工业革命……漫步在当代的城市——不论是沿着用鹅卵石铺就的人行步道还是在四通八达的十字街头，不论是围绕环形交叉的路口还是高速公路——触目所及的只有人类的进步。"每一次技术进步，都会带来城市形态的更迭。

如今，信息化、互联网在仅仅一代人的时间里就登峰造极，云计算、物联网、AI又相继成了新技术的焦点，城市相应地以智慧化武装自己，是水到渠成。更何况，另一方面，随着风险社会的到来，大城市病、公共危机、环境威胁等城市治理痛点迫切需要智慧城市提供解决方案。根据联合国预测，1950～2050年的100年内，全球城市化率将翻番，2050年将有68.4%的世界人口生活在城市。而用先进的技术实现城市的可持续发展，成为众望所归的最佳解决方案。例如在丹麦首都哥本哈根，除了借助智能化交通系统来帮助市民大幅缩短通勤时间，政府还与麻省理工学院合作，通过路灯上的传感器实时搜集路况与车流量信息，智能化调整交通信号，以减少骑乘人士被红灯拦下的次数，引导市民选择自行车出行，带领城市达到节能减排的目标。

尽管作为未来趋势，智慧城市来势汹汹，但大部分智能城市项目还处于非常早的阶段，很多项目甚至只是空有其名。为何智慧城市这把全球性的星星之火，却难以燎原？首先，一个很现实的问题就是，作为开发项目，智慧城市建设也逃不过投入产出的商业地产逻辑，土地、融资、建筑安装等高昂成本都是摆在眼前的问题。韩国自2002年起陆续投入400亿美元（约合人民币2800亿元），计划在仁川市松岛地区建成世界首座智慧城市——松岛新城，但这座城市至今未能完工，有媒体将之称为"另一座切尔诺贝利"。而未完工的原因就是资金枯竭，无以为继。其次，错把手段当目的，陷入唯技术论的窠臼。当下，科技正在替代生活，手机像输液器，互联网供养着人群。然而，仅仅采纳任何一项技术本身，不管多么的优秀，都不能解决城市问题。在技术至上的思维基础上建设出的不是智慧城市，而是迷失在技术里的城市。事实上，城市与手机、平板不同，其智慧化不仅是技术和资金的问题，更涉及一系列基础设施、法规政策、社会关系、政治利益甚至大众观念的角力。短时间建造出的新技术乌托邦都是空中楼阁，要么集成一些现成技术匆匆上马，要么就只能沦为面子工程。当下普遍存在的数据孤岛即为典型。在中国，部分职能系统是垂直延伸的，比如公安系统有自己的数据系统，卫生、税务和法院等部门也各自有系统，纵向信息或许能实现共享，但横向数据流通却有阻碍，这就造成了"条状孤岛"；而先地方再中央的模式，则造成了"块状孤岛"。如此一来，以技术提质提效、改善民生，成为一句空谈，智慧城市似乎也沦为一场技术理想主义的狂欢。

在种种误区之下，诸多所谓的智慧城市其实就像是一个摇摇欲坠的高塔，规划者在塔底讲着或将成真的故事，搬几块砖就算开工了。但实际上，即使基础设施能够一蹴而就，相关的信息安全技术、伦理道德框架、基础科学研究和人类社群本身完全没有准备好。要支撑智慧城市的高楼稳稳建起，需要把握四大平衡：

一是经济上，近期投资与远期回报的平衡。高科技长远来看的确能降本增效，提高城市运行效率。但超前技术带来超高成本，资本总是短视的，而城市发展是缓慢的，一项改变城市的技术从验证有效、示范成功到商业应用，周期比一般的产品还要漫长得多。对此，一方面可利用PPP模式、产业引导基金等，广泛引入社会资金；另一方面可引入市场服务，分散成本。如今一些互联网巨头已经使得城市的各个领域——包括政府的一部分治理功能——逐步实现智慧化，例如无现金支付、共享经济、智慧交通等，完全可以由市场来提供智慧城市服务。如果地产商、园区运营商和城市政府需要服务，向这些智慧技术的拥有者购买一部分自己需要的服务即可，能够大大降低政府和企业的建设成本。

二是技术上，数据利用与隐私风险的平衡。过去10年，科技公司正从代表进步力量的形象，慢慢转变成资本主义霸权的图腾，而个人、家庭的生活信息通过物联网全方位暴露，成为砧板上的鱼肉。在这种背景下，智慧城市面临这样一个安全悖论：我们是否要为了人身安全而牺牲个人隐私？这就需要更完善的监管框架来监督新技术和数据的使用，将数据捕获限制在整个城市的"最低限度"，只搜集解决现有问题所需的数据，而不伤害个人隐私与信息安全。

三是机制上，自上而下与自下而上的平衡。在一个智慧城市项目中，企业作为技术的倡导者和最直接受益者，总会更有动力去推动其落地；政府的诉求相对多元，虽然在刺激产业和就业领域与企业有着共同的诉求，但守夜人的职责要求其通过政策法规，守住社会公平和公共利益的边界；公众则最为保守和分裂，即使尝到了甜头，也很难对大的变革达成共识，毕竟所有的变革都难免会给一些人群带来阵痛。因此，在大规模的智慧城市项目中，自上而下的顶层设计与统筹推进固然重要，自下而上的市场化创新研发及公众的广泛参与，也缺一不可。

四是时间上，当下与未来的平衡。城市发展是一个动态的过程，大多智慧城市的规划设计都着重解决当下的问题，而未考虑到城市的流动性。智能化固然是趋势，但城市形态不只取决于技术的包装、驱动，还取决于生态、人文等因素的影响。比如说，当前已出现城市收缩现象，假设某个城市50年后人口大幅减少，到时候需要什么样的智慧城市？这可能和当下规划的背景完全不同。因为人口变化可能会带来很多连锁反应或者滞后效应，如何把这样的未来因素考虑在内，也是智慧城市建设中不容忽略的问题。

回顾历史，城市的发展从来都是磕磕碰碰、饱受非议的。巴黎大改造前，法国的知识分子近乎诅咒般地抱怨这座城市的脏、乱、差，惨无人道的生活空间和不可理喻的贫富差距。大改造后，奥斯曼的计划实际上解决了不少当年巴黎存在的问题，并让大改造成为拿破仑三世留下的为数不多的正面政治遗产。但是大改造本身又创造了许多新的问题，抱怨依然存在，对其诅咒的程度并没有减退。城市的发展历程大抵都是这样，充满着问题，解决一部分问题后又引发新的问题，智慧城市亦是如此。城市始终是一个有机生命体，不是一次性交钥匙工程，基础设施体系的改造相对容易，但社会系统运行的惯性、人性和习惯的改变，起码要靠代际的周期才能切换过来。同时，发展的实际意义也始终在人——只有人们产生向往美好的动力，城市才能真正地进步和发展。

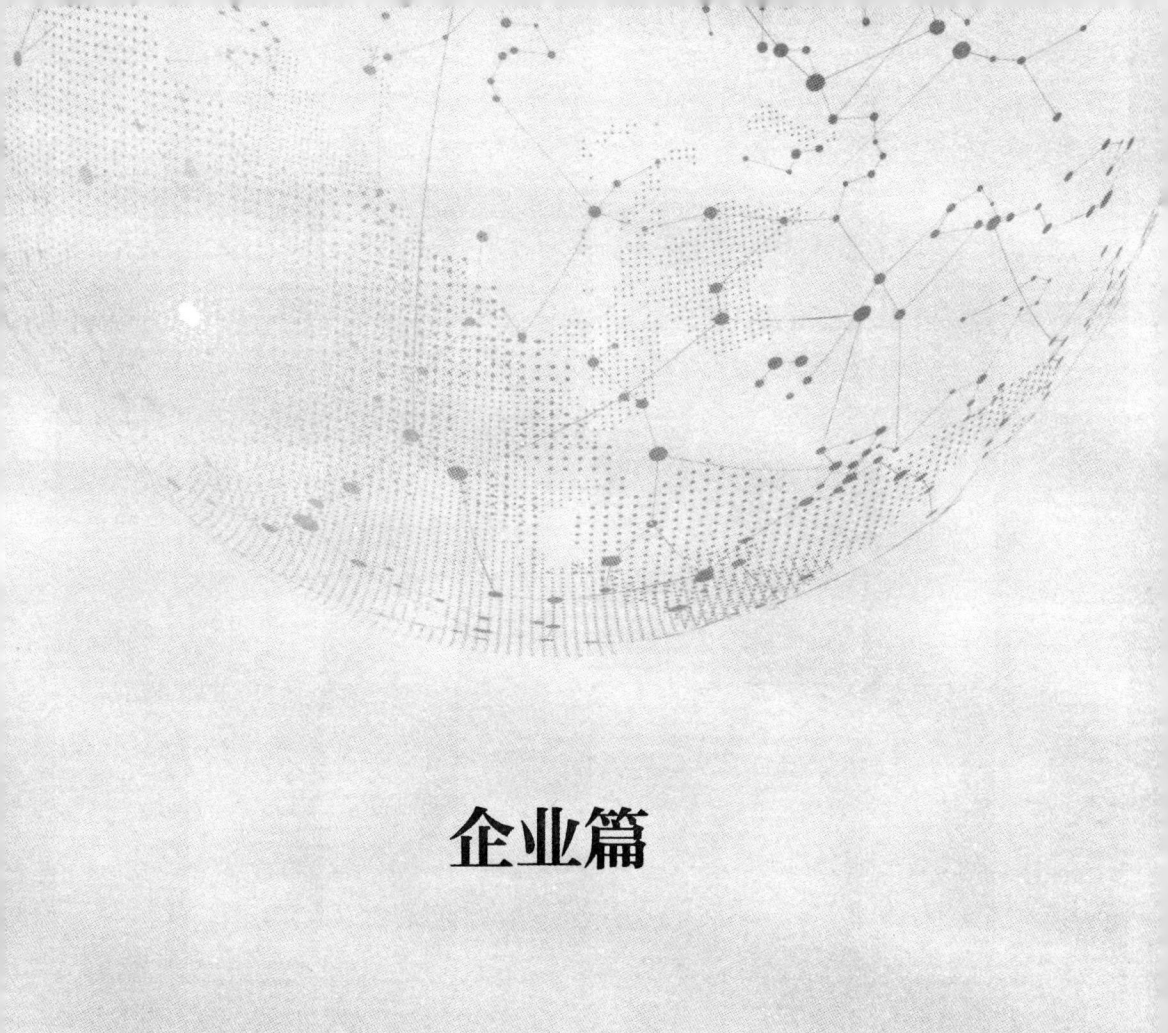

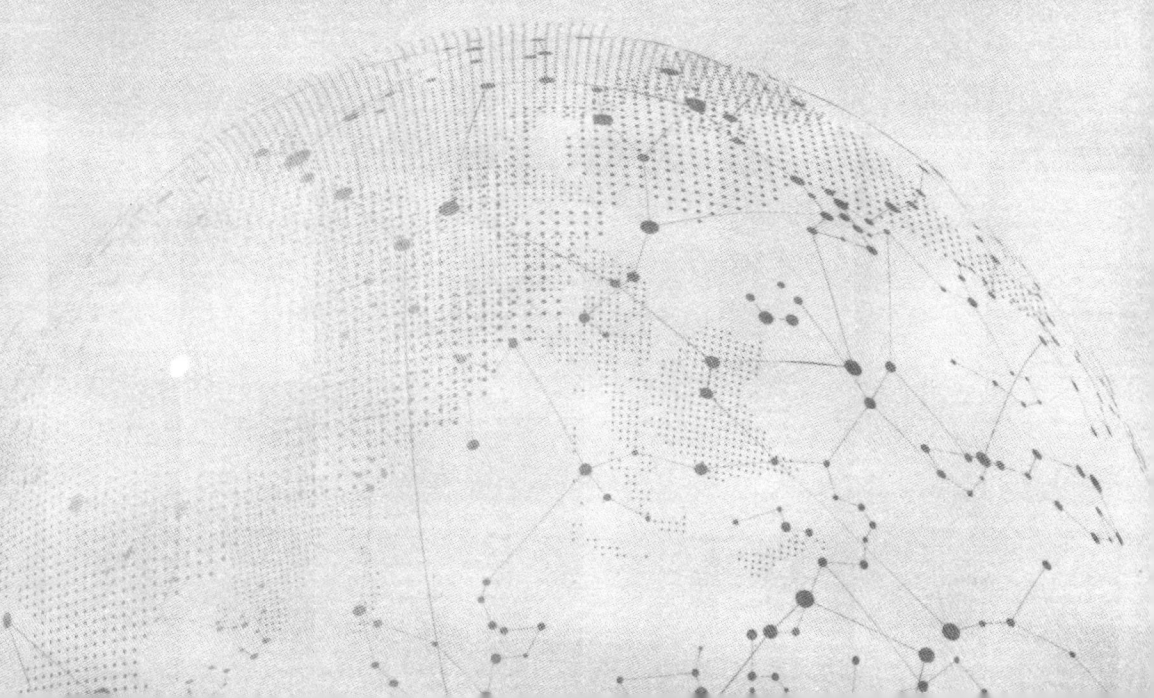

企业篇

第十四章　企业危机战略

不确定时代，"万一"总是会在不经意间蹦出来"打你一个措手不及"，甚至会把企业逼至山穷水尽之地。按图索骥恐将行差踏错，"因企而异更上一层楼"代表着转型变型趋势的到来。对那些充满创新活力、善"变"的企业而言，危机也充满着机会。

不怕"一万"就怕"万一"

在这样一个常规不断被突破的不确定性时代，不管预测得多好，"万一"总是会在不经意间蹦出来"打你一个措手不及"。仔细梳理，就会发现企业遭遇的一系列"万一"至少可归纳为以下10种：

就外部环境看，第一，自然界突发性的自然灾害。美国百年老店太平洋煤气电力公司日防夜防，也万万不会想到自己竟会因为2018年加州的一场世纪山火申请破产保护，它面临高达300亿美元的巨额赔款，远超公司目前的资产规模。全球气候大变样，极端气候的强度或频率屡创新高，百年一遇的暴雨洪灾，强风引发的世纪大火，频繁的地震和雪灾等，必然会引起更多企业非正常生命周期破产。第二，全球性瘟疫致使全球产业链断裂。此次新冠病毒全球蔓延，多国封国、封城、停飞、断运、停产，全球产业链上下游彼此脱钩，严重冲击了企业运营。可问题是，地球变暖正打开病毒的潘多拉魔盒，永久冻土层解冻，更多的古老病毒将被唤醒，由瘟疫引爆的全球性经济危机势必加剧企业经营风险。第三，政治安全摩擦剧增。2019年，中国100大跨国公司海外资产总额为95134亿元，海外营业收入为63475亿元，每年对外承包工程项目总额就有一两千亿美元。加之每年大量的进口贸易，国际政治上任何一点风吹草动（军事战、贸易战等），对毫无准备的企业来说都可能是致命的。在中美贸易战背景下，由于芯片断供，中兴一夜之间彻底陷入瘫痪即为明证。第四，国家的政策规则变动。尤其是在中国，企业向来是跟着政策走，可在这样一个新经济、新科技迸发的时代，政策又总是惯于"从大放到大收"，先放手让你冲，一看形势不对立马"一刀切"，完全没有风险预警的中小创新型企业很容易就被滞后性的政策规则"拍死在黎明前"。

就内部因素看，第一，财务资金链断裂。我们常说"仓里有粮心中不慌"，可很多企业并不关注现金流，要么赚钱了各个股东就大把地分钱，要么过度负债经营、盲目扩张。危机一来，市场没了，资金没了，银行也要快速还贷，企业就垮了。第二，人事行政风险。新冠肺炎疫情期间，企业复工难，招聘更难，企业无人公司如何运转？第三，顶层管理威胁。很多企业将企业主奉为"全能神"，结果领头雁倒了，整个公司也就垮了。持股41.1%，拥有金立绝对控制权的金立创始人就因赌博导致公司破产。反观阿里巴巴，早就从依靠个人特质变成依靠组织机制，以马云为首的34位合伙人虽然仅持有阿里13%的股份，但公司章程规定，他们有权任命董事会的大多数成员，如此一来，既不会因马云离任而影响阿里整体运转，也不会让资本夺走公司控制权。第四，行业突飞黑天鹅。以往企业总是将最大的竞争威胁锁定在行业内，殊不知企业直接竞争对手很可能来自根本想不到的跨界打击！或许一项看似不相关的新技术，就能颠覆整个行业。第五，系统性连锁危机。恰如当初以三鹿奶粉为导火索，消费者对整个国产奶粉行业产生质疑，几乎所有的中国奶粉企业都被牵连，万一出现类似情况，其他企业又当如何自保？第六，危机公关。特别是在社交媒体时代，大到数据泄露、产品缺陷、行业负面新闻，小到客户投诉、用户评论等，都可能转化成汹涌的公关危机。

不难看出，如果企业只有"一万"没有"万一"，一旦"万一"发生，就极有可能将企业逼至山穷水尽之地。此次新冠疫情就给很多企业敲了警钟，尤其是那些试图依靠春节这个"旺季"及年后消费高峰赚钱的企业。突发事件一来，弊端立显，房租、员工工资、资金等问题都成为压垮骆驼的最后一根草，原来被太平盛世所掩盖的虚假繁荣一下子爆仓了。然而，正如管理大师彼得·德鲁克所言："在动荡的时代，动荡本身并不可怕，可怕的是延续过去的逻辑。"现实情况恰恰是当下很多企业都只适应常态化机制，仍然沿用过去的逻辑做事，坐等回归正常，坐等"报复性消费"到来，既没有变革，也没有应急处置方案。问题是，目前整个世界都处于百年未有之大变局时代，变得越来越随机而不连续，小概率、不确定事件趋于常态化。对于此次疫情中破产倒闭的企业而言，疫情不过是导火索，引发了企业基础疾病的爆发而已。事实上，除了华为、腾讯等大企业已经认识到企业进入"无人区"，量大面广的中小企业也许经历此次疫情，才能真正认识到大变局时代的来临。百度搜索大数据和中国中小企业协会联合调研结果显示，在各种弥补企业经营损失的方式中，有35.12%的中小企业主选择了"远程或尽量使用线上办公"；疫情也倒逼了很多中小企业加速数字化转型，主动谋求变革。换言之，中小企业通过这次颠覆来实现企业变局，反而是最好的转型机会，这未尝不是一件好事。

很显然，"没有危机才是最大的危机"，那么，未来企业以"一万"应"万一"，又将具备什么样的特征呢？也许用日本著名企业家松下幸之助所提的"水坝式经营"来概括最合适不过了。具体来说，首当其冲的当然是把永续经营和"活命哲学"作为头等大事来抓，储备充足的现金流。日本企业经常面临地震、海啸、台风、能源危机、资源短缺等危机，有很高的风险管理意识，最突出的表现就是日本企业喜欢以存钱的方式守住经营的安全底线。稻和盛夫曾说，"即使京瓷7年不赚1分钱，企业也照样可以活下去"，因为京瓷有7000亿日元左右的现金储备。徐静波先生在喜马拉雅的《静说日本》里讲，日本企业内部留存现金几乎和日本每年的GDP一样多。同样的，2019年8月，在根本不缺钱的情况下，华为第一次面向国内发行了300亿元的企业债，以4%左右的利息借了"大笔粮食"，就是为"华为的冬天"提前做准备。再者，做好备份和对冲，保持一定的冗余度，懂得变通。除了众所周知的华为"备胎计划"，当数码相机浪潮来临，人们不再青睐胶卷时，柯达破产了，富士胶片却为何能涅槃？因为它充分利用胶卷的药膜技术，研发新药和化妆品；利用图像技术，开发出新型的医疗诊断系统"REiLI"。不难预见，富士胶片未来引领世界的绝对不只是那一套医疗诊断系统，还有iPS细胞生产设备，因为富士胶片已经是世界iPS细胞生产设备的最大专利拥有者，而未来数年内，iPS细胞治疗将会结束临床试验进入临床治疗，世界医疗将进入器官再生治疗阶段。第三，不可替代的底气。控制风险最有效的方法就是不可替代性，在美国打压华为最厉害的时候，《日本经济新闻》请了一家专业公司对华为的最新手机进行解剖，结果发现，在华为手机1361个零部件中，美国制造的零部件只有15种，占比0.9%；中国制造的零部件80种，占比4.9%，而日本制造的零部件数量达869种，占比为53.2%。"中美神仙打架"，日本反而凭借高端制造优势成了最大赢家。第四，把危机意识融入企业文化中。比尔·盖茨说"微软离破产永远只有18个月"，任正非认为"华为总会有冬天，准备好棉衣比不准备好"等。包括汇丰银行在内的欧美企业及阿里巴巴集团，都在内部专门设了一个首席风险官。以此观之，这个时代最大的特征就是不确定，居安思危才能有备无患，临阵才能从容不迫。

产业与企业深度羁绊

中国企业迎来高光时刻。在2019年《财富》世界500强榜单中，中国上榜企业129家，直接登顶；即便不算上台湾地区，中国企业也达到119家，与美国势均力敌（121家）。这也是世界500强榜单自发布以来首次有其他国家企业数量超过美国。要知道，世界500强榜单不仅是企业界的奥运会，上榜企业大约占据了全球生产产能的40%、国际贸易的50%、国际技术贸易的60%和国际直接投资的90%的份额。世界500强榜单还是国家经济实力的角力场，世界500强企业数量前6名的国家（中、美、日、法、德、英）也正是2018年GDP排名前6的国家（美、中、日、德、英、法）。眼下中国在500强榜单上超过美国的寓意之深，也难怪《财富》中文网称之为"历史性的突破"。

中国企业总体发展迅猛，在部分领域开始冒尖，但毕竟"偏科"严重，大而不强的老毛病尚未根治。仅以世界500强榜单，盲目褒扬"厉害了，我的国"还为时尚早，但一味放大中外企业差距，过分解读"中国企业没有未来"也大可不必。毕竟，榜单估值有核算偏差的可能，不同评估体系的评估结果也相差甚远，以中国工商银行为例，据2019中国品牌价值评价发布信息，其品牌价值约2931.29亿元；而英国品牌价值研究机构Brand Finance则估值798亿美元（约5660亿元），相差近2倍。而且榜单排名难免有维护本国利益的倾向。鼎鼎大名的ISO10668标准是欧洲国家为抗衡美国估值体系、维护欧洲品牌无形资产提出的。更为关键的是，500强榜单愈发难以适应数字经济时代。500强榜单以营收论英雄，但问题是，工业经济逻辑下企业所追捧的"规模效应"已经被依靠规模化便能实现零边际成本的信息经济、数字经济所革命，新型公司业态呈现轻资产、高资本利润、高经济效益的特征。换言之，《财富》500强的指标还停留在工业经济概念中偏重重资产型业态的标准上，而这在新经济时代早已过时。

进一步而言，当前评估企业发展现状与潜力不应该限制于"企业本身"，更应"跳出企业看产业"。眼见着无数企业或借"东风"直上青天，或站错风口滑向深渊，前所未有地加深了企业与产业的羁绊。就经典的企业与行业逻辑关系而言，超大型企业影响、创造产业，如大数据产业追本溯源是由谷歌在2004年前后发表的3篇论文引爆的，在此之后主流关注才逐渐从聚焦单机开发导向"数据是新时代的石油"。而中小企业顺应产业趋势，具体而言，大多数中小企业的生命周期和产业生命周期是重合的。正如粗放型的劳动密集型产业，深挖价值有限；技术含量高、脑力为主的产业，决定企业可探潜在价值大，并决定企业发展的价值纵深。当下从经济运行角度看，新一轮的科技革命、信息经济与全球产业变革的历史性交汇，无疑放大了"形势比人强，时势造英雄"。成立9年的小米入围世界500强，成为该榜单最年轻的入围者，依靠的就是"互联网+智能硬件+新零售"的撒手锏。而BATJ等科技巨头们全面布局人工智能，也可从侧面印证抢赛道的重要性。

从企业发展角度看，企业更多呈现非线性成长，企业与产业的关联也愈加复杂。一方面，以指数型成长的瞪羚、独角兽企业因产业风口起飞，反过来此类型企业的发展也促进产业突进。瞪羚勇于"第一个吃螃蟹"，迈出风口落地为产业的第一步，因此诸多新科技、新模式"小荷才露尖尖角"就被捕获。瞪羚企业的数量在一定程度上也被视为新兴产业诞生的标志。而当瞪羚企业进一步爆发式成长，跃升为独角兽企业时，就推动了新兴产业从量变走向质变，因此也有"500强是当下的战斗，独角兽则是未来的战场"的说法。另一方面，迷你（工匠）型企业、隐形冠军立足于产业新技术、新模式，反过来也在潜移默化中夯实产业演变基础。若说瞪羚、独角兽企业强调"快"，迷你型企业与隐形冠军则侧重"强"。无论是规模超小却能深耕细作把一个材料或部件做到极致的"单打冠军"，还是细分行业的"领头羊"，都集中反映在了新科技、新制造领域上。如德国85%的隐形冠军平均研发费用占营业收入的5.9%，20%的隐形冠军甚至高达9%，是其他企业平均研发支出的3倍多。迷你（工匠）型企业、隐形冠军不仅是深钻细分领域的主力，更是"科技领导者"，在润物细无声中让产业演变、突进。

毋庸置疑，企业发展的关键不在于规模做大，而是在与产业深关联中实现"又快又强"。换言之，产业正前所未有地被强调。哈佛商学院大学教授迈克尔·波特提出五力模型对行业基本竞争态势（供应商和购买者的讨价还价能力，潜在进入者的威胁，替代品的威胁，行业内公司间的竞争）做收敛。在此基础上，笔者分析提出产业五力图，即主要有5种力量决定产业态势、格局。第一，公司。上文已有提及，在此不做赘述。

第二，科技。"科技是第一生产力"，回溯近现代的两次工业革命，它们都是依赖于技术革命带来的科技创新。18世纪中期到19世纪中期，借动力技术发展，以机器取代手工工具，进入蒸汽时代；20世纪初期，以电力技术发明和应用为代表的能源技术突破让规模化、高速化生产成为可能。而眼下，信息技术革命为各行各业赋能，甚至于解放人类脑力，用信息技术的逻辑计算力实现产业自动化、精准化、智能化。

第三，禀赋。从大卫·李嘉图到伊·菲·赫克歇尔和戈特哈德·贝蒂·俄林，再到莱·布辛斯基，经济学家对要素禀赋影响产业结构与布局有系统性的论述。值得一提的是，要素禀赋结构是动态变迁的。中国劳动力的性价比优势正逐渐成为过去，未来随着资本禀赋、技术禀赋优势逐渐显现，产业格局将朝向脑子资本、资金资本、核心技术集中的端口倾斜。典型如电子产业，从富士康等代工厂到华为麒麟芯片强势崛起，正是走出了一条劳动力密集的加工制造向新技术开发、核心芯片生产的跃迁之路。

第四，金融。金融体系是支撑产业发展的基本要件，发挥金融服务与融通作用也是推进产业转型升级的根本保障。通过金融资本化、资本基金化、基金平台化、平台股权化，金融可以更好地服务实体经济，引导新兴产业萌芽与发展。当前大型银行对战略性新兴产业的信贷倾斜，证监会拟支持战略性新兴产业相关资产在创业板重组上市等举措，也正是通过金融手段撬动新兴产业发展、促进产业转型升级的尝试。

第五，环境。环境主要由经济、政治、生态因素构成。中国从计划经济走向市场经济的过程中，因经济、政治环境蝶变曾催生一波特色产业崛起。房地产业就是在1998年住房制度改革的背景下，迎来"黄金十年"：1998~2007年，房地产投资平均增速24%，新开工面积平均增速17%，商品房销售面积平均增速20%，远超经济平均增速12%。而从2015年"环保元年"算起，生态环境因素前所未有地影响产业发展。在"绿水青山就是金山银山"的主基调下，以常态化的环保督查等多手段并举加速产业转型升级，仅苏州市在2018年就有9000家化企整改，27000家关停。

综上，公司、科技、禀赋、金融、环境这5种力量的波动与演变，决定了产业的现状与格局，而产业与企业的深层次互动，又深刻影响着中国企业的发展。哈佛商学院教授理查德·S.泰德罗于2003年出版的《影响历史的商业七巨头》，开篇写道："本书介绍了美国人最擅长的活动——成立和创建新的企业。"事实上，"成立和创建新的企业"已经成为中国人最擅长的活动。中国现代企业发展始于1992年，不过短短28年，却刷新着企业发展神话，从1995年仅3家企业入围500强，到2019年在数量上力压美国。未来在产业五力的交互影响下，"创新、升级企业"也将成为中国企业家致力的方向。

把握"迭代"时代

当下是一个迭代太快、变数太多的时代，企业若不想步诺基亚等老牌企业的后尘，不想被新时代抛弃，势必要在以下的四维坐标中把握"迭代"时代：

第一，制度红利迭代太快。以往有人口红利、土地红利等一系列制度释放的红利,如今,旧的红利渐退,"从大放到大治",相当多的企业被清扫出局。却不知消费升级、经济转型、制造业转型等正集中释放新的制度红利,为企业撬开新的商机。对此,万科集团CEO郁亮公开表达:"没有深圳就没有万科,没有中国的改革开放也不会有深圳。一个企业成功与否跟所处的时代密切相关。"在万科博物馆也可以看到这样一张图:图上有两条曲线,一条是深圳经济增长曲线,另一条是万科的增长曲线,这两条曲线的发展趋势基本一致。如果说房地产行业发展初期,行业是为有钱人服务的,因为只有有钱人才买得起房子,那在房住不炒、租售同权的背景下意味着制度红利的转向,对于行业未来而言,这个时代最重要的事是为普通人盖好房子。

第二,金融杠杆"加加减减"。很多企业往往在经济向好爬坡中拼命加杠杆,直至顶峰拐点出现,去泡沫、去杠杆,融资渠道信托也开始关闭闸门,那些在"脱实入虚"上走太远的企业便在后半段一路下滑。从2019年年初到7月,仅半年时间就有274家房企破产,当年喊着"先挣它1个亿"的王健林也消声了。说到底,金融杠杆不在大小,关键是支点和时点,潮水退去,杠杆曾经怎么加的,现在就怎么减回去,还是那句话——"没有成功的企业,只有时代的企业"。

第三,商业模式高频迭代。一来模式并非万能。共享单车、新能源汽车、餐饮等都打着新概念推出各种商业模式,再被复制粘贴,进而推广,但如若商业模式本身就不赚钱,顶多是忽悠投资"割韭菜"。有"中国私募基金第一人"之称的戴志康就败在P2P上,因为P2P内很多钱都是跟投在诸如共享单车等新概念包装下的商业模式中,一旦"爆雷",便瞬间引发行业性多米诺骨牌倒塌。二则盈利点后置。在信息不对称的工业时代,商业模式从设计、生产到资源配置统统以获取极致效益为准;但在新经济、新消费、高频迭代的互联网时代,则聚焦客户体验,盈利点后置,一切从免费开始。比如,汽车可以不挣钱,4S店赚钱;电视机可以不赚钱,内容服务赚钱;既有小米、苹果通过手机通道赚取衍生费用的模式，也有亚马逊推荐系统的增值服务模式……市场价值链从售前转向售后，由一次性免费换取转为长久高频回报，用多样的衍生品掏空你的钱包。

第四，最根本的原因还是在于科技倍速迭代。据OpenAI发布的研究显示，2012~2018年，AI训练任务所运用的算力每3.43个月就会翻倍，相较于2012年，AI算力增长了超过30万倍，完全超摩尔定律（因为若以摩尔定律速度，只应有12倍的增长）。芯片性能每18~24个月就会翻1倍。2008年在中国市场份额排名前6的手机品牌，在2018年已经从榜单上集体消失，而造成所有这些变化的原因，正是核心技术的迭代。企业一旦落后于科技迭代的速度，出局是早晚的事。当初的软件巨头甲骨文，就因为对云计算缺乏布局，在2018年市场份额已经跌出了市场前5。过去，甲骨文超过50%以上的收入来源于数据库，但现在，曾经的大客户如亚马逊、阿里巴巴等巨头，开始利用云计算的先发优势，抢夺甲骨文以往的数据库市场，即便面对高达3720万元的天价"和解费"也没能阻止阿里巴巴放弃与甲骨文的合作，越来越多的企业用户用云数据中心取代传统数据中心。

科技迭代何以有如此大的威力？一方面，科技迭代让企业产品的时代价值趋近于零。因为一旦科技出现颠覆性创新，很可能让企业产品原有的价值瞬间清零。正如在20世纪70年代，家电行业就经历了晶体管电视机取代电子管电视机，不久后集成电路电视机又取代晶体管电视机，技术快速迭代让原有的电视机价值大打折扣，甚至趋近于零。另一方面，科技迭代也带来了消费需求、消费方式的迭代，需求反过来又决定企业供给。曾经是"国民轿车鼻祖"的夏利曾连续18年占据销量冠军宝座，2011年巅峰时期销量25.3万辆，然而到了2016年，其全年销量仅3.68万辆，销量连年下滑的背后是由于夏利从研发、制造到销售整个体系的能力逐渐跟不上时代变化，并试图以频频降价的手段博取消费者青睐，结果适得其反。

当然，科技超摩尔定律迭代，并不意味着仅是在原有基础上的直线式叠加升级，更可能是"三角组合集成式"的创新迭代，即兼顾技术系统、物理系统与生态系统。换言之，科技迭代已经不再是单一学科，如物理、化学和生物现象研究的分离，而是寻找彼此间的联系、勾兑与融合。这也是华为集合了那么多数学家、物理学家、化学家的原因所在。同样，全球高性能模拟技术提供商ADI除了资助优秀的模拟、数字和软件工程师，还资助化学家、密码学家、生物医学系统工程师，甚至还包含内科医生。

除了企业内部的科技创新"由分离走向融合式"迭代，由于科技走到今天面临越来越高的创新门槛，早已超越了单个企业所能企及的范围，同样将倒逼产业链参与者走出自身的局限，真正通过生态系统进行合作式创新迭代。例如，ADI既宣布与全球最大的电信运营商之一——中国移动通信集团公司旗下全资子公司中移物联网建立战略合作关系，又与诺基亚贝尔为共同拓展物联网市场签署谅解备忘录，还与百度在自动驾驶感知与导航领域达成合作携手推进"阿波罗计划"，以及与业界应用厂商建立各种联合实验室进行技术应用创新生态合作。总而言之，恰如查尔斯·罗伯特·达尔文在《进化论》中所言："在这个世界上，从来都不是那些最强壮的物种生存，也不是那些最聪明的物种生存，而是那些最能适应变化的物种生存。"对企业家和企业而言，又何尝不是如此呢？把握"迭代"时代，或许才是长命之道！

企业"弹性与变形"机制

毋庸置疑，新冠疫情暴发成了推倒多米诺骨牌的外力，变相成为市场丛林法则的试金石。疫情不仅揪出了企业发展中的潜在问题，更检验了企业在大环境中的适应能力。这场疫情导致的经济风波对所有企业造成了无差别的集体打击，停工这种不可抗因素让所有企业形态遭遇的困难基本一致：缺物流、缺员工、缺原料。但面对同一事件，企业的反应是不一样的，反应快的活了下来，反应慢的就可能被淘汰。例如，2003年"非典"时期，全国餐饮业受到了重创。但呷哺呷哺抓住了契机，推出一人一锅。"今天你呷哺了吗？"一时声名远播，在当时创下日客流量2000位的就餐纪录。

尽管很多人认为，跨界、变形是企业非常时刻的"不得已"，但事实上，疫情只是压垮企业的最后一根稻草，一切偶然的背后都是必然，世界本来就在巨变中，每一次重大事件的发生，只能让变化加速到来。企业变形的内在逻辑早已注定：

第一，环境不确定性的持续增长，让企业的线性发展路径无以为继。美国财政部前部长鲁宾说过一句话："关于市场，唯一确定的就是不确定。"这句话成为"名言"。商品的极大丰富提高了顾客的话语权，科学技术的加速发展带来了新知识、新概念、新方法、新技术的快速发现和发明，技术的进步又把全球经济联结为一张大网。以往，不少企业遇到低增长，遇到波动，想到的是减库存、减成本，希望能够熬过去。但未来，所有的危机都不是从历史周期的变动中来的，传统的线性思维模式显然无法应对。

第二，行业无边界混战，让所有的经验和积累都随时可能被颠覆、被清零。如果说过去的产业边界清晰、角色分工明确，各行其是，行业只要盯着自己的一亩三分地，就可以高枕无忧，那么如今产业不仅边界模糊，新经济、新业态的蓬勃发展也已让产业分不清敌我，找不到路标。企业如今面临的挑战早已不单纯局限于本行业，谁都不知道下一个"杀手"在哪里。

第三，工业经济下的企业组织形式与信息经济时代格格不入。传统工业经济下，企业组织多为金字塔式科层组织模式，这样的管控哲学和组织架构已经不适用于信息经济时代。互联网连接一切人、财、物，扁平化、平台化、模块化成为新特征。传统直线式、科层式组织体制设计严谨、结构稳定、高度一体化的组织优点，到了信息经济时代，反而带来臃肿、制度僵化、人浮于事等弊端。

种种变革皆已表明，变形和弹性才是企业未来发展的关键词。不同企业"变形"的方式、状态与趋势各异。对于国企来说，在可预见的未来，向混合经济变形已不可逆。进一步说，历史进程需要国企承担更多社会责任，改造国企，使之向社会化企业转向，将成未来国企变形的基准点。量大面广的中小民企将被迫在危机中落寞，大浪淘沙下的存活者将参与到产业链的再调整中，成为配套性的一环。中小民企本身就多属于劳动密集型企业，产品附加值偏低，市场竞争激烈，疫情暴发以来，一面是需求萎缩堵住了薄利多销的老路，一面是材料、人工、融资等成本的持续走高，前景可想而知。要幸存，只能靠迅速复工复产，充分利用好"船小好调头"的机体灵活性优势，使自己嵌入新的产业链整合中。线下传统企业则要尽快适应产业互联网趋势，加速实现线上线下融合。线下企业多为劳动力密集企业，受冲击最大，如果能够转换消费场景（现场），同时减少人力，或者能够做到向社会"借用"资源，其适应性就必然会变强。例如，面部护理品牌樊文花线下有4000家门店，1.6万名护理师。大疫一来，生意骤停，老板想到的是，在家没事做的时候，也是脸部护理的最佳时机，于是就发动这1.6万人拍摄小视频输送到客户手里，在线指导顾客在家做护理，也催生了大量产品需求。对于本身与信息经济、网络经济相伴相生的科技企业来说，则可及时抓住机遇，趁势而上。易卜生说："真正的强者，善于从顺境中找到阴影，从逆境中找到光亮，时时校准自己前进的目标。"例如，远程办公、各种电子解决方案等信息行业，或从小试牛刀进入全面爆发；又如，本次疫情将几乎被遗忘在角落的"安全需求"前所未有地激发出来，比2003年的"非典"有过之而无不及，除菌空调、自动消毒的门把手等各类安全性产品将从医疗体系进入日常家庭生活。

显然，不同企业面临着不同的变形方向与路径。由此可见，企业的变形与弹性不是随波逐流，而是有收有放、收放自如的，目的是为企业建立一种

"安身立命"的灵活机制。既要求"变",将变革纳入企业的战略安排——求变的公司只有把"变化"纳入战略体系,才能踏准形势的节奏;又要守"魂",坚守初心,朝着"永恒北方"的目标不懈前行——各行各业百舸争流,若是将风景尽收眼底的同时,被各种多元化的诱惑牵着鼻子走,就很可能一着不慎、满盘皆输。可见,企业不仅要知道自己往哪里去,而且要懂得如何拒绝诱惑与克服贪婪,确保自己始终行进在通向"永恒北方"的正确航道上;还要对企业核心竞争力进行版本升级,疫情之中,只有噱头、没有核心竞争力的"爆款店"会最先被消费者抛弃。这也说明,在湍急的形势浪潮中不进则退,催促着企业时刻保持警醒,去创新、去改造,升级自身的核心竞争力。毕竟,再诱人的商业想象,没有根基都是一场空,更要有灵活的复式组织与之相匹配。

无论是线上协同办公,还是个体崛起,都揭示出未来最先进的组织一定不是传统"公司"的结构,而是那些能够随时聚合、随时解散的结构。这种复式组织以不同层次可独立提供服务的"模块"为基础,依据动态的市场需求拼搭"模块",灵活重组创造不同的功能,形成动态能力,从而从容应对不确定环境。

疫情对所有企业都是一场大考,对于消极被动的随波逐流者而言,可能加快其出局的速度,而对于那些善"变"的企业而言,却是一场磨砺淬炼的机会。"宝剑锋从磨砺出",经过这次战疫的洗礼,一批敢于变、善于变的企业必将崛起,重塑市场格局。

爆炸式增长的基本条件

黄峥曾借用史蒂夫·乔布斯复出时拍过的一个广告,比喻拼多多的异军突起:"你可以赞扬他,你可以侮辱他,你说他什么都行,但有一点你不能做到，就是你不能忽视他。"事实上，对爆炸式增长的企业，不仅不能忽视，还需好好研究。关于企业获得爆炸式增长的秘诀，人们往往把眼光定格在企业领袖身上，如比尔·盖茨、埃隆·马斯克、马云等。按照经济学家约瑟夫·熊彼特的说法，这些英雄让经济发生了革命性的改变，重组了产业，并寻找到了做旧事情的新方法。他们的活动对增加就业、突破技术和消除陈腐的垄断，有着至关重要的意义。

如今，诸多著名企业家已与明星没有太大区别，例如华为常年受到研究和追捧，任正非的一举一动都被社会各界关注，被各类媒体报道和解读。从图书出版业这一反映社会热点和人心动向的风向标来看，根据"2020年企业家图书排行榜"，任正非和马云最受关注，成为挤进畅销书排行榜的通行证。似乎"成功可以复制"，在企业家传记中，何止有黄金屋，简直是黄金城！

也有人通过剖析"独角兽"之类的业态，揭示其背后的商业模式，进而得出模式决定论。管理学大师彼得·德鲁克所说的"未来企业之间的竞争，是基于商业模式的竞争"，一度被奉为圭臬。

然则，企业爆炸式增长的背后，既不是企业家的个人功劳，也不是仅靠商业模式主导。正如彼得·蒂尔在《从0到1》一书中所说，商业世界的每一刻都不可能重演。下一个比尔·盖茨不会开发操作系统，下一个拉里·佩奇或是谢尔盖·布林不会研发搜索引擎，下一个马克·扎克伯格也不会去创建社交网络，如果照搬这些人的做法，就不是在向他们学习，也不可能复制他们的成功。事实上，"时势造英雄"，势比人强。正如苹果公司的卓越固然离不开史蒂夫·乔布斯的伟大，其模式也是可以复制的，但关键还在于它踩对了技术和社会发展的节点，并以观念突破，抢占时代机缘。如今是智能手机已全面取代功能手机的时代，苹果自然"沉没"于众手机品牌中，即便是乔布斯，可能也无力回天。更何况，时代恰逢百年一遇之大变局，环境变得越来越随机而不连续，身处其中的企业命运也变得扑朔迷离。

相较而言，工业文明有200年历史，有很多东西是确定的，曾经在某种意义上，企业只需要引经据典，照章办事，就足以前进。而如今，产业的融合和动荡不允许企业故步自封，消费者的需求升级也迫使企业必须保持开放灵活。显然，经典理论的适用条件发生了变化，在这样的环境中，一个小小的负面事件可以毁掉一家创立多年的企业，一个微创新可能会颠覆花几十年建立起来的商业模式和消费习惯，为了一国利益可以不惜破坏全球的规则……这注定是一个多变的时代，企业管理的未来已经彻底变成一个充满不确定性的未来。尤其是疫情带来的经济大衰退，企业在各种因素的共同作用下，呈现出极端化发展的状态：要么表现卓越而闻名天下，进入爆炸式增长轨道，要么守着固有的核心能力横盘，表现平庸而默默无闻——或者一鸣惊人，或者一蹶不振。

由此可见，势比人强，与企业家、商业模式等内部因素相比，企业获得爆炸式增长更取决于以下四大条件：

第一，新经济横空出世初期，呈现井喷。人类历史上每一个全新的篇章，都伴随着生产力的颠覆式迭代。工业革命带来了工业文明的兴起，互联网的发展带来了信息文明的鼎盛，新经济横空出世，将给企业带来一次利用新技术"变轨"实现跨越和利用全球价值链"重构"实现跃迁的重大机遇。2006年成立的大疆，以"未来无所不能"为理念，在无人机领域，从民用无人机到工业无人机、"行业+无人机"的智能飞控产品，截至2020年3月，已经占据了全球超过85%的市场份额；富士康在云计算的概念基础之上，延伸出"雾小脑"，将设备本身所产生的大数据处理为精准的小数据，通过与人工智能深度结合产生有用的信息，从而"把人从重复繁重的工作中解放出来"，为传统制造业赋能。

第二，市场经济交换方式的革命。互联网的崛起和智能手机的普及，让时间和空间的枷锁不复存在，自由流动的信息打通供需的"任督二脉"，建立于网络的新交换方式不仅能够降低交易成本，还可以改善消费者体验。当行业的游戏规则发生剧烈变化，摸准时代脉搏的企业自然可以脱颖而出。例如，近几年，惨淡的钢铁行业成为产能过剩的典型代表，然而，找钢网却给这个阴云密布的行业带来一抹亮色。找钢网以互联网、大数据、AI等技术手段，链接钢铁产业链的一切，提高钢铁流通中每个环节的运营效率。截至2019年年底，找钢网的合作钢厂已超110家，合作大型供应商超5000家，提供超过40多万种不同规格型号的钢材产品，2020年已入选上海在线新经济50强。

第三，金融资本的模式创新。正如过去从银行业迭代至证券业，从金融衍生品迭代至基金业等，如今，传统金融模式也早已在新金融模式的冲击下步履维艰。典型如余额宝的颠覆式创新，告别银行，开启了1元起卖的"理财盛宴"；7×24小时，随时随地，触手可及，不排队、不填单；每天早起就能看收益⋯⋯如今，以余额宝为代表的支付宝理财科技，与约170家资产管理公司合作，截至2020年6月，资产管理规模超4万亿元，成为全球最大的货币市场基金产品。蚂蚁集团如今已稳坐行业第一把交椅。

第四，时代切换的制度改革所释放出的红利。在某种程度上，改革开放后一大批中国企业的发展，就是抓住了制度红利，未来，改革的持续深化也将带来新一轮制度红利。例如创业板正试点注册制。随着上市审批的放开，可以预计，创业板里的上市公司会更加丰富，创业板也将为企业更好更快地发展打开新的空间。世界范围内也不例外，如随着环境污染、能源结构调整的迫在眉睫等，各国纷纷出台相应政策，推动新能源车发展，一批新能源车企也随之崛起，如特斯拉，如今市值已远超美国菲亚特克莱斯勒、通用和福特三大老牌汽车商的总市值。

如果能把上述四类时代性切换的能量叠加在一起，企业发展不爆炸也难。由此也可看出，当下，企业管理俨然已进入"倒三七"阶段，即传统管理70%重在企业经营管理的内部版本升级，30%在对外开疆拓土；而当世界经济一体化，尤其是经济文明、经济形态大切换之际，行业无边界、供应链无尺度成为常态，企业就将把70%的精力投向外部，30%留在内部。笔者在2005年出版的《问鼎21世纪新文化》一书中便已提出，在人类文明转型阶段，文化上的革命是不可避免的，未来引领新世界文明的文化将以"星云"为特征。星云型文化扎根于现代生产生活方式，探索未来而不是沉湎历史，既开放又自成体系，碰撞—学习—前瞻—创造，不断循环往复、螺旋上升，与瞬息万变的世界同步发展。事实上，企业也是如此。秉持星云文化原则，企业的经营管理新理念在于：企业既可以是独立的模块，又能够互相嵌入。企业犹如插头能兼容所有插座一样，能够对市场灵活做出反应，形成灵活结合的产业协作网络，改变"大而全、小而全"的工厂模式，建立密切而广泛的企业间合作，发挥各自的优势，将"价值共生"视为企业转型的"指南针"；还能够发挥集成、整合的功能，企业的关注点不再是拥有多少资源，而是整合资源为用户提供价值的能力，形成开放的生态。正如台积电曾经通过"群山计划"让摩托罗拉等IDM（集芯片设计与制造于一体）大厂放弃自建晶圆厂，转而依靠台积电的生产线；更能搭建起生态平台——这种生态平台不仅仅是传统的供应链伙伴或者产业集群的联合体，更是一个有机的创业创新生态系统，通过平台化发挥1+1＞2的综合效应。基于此，企业也将成为一种超级枢纽。从有形的产业节点到无形的信息、技术、资金节点，不仅能外部借势，还能激发内部力量，产生叠加、融合效应。未来，企业跟外界不再是简单地争夺资源，而是以超级枢纽打造"朋友圈"，链接得越多，碰撞出的能量也越多，企业就越"聪明"，进化得越快。

第十五章　消费大变局

从直播带货火爆到新消费转型升级，中国社会的消费习惯正在速度蜕变，背后实则是在逐步走向物质消费无穷小、精神消费无穷大的新消费模式。品牌既要以精雕细琢不断打磨核心竞争力，又要接受信息文明，体验经济的洗礼，与时代速度接轨，如此，方能长远发展。

疫情倒逼零售改革

商业零售作为整个经济社会的晴雨表，在疫情期间，也成为"重灾区"。主要有以下几个方面的表现：

第一，社会消费品零售总额急剧下降。2020年1~4月，全国社会消费品零售总额106758亿元，同比下降16.2%，其中全国餐饮业营收8333亿元，同比下降41.2%。逐月来看，前2个月，全国社会消费品零售总额同比下跌20.5%（扣除价格因素，实际下降23.7%），3月同比下降15.8%（扣除价格因素，实际下降18.1%），4月同比下降7.5%（扣除价格因素，实际下降9.1%）。尽管社会消费品零售总额的降幅收窄，但这一现象在一定程度上也有CPI上涨的功劳。如2020年1~4月，CPI同比上涨了4.5%，其中仅4月就上涨了3.3%，食品价格上涨14.8%，非食品价格上涨0.4%；消费品价格上涨

4.7%，服务价格上涨0.9%，而食品等生活必需品占到当下居民消费的大头。其实不只中国，美国零售业也遭遇失控的疫情重击，2020年1~4月，美国累计零售销售额为18447.2亿美元，同比下降4.3%，3、4月零售销售环比分别萎缩8.7%、16.4%，创下1992年有数据记录以来最大的环比降幅。很显然，中美作为全球两大消费国，其商业零售情况必将直接影响全球商业状况。

第二，商业零售企业破产、亏损惨烈。2020年上半年，零售企业业绩普遍不理想，行业整体虽有复苏之兆，但部分企业仍无法突破盈利困境。国家统计局数据显示，2020年上半年，社会消费品零售总额172256亿元，同比下降11.4%；按零售业态分，超市零售额同比增长3.8%，百货店、专业店和专卖店分别下降23.6%、14.1%和14.4%。从上市商业零售企业看，根据联商网零售研究中心统计，截至2020年8月，在45家已公布中报或发布上半年业绩预告的上市零售企业中，有21家企业出现亏损，24家企业实现盈利，36家企业出现净利同比下滑，只有9家实现净利同比增长；而其中又只有联华超市、永旺、盐津铺子和萃华珠宝4家企业通过主营业务实现净利增长，其他5家均是通过出售资产实现净利增长。就餐饮企业来看，仅2020年前两个月，全国餐饮业企业注销就超过1.3万家，不少餐企没能等到堂食开业的那天。破产潮同样席卷美国，至少11家美国知名零售商轰然倒下。拥有118年历史的美国杰西潘尼（J. C. Penney）百货公司申请破产，关店超850家，9万名员工失业，被美媒称为"疫情期间迄今为止出现的最大受害者"；创立于1907年的奢侈品零售商尼曼百货公司（Neiman Marcus）在5月亦申请破产，两家百年老店扛过了两次世界大战和几次金融危机，却没能扛过新冠疫情，令人格外唏嘘。

第三，线上线下"冰火两重天"。林清轩创始人在自我隔离时写道："千条马路似无人，万家商铺尽关门。一人黄昏独睡去，噩梦惊醒夜已深。"而噩梦属于近乎断崖式亏损的线下零售，线上零售却逆势上扬，迎来脉冲式爆发。如曾经惨不忍睹的老大难生鲜电商，2013~2018年的渗透率分别为0.36%、0.59%、1.29%、2.02%、2.97%、3.8%，如今，用户"云买菜""无接触配送"需求激增，叮咚买菜、京东到家、每日优鲜等App活跃在亿万消费者的手机中。春节期间甚至还流传着一份《北京互联网抢菜指南》："凌晨抢盒马，7点上美团，8点看每日优鲜……"生活中的变化必然直观反映在统计数据上，2020年1~4月，全国网上零售额为30698亿元，同比增长1.7%，占社会消费品零售总额的比重达28.75%；其中，实物商品网上零售额25751亿元，增长8.6%，占社会消费品零售总额的比重为24.1%（2019年为20.7%）。可见，近1/4的消费市场已经是线上交易了！

第四，网络直播带货成为新亮点。伴随"OMG（天哪）""买它买它买它"等魔性语录，直播带货呈现出极为炫目的爆发性，俨然已成为电商标配和最强带货"神器"。疫情期间，直播带货更是势如破竹，甚至有直播卖房、售车、卖火箭等一系列神奇操作，不断刷新人们对带货的认知和想象。一些企业老总也变身"网红"：锤子手机创始人罗永浩直播首秀成交1.1亿元，携程联合创始人梁建章直播7场带货2亿元，格力总裁董明珠3场直播带货破10亿元。第一季度格力实现营收203.95亿元，平均每天进账2.26亿元，据此推算，3场直播成交额相当于格力近5天的营业收入，实现从"翻车"到刷新行业纪录的绝佳翻盘。

从流动摊贩到家门口的烟纸店，从批发市场到百货商店，从大卖场到便利店，从电商到团购，从无人货架到直播……如果说，零售这一最古老的商业行为此前的演化是由市场推动的，商业零售业态的变迁实则是需求的驱动而产生渠道的创新迭代，那么如今乃至未来的基本脉络，则是疫情强行倒逼消费和商业改革。自然仿佛用疫情这种突然叫停的方法，在客观上调整人类的发展节奏，阻碍人们激进的经济社会活动，促使人们思考人类的经济增长模式能否为地球所承受，纠偏过去消费主义盛行的生活方式，进而调整消费结构——从无节制的物质消费转向无限空间的精神体验消费。

然而，在逆周期的政府政策鼓励下，"尽最大努力激活被疫情抑制的消费需求"，线上线下齐发消费券——据《经济日报》数据，截至2020年9月16日，全国累计发放消费券总额超300亿元，在杭州、郑州两地，消费券的乘数效应甚至达到了10~11倍。这虽然能尽快启动经济，但似乎"浪费"了这场疫情危机的真正意义。

即便消费量上的增长恢复，仍难阻挡未来商业零售的整体性行业变局。

第一，休克式打击带来竞争格局分化，行业洗牌将更加猛烈。一方面表现为弱者被洗牌，强者愈强大；另一方面表现为大型商业生态对传统业态、小型连锁和个体店的平台式整编。

第二，全民宅居带来消费者心智行为变化，即深度线上化；与此同时，线上线下的楚河汉界进一步打破，出现相互融合的态势。一方面，广大线下的企业在疫情期间大量采用了线上的技术和销售模式，这些技术和销售模式中的相当一部分将会在疫情结束后被继承下来；另一方面，很多线上零售企业为了提升消费者体验，抢占线下资源，纷纷加强了线下的布局。在以上两股力量的交互之下，线上线下两种零售形式将有可能在疫情之后迎来更深层次的融合，传统线下商超与传统线上巨头之间的大混战也会愈演愈烈。

第三，消费场景加剧碎片化。一方面，线下门店转型进一步加剧，门店不再是交易的中心；另一方面，流量获取方式和交易链路都更加碎片化，在流量获取上，海量线下门店利用微信群、朋友圈、直播、短视频等，自发组织社群流量。

第四，无人化趋势。集中化的快递柜、自提点广泛普及后，为进一步拓展真正意义上的"无人配送"创造了有利条件。如果最后一公里配送是从快递点到集中的自提点，那无人操作的难度将大大降低。

看透趋势，才能创造模式。鉴于上述趋势，再加上消费直到2016年才真正成为中国的"三驾马车"之首，中国商业零售还处在粗放经营的初级阶段；有这么一句话形容中国零售行业与日本的差距："中国的零售是最好做的，在国内赚不到钱，在日本这种饱和市场更是只有死路一条。"因此，中国商业零售既可大有作为，也需自我进化。

具体而言，第一，从销售产品到经营用户的精细化运营。日本不少百货店和品牌十分清楚自己的消费者画像，也对他们的购物频次、购物需求了如指掌，并且会有策略地调整产品结构和上新周期。第二，情感式产品策划。成立于2011年东日本大地震之后的AKOMEYA，被称为大米中的爱马仕，其抓住震后日本人情感重创、信念崩塌、需要重建的诉求，由于米饭的香气能带来治愈和幸福的感受而选择米作为主营业务。一包300克左右的米只够一家三口吃一顿，这家店却能卖到将近50元人民币，也就是70元/斤，再通过各种各样好看的器皿来凸显大米，打造精致厨房，进行体验式营销。第三，价值提升。科特勒在其经典著作《营销管理》中就把零售称为：每一个环节的成果都可以被视为是单个产品，最后所有产品产生的价值组合在一起，就形成了商品的总价值。因此，零售是一种"多产品生产"，在任何一个环节上提高其附加值，都会让整个最终产品的价值获得提升。第四，深耕产业链。如盒马的生鲜产品都是委托第三方的供应商或服务商，尚未打通从产地到餐桌的全链路；而沃尔玛、永辉等线下超市对产业链上游的掌控更深。经过这一轮洗礼之后，对于早年"跑马圈地式"的生鲜电商们来说，解决供应链等长期性、要下苦功的问题，将是其复盘要点。

新消费的幕后推手

"双11"购物节与中国消费增长几乎成为中国经济最靓丽的一笔。相较之下，2019年，美国超过9300家零售门店宣布倒闭。美国人口普查局数据显示，2019年，全美社会消费品零售总额达62375.57亿美元，同比上涨3.6%。

以2019年人民币兑美元平均汇率（6.8985：1）计算，中国消费规模相当于美国的95.67%，两者差距从2017年的3400亿美元进一步缩小至2019年的2700亿美元左右。按照以往的发展速度，中国将在2021年超过美国，成为全球最大消费市场。但2020年新冠肺炎疫情在全球大流行，让这一趋势提前到来。概因美国感染程度较深，居民消费大幅下滑，相较之下，中国消费市场复苏增长。因此2020年中国的社会消费品零售总额有望超过美国，位居全球第一，基本已成为经济学家的共识。这意味着，2020年，全世界消费市场出现了历史性天平倾斜，中国正变成生产最大国与消费最大国，在未来的大国博弈中获得了双重筹码。尽管此次新冠肺炎疫情的隔离防控甚至封城，几乎把传统消费尤其是线下消费瞬间打趴在地，但这只是特殊时期的暂时影响，谁都无法否认，中国强大的消费需求正让它成为全球最大的内需市场。在疫情突袭下，即便无法面对面地聚餐、旅游等，也无法抑制线上消费如游戏等的异常火爆。仅大年三十一天，《王者荣耀》单日收入流水就创纪录地达到20亿元。区别于餐饮、百货等传统消费，新消费由数字化推动，基于社交网络等新媒介，线上线下融合等新商业模式，崛起势头异常迅猛。数以百万计的消费者在主播的激情解说中下单，无数的商家开启了不间断的直播。单薇娅一个淘宝王牌主播，2017年就以单场5小时的直播引导成交额近7000万元而一战成名，2018年引导成交总额27亿元，刷新纪录。到了2019年，超过50%的品牌商家抓住淘宝直播的新风口，"双11"全天淘宝直播带动近200亿元的成交额，其中，亿元直播间超过10个，千万元直播间超过100个。"5分钟卖出1.5万支口红"的李佳琦更是以一己之力挑战两场"双11"晚会，登上了一个超越当红流量明星的"网红"巅峰。除此之外，据媒体曝光，李子柒通过拍视频，全网流量采买分发进行粉丝变现，年赚1.67亿元，打败上千家上市公司。以此观之，小人物似乎正在推动大时代。小人物的偶然性及随机性，似乎隐含大时代的不确定性，我们却不得不承认，从直播带货爆火到新消费转型升级，中国社会的消费习惯正以前所未有的速度蜕变。以下四大维度恰恰构成了中国新消费大时代的基本框架：

第一，中国的超级规模。2019年，中国人口已达到14亿，巨量人口构成了超大市场规模，一旦消费需求释放，那就是巨大的市场。因为中国已形成世界最大规模的中等收入群体。按照官方标准（家庭年收入在10万～50万元），中国"中产"约有4亿人，且还在迅速增长。而中国当下的新消费成就仅仅开启于3亿～4亿的中产阶层，尚有10亿人正在沿着下沉式市场迅速赶上来。《福布斯》就曾评价"双11"的火爆，意味着世界第二大经济体的家庭可支配收入增长有动力而且可持续。因为2019年，伴随人均GDP迈上1万美元台阶，中国人均可支配收入首次突破3万元（30733元），同比实际增长5.8%。居民收入与GDP基本同步增长，老百姓的"钱袋子"越来越鼓，收入质量的提高对消费形成较强支撑。2019年，全国居民人均消费支出21559元，比上年名义增长8.6%；其中在内部结构中，人均食品支出降至28.2%，服务业消费支出占比升至45.9%，反映出显著的消费升级。尤其是人们对生活质量的要求，从有房有车到外出旅游，从"拥有财富"到"拥抱自由"，中国日益增长的需求迭代正打开新消费的升级窗口。

第二，中国已是互联网应用的超级大国。众所周知，互联网是美国发明的，但互联网全球化浪潮已走出美国中心的模式。《2020年全球网络概览》数据显示，截至2020年7月初，全球有45.7亿人使用互联网，占世界总人口的近60%。尤其是中国拥有全世界最大的网民群体——截至2020年6月，我国网民规模达9.4亿，相当于全球网民的1/5；互联网普及率为67%，约高于全球平均水平5个百分点。在全功能接入国际互联网25年中，中国诞生了BATJ等巨头，强在以日常生活为应用场景的消费互联网。要知道，二维码生于日本，却在中国普及；论电子支付，最高普及率是美国（高达98%），但二维码支付普及率最高的是中国。专业机构数据显示，全中国有八成的人平时付钱都是扫二维码，每年中国人使用二维码至少达5000亿次。不管是日常买菜还是旅游购物，出门只需带一部手机，就能解决几乎所有消费问题。仅淘宝一个App，月活跃用户数就高达4.5亿人，差不多是中国人口的1/3。这让网购一骑绝尘，仅2019年，中国人在网购上就花掉了10万亿元，同比增长16.5%，其中实物商品网购已占比社会消费品零售总额的20.7%。这也难怪消费"网红"甚至可以一夜成名，瞬间成为全国性"大企业"，这全仗着8亿网民的群众基础了。也正因为互联网正在加速与各行业深度融合，中国的iGDP（互联网占比GDP）已从2013年的4.4%升至2019年的36.2%，数字经济以35.8万亿元引领进而改变了14亿人的消费习惯和生活方式。

第三，中国的基建红利时代开启。中国被封"基建狂魔"并非虚言，而是有数据为证的：2019年年末，中国粗钢和水泥产量分别为9.963亿吨和23.3亿吨，均占据全球半壁江山以上；高速公路和高速铁路里程数分别高达14.26万公里和3.5万公里，稳居世界第一，其中高铁里程占比全球2/3。中国铁路公路综合网络基本形成，公路里程达484.65万公里，全国99.99%的乡镇和99.98%的建制村通了公路，铁路营业里程超13.9万公里。其中，高铁完成"四纵四横"后，正火热进行"八纵八横"建设。从大兴国际机场正式投入运营到京张高铁全线通车，仅2019年，中国在交通上的固定资产投资就高达3.2万亿元，2020年计划再投2.7万亿元，足见中国愈加完善的基础设施。以此观之，基建不仅能在危机时期对冲经济不景气，也正因基建的到位，在中国有着快递"价格洼地"之称的义乌，根据金华市邮政局的统计，2013年6月义乌快递的每单均价还是6元，2020年3月则一度降至"0.8元发全国"，这在全世界是绝无仅有的，也让中国老百姓充分享受了基建红利。不止于都市圈1小时快速通达，全国交通一张网加速人口和货物流动，快递分发的高效速度更是让人们可以不用出门就能享受消费的便捷。2019年，中国快递业务量高达630亿件，相当于1年里人均快递了42件包裹。"双11"期间全行业处理的邮快件业务量达28亿件，其中天猫"双11"开场8小时，全国超过200个城市的快递已经送达。苏宁物流仅用12分钟就完成了首单配送，"快递快得让人没有退货的机会"，网购等新消费火爆也就可想而知了。

第四，体验经济正对方兴未艾的城市化浪潮推波助澜。由于中国城镇化率从2000年的36.22%增长到2019年的60.6%，进入60%~70%的稳定阶段，处于S型"诺瑟姆曲线"的右侧，即居民最终消费率将与全国城镇化率同步上升。也就是说，伴随"二次城市化"的深入，尤其是都市圈、城市群的发展，消费集聚与创新将加剧，成为新消费的肥田沃土。毕竟，当温饱问题基本解决，物质生产不再稀缺，消费者将更注重精神需求。早在20世纪70年代，托夫勒就预言"服务业最终会超过制造业，体验生产又会超过服务业"，服务经济的下一步是走向体验经济。相对于产品经济注重功能、外观与价格，体验经济从生活与情景出发，塑造的是精神体验与思维认同，较之物质消费，能带来更多的幸福感和更高层次的个人满足感。因此，从"刷"美术馆、博物馆，到"打卡"亲子游、"抱团"赏非物质文化遗产，消费形态已从买产品到买服务，更趋向于文化休闲、实地体验等现代时尚需求。未来，"体验+"将嫁接各行各业，大量消费场景将被重塑，匠心产品（物质）、用心服务和动心体验（精神）的融合，将让"新消费"快速渗透进人们的生活，"一切皆娱乐"将升级城市功能。说到底，城市作为消费集中地，就是经营人的欲望，"二次城市化"将迎来新消费的"格式化"。

在外贸拖累、固投乏力之下，消费成了"三驾马车"中的中流砥柱。无论是吴晓波年终秀还是罗振宇跨年秀，都不约而同地狠狠秀了一把新消费，两者的基本视角投向新时尚。前者认为，新中产的心理升级正从购买品质转向购买场景或心情，性价比将被"90%颜值+10%微创新"的"颜价比"所取代。新人群造就新流行，比如中国有300万汉服爱好者，2019年仅与故宫相关的产品产值就在200亿元左右。后者亦将国货流行作为中国红利，叠加

"网红"带货、盲盒、炒鞋、奶茶轻食等，中国消费将多点爆发，但中国市场真正崛起的标志是出现全球性品牌，尤其是新国货对权威国外品牌的替代。

新消费的火爆，不止于直播带货、"网红"流量，更以平台为纽带，围绕消费者重塑了人、货、场，引发零售等相关行业转型升级。仅在阿里巴巴平台上，淘宝、天猫一端承载着7亿多人的品质化消费需求，另一端连接着中国最广泛的制造业和产业带，不单为服务新消费及线上零售创造了5445万个就业机会，更以新消费促进新制造，淘工厂的3.0版本升级即为兑现新消费的"供给侧改革"。可就在新消费被贴上政治标签一路狂奔之际，未料2020年年初暴发新冠肺炎疫情，短期消费整体性骤减，尤其是餐饮、旅游等传统消费沦陷。但正如"非典"过后出现报复性消费，消费需求只是被抑制而非消失。因而，疫情影响消退后或将出现消费的局部性反弹，恰如2020年"十一黄金周"，餐饮、文娱、旅游、酒店等各种服务业都迎来"报复性反弹"。

新消费的边界正出现前所未有的转移、分裂和渗透。仅从此次疫情所致的消费变化看，首先，从封城、封省到居家隔离，"不聚集、少出门"的倡导加速消费从线下向线上转移。餐饮店把后厨变成了直播间，全国500个楼盘直播"云卖房"，宝马、奥迪赶来"云卖车"，小米、阿迪达斯排队开新品"云发布会"，就连文娱行业都通过直播"云工作"，情人节那天21位明星歌手在家演绎"云演唱会"……各行各业"云自救"求生，让消费的线上渗透率稳步提升。其次是"无接触"概念走红，提速无人零售。为了防控疫情，医院和疫情严重地区大量启用无人配送和无人超市，复活了本已熄火的无人零售，给"战疫"无人化提供了翻身机会，如美团已率先在武汉、北京两地试点运营"无接触配送"服务。"无接触模式"的兴起，或将加速产业链无人化和供应链扁平化。更为关键的是，此次疫情显现了网上新消费大受欢迎却又力量严重不足的窘境。仅因居家隔离产生的外卖需求爆发，就在各平台产能与配送能力不足下，导致了供需矛盾。这也促使新旧消费企业相互渗透融合，盒马就率先接手云海肴、青年餐厅部分休业员工，让他们在疫情期间入驻盒马各门店参与打包、分拣、上架、餐饮等工作。"跨界共享员工"等组织变革，已然打破原有新旧消费的边界。

如果说，上述疫情倒逼新消费呈现短期的集中式爆发，那么2020年新消费热点，从长期看是由消费人群及消费习惯变化所致的市场转移。历史经验证明，人口结构是消费产业的核心驱动力。而2019年恰好是新兴消费者崛起的一年，上有银发族以1.7倍的速度上线——短短4年内，银发网民占比从2015年12月的7.9%升至2019年6月的13.6%，不仅偏爱线上购买家居产品，更成了消费件单价最高人群，向年轻化、品质化靠拢，根本不输年轻人；下有千禧爸妈，家有"吞金兽"，最舍得为孩子"买买买"，从吃喝玩乐到兴趣培养无所不包，从小培养气质，还得带娃看世界，以至亲子教育、娱乐、旅游等产业不断壮大。只不过，上一秒千禧一代还是主宰消费的实力派，下一秒Z世代（漫画、动画、游戏伴随下成长起来的一代）就横空出世，高达1.49亿人从电影、盲盒到炒鞋，充分释放"没有做不到，只有想不到"的另类消费。除此之外，习惯于拼多多的小镇青年有钱有时间，不仅"会花"，而且"敢花"，甚至不惜透支消费。市场下沉成为趋势，三线及以下城市成为消费行业必争之地。《百度2019年双11大数据报告》显示，2015~2019年，"双11"城市热度变化中，一、二线城市增长仅为30%~35%，三线及以下城市增长高达70%。不仅观影、在线阅读等消费正加速下沉渗透，三线及以下城市消费人群还通过刷短视频、看直播，靠"网红"达人接触潮流风向，以至"网红"同款在越是下沉的市场消费占比就越高。

显然，"娃控"的千禧爸妈、触网的银发一族、弹幕横飞的Z世代、三四线的小镇青年正走向舞台中央，让中国新消费在新需求迸发中从未如此"分裂"过。一边是"小而美"，"小"需求体现专业化。不管是一人餐的单身消费哲学，还是以质为先的"平替"（平价替代品）消费观，抑或是

"断糖主义"风口，无不反映不同细分群体的个性化需求，以新消费旋涡来引领时尚。另一边是IP跨界，多元化玩转新潮流。故宫顶级IP的每次"出格"，泸州老窖出香水，福临门做卸妆油等企业竞相跨界，导致线上2019年的跨界商品数量呈爆发式增长，较2018年翻了2.7倍（《2019中国互联网消费生态大数据报告》），跨界商品消费金额增速更是整体线上增速的8.5倍。尤其伴随抖音、直播等的火热，消费者注意力被极度分散，以致流量红利渐成"强弩之末"，关键反而在于"变现率"，不是靠场景延伸来引流，就是靠明星和"网红"等锁定粉丝。

说到底，新消费之新，不只在于商品之新奇特——在数字化、智能化、"体验+"等方面新品爆款流行，更在于消费习惯、娱乐方式的潜移默化带动商业模式、生产方式等彻底的变革。毕竟，老企业、老消费、老思路早已"沉舟侧畔千帆过"，如今风水轮流转，中国新一代伟大企业的背景几乎已经完美形成。比如华为、格力等虽然当下还只是凤毛麟角，但在新消费的大时代，伴随国货潮流的走出去，中国也将诞生自己的大品牌集合。当然，除了品牌势能，更不能忽视"超级个体"。比如大数据交易平台数据宝统计显示，网红李子柒2019年赚了1.67亿元，若以2018年上市公司净利润指标看，2123家公司净利润不及李子柒，可谓"一个人PK掉了诸多企业"。个人的强势崛起，也将导致出现"超级消费者"（那些对某类产品和某个品牌高度参与、购买较多的顾客）。只要抓住这10%的超级用户，就能将产品销量拉伸30%~70%。既然"铁粉"决定传播效能，新消费就不能止步于泛化的"流量思维"，而需进化到盘活超级传播者（也是超级消费者）的"平台思维"。

综上，足见新消费在爆发中的混乱与边界模糊！要知道，中国经济仅用了40多年时间就完成了西方两三百年的崛起进程，其非典型性和复杂性让新消费无法按照原有经典消费按部就班地升级，而将在多重折叠（如东中西部地区分化与城乡二元导致的社会结构折叠等）中亦步亦趋，在进进退退中螺旋式上升。因为在消费升级与降级共存以及消费分级的混乱中，新消费不仅仅是需求端（如消费习惯和生活方式的变化），还关乎供给侧（如生产和交换方式的变革），更关系到产业链升级和中国经济整体转型。毕竟，从大制造到大消费，中国未来将成为全球消费中心。但按照美国前总统奥巴马所言，如果中国人像美国人那样消费，那么3个地球都不够用。物质消费显然存在资源极限与生态瓶颈，但精神消费领域，却因无所拘束、无限可复制而深不见底。

这也意味着，中国需要达成"良性消费"的社会共识，逐步形成适合人类良性发展的新消费模式，即物质消费占比往下走、精神消费往上走的"鱼尾曲线"。至少，当下为刺激经济而一再鼓动消费，甚至借新消费之名，实则玩互联网金融的把戏，让年轻人超前借贷，这种所谓的"新消费"并不经济，也不环保，反而浪费资源。

因此，理性、辩证地看新消费，其未来边界既有物质的有形上限，又有环保、生态等无形边界，不单呈现共性的收敛与个性的张扬，更呈现新旧融合、软硬兼施的"模糊"。最为关键的还在于新与旧、软与硬界面的友好与尺度的平衡，如此，才能让新消费顺势绽放，充分满足人民美好生活的需要。

直播带货的真与假

从2016年"网络直播元年"开始，直播带货作为一种新型商业模式，确实创造了无数"神话"。

第一，行业规模急速膨胀。2017年，直播电商规模仅有190亿元，2019年则增长至4338亿元，增长20多倍，爆发速度惊人。2020年疫情让直播带货"火"出新高度，预计直播电商规模将达到9610亿元，再翻一番。商务部数据也显示，2020年上半年，全国电商直播超1000万场，活跃主播数超40

万人，观看人次超500亿，上架商品数超2000万件。

第二，卖货速度刷新认知。伴随"买它买它买它"的魔性语言，李佳琦5分钟卖掉1.5万支口红，15秒卖光20万片牛排。2020年上海"五五购物节"期间，李佳琦"上链接"的话音刚落，2万份面膜被瞬间抢光。薇娅7分钟卖出288套房，10分钟卖出2323台荣威RX5 Plus（平均4台/秒）；仅2018年"双11"全天引导交易额就超3亿元，超过中国企业IPO的财务要求；2019年全年引导交易额高达300亿元。

第三，"万物皆可直播"。2020年4月1日，淘宝预告："直播卖火箭！可以上天的那种！"网友以为是愚人节的玩笑，没想到当晚"快舟一号"运载火箭发射服务以4000万元价格卖出。网友纷纷评论："从卖衣服、卖彩妆到卖房子、卖火箭，还有什么是直播不能卖的？"

第四，"人人皆能带货"奇观。直播带货不仅吸引了大批"网红"、明星、柜姐参与，就连严肃媒体、危机自救的企业家、重启经济的政府官员，也纷纷走进直播间。尤其是地方官员为当地农产品吆喝带货，涌现出各种"网红"书记、"网红"县长。

第五，实现个人财富自由。如果说1992年出生的李佳琦月收入突破7位数、年收入2亿元只是估算，花1.3亿元买上海1000平方米豪宅只是传言，那么他入选2019福布斯中国"30位30岁以下精英"榜，以特殊人才落户上海，却是事实，更印证了直播带货成为个人快速变现财富、名利双收的捷径的说法，以至各路人马纷纷涌进直播行业。

直播带货成为风口，打开新经济想象力的同时，各种乱象也随之迭起，泡沫涌现，就算"把车轮卸了"，都有"翻车"的可能。首先，带货成了"带坑"。在直播带货过程中，虚假宣传、夸大功效、产品质量货不对板、兜售"三无"产品、假冒伪劣商品等现象频发。如"网红"穆雅斓在直播时宣称其推荐的面膜获得"诺贝尔化学奖"，被群嘲后又改口称"诺贝尔化妆学奖";再如李佳琦、罗永浩力荐的大希地"整切牛排"原来是注水、加胶的"整形牛排"（合成肉）。其次，数据造假，刷单成风，流量不完全等同于销量。"一场直播没有几个亿都不好意思发战报写新闻稿"，带动相关涨粉、刷量、互动、点赞等灰色业务火爆，"1万次播放量0.5元，100个真人粉丝7.97元，100个点赞0.84元，100个评论只需要1.73元"。还有出售"场控机器人"软件的商家，号称"30天打造上万流量直播间"。

更重要的是，伴随流量碎片化，本来流量成本就越来越高，"全网最低价"，主播坑位费+比例佣金（20%～40%），低到离谱的转化率相叠加，让多数参与直播带货的商家无利可图，甚至是赔本赚吆喝。御泥坊母公司御家汇财报显示，2019年全年营收24亿元，通过"网红"直播、短视频推广模式带来的收入占全年营收比重约10%，并未构成公司主要销售来源。而整个2019年，御家汇与李佳琦、薇娅等超过1500位"网红"主播合作，直播总场数累计超8000场，平均每天直播22场，按照营收贡献率10%来计算，每场直播收入不超过3万元。朴西电商也曾向媒体透露，与李佳琦合作5次，亏了3次，"双11"当天更是亏了50万元。由此观之，直播带货喜忧参半，个中滋味也只有参与直播的商家内心清楚了！

即便如此，在疫情全球肆虐、实体经济低迷的当下，直播带货简直成为企业和商家的救命稻草，甚至被寄望为逆袭利器，但商家却未认识到问题的本质所在，以致迷失于直播带货表面的喧嚣。

第一，直播带货的底层逻辑是"价格战"——没有最低的价格，只有更低的价格，与传统商超、电商并无本质不同。直播间的消费者大都属于价格敏感型，"高收入人群是不会为了一件东西，去花几个小时看直播的"，而直播间商品的主要卖点也正是"全网最低价"——甚至还不够，还得送一堆赠品，因为有比价平台为多个产品打出诸如"低过老罗"的宣传语。然而，价格有天然的底线，即商家合理的利润线，这个底线决定了价格战不可能无限制进行下去，而且持续的低价挤压行业利润率，破坏的是整个行业的良性竞争，伤害的是长期的品牌价值。

第二，直播本质上是一种消费场景/渠道，或者说销售方式/形态，属于企业营销的战术问题，至多算是新兴营销技术/工具。但在"我太南（难）了"的背景下，整个行业都在强调快速转化、变现，忽略了品牌价值，甚至把"卖爆品"当成了"做品牌"。其实，商品价格=产品价值+品牌价值，构建一个什么样的品牌，如何构建品牌，如何形成品牌资产并发挥品牌价值，才属于战略问题。就算是国际奢侈品牌，面对下跌的财报也不淡定了。路威酩轩集团（LVMH）2020财年上半年业绩报告显示其销售收入同比下滑27%，降至184亿欧元；净利润同比下滑84%，降至5.2亿欧元。但事实表明，LV进入中国市场近30年来首次通过互联网平台进行新品介绍的直播，并未获得观众青眼，1小时直播只收获1.5万人次的观看量，粗糙的直播场景设置、过暗的室内打光、不够专业的话术介绍，令LV品牌瞬间受损。

第三，企业对高质量增长要求下的消费变迁认知不足，以为能够通过直播带货从所谓"报复性消费"中分得一杯羹。新冠疫情让人重新审视欲望，是对人类生产方式、生活方式、消费方式的根本调整，未来物质性消费权重将下降，精神性消费权重上升。不管是现实中全球储蓄率上升——2020年第一季度欧元区家庭储蓄率上升至16.9%（为1999年有记录以来最高水平），美国个人储蓄率从2020年年初的7.9%升至4月的33%，还是进入商品大过剩时代，反消费主义、极简主义、反"智商税"、断舍离等观念扩散，人们对精简高质生活的追求，都将不再支撑直播带货的物质消费泡沫。

因此，在商品过剩时代，一边在消费端拼命卖货去库存，一边在生产端源源不断制造新商品的怪圈，终将走向终结，切入品牌时代。对于企业而言，品牌时代更残酷，因为商品的壁垒不在规模而在品牌，品牌溢价更高，赢家通吃规则依然存在，品牌价值及其内容创新能力比以往任何时候都显得更为重要。就连李佳琦也认识到："让直播回归到产品本身，是未来的方向。"对此，企业还需及早从"卖货"转身，发现品牌基因序列。品牌之战不是产品之战，而是消费者之战。科学研究发现，心智是人类的信息接收器，它的容量是有限的，大量的信息被心智直接屏蔽了。信息要进入人类的心智，必定要经过残酷的竞争。信息爆炸时代，最终决定信息能否进入顾客心智的，就是品牌基因。具体而言：

第一，品质。品牌的前提是品质，它代表了商品质量的保障，没有品质保障的商品，无法成为经典，只会用后即抛。

第二，体验。一个优秀的品牌不仅仅为用户彰显风格，还能为用户带来超越产品本身的价值和体验，满足用户在情感和精神上的需求，达到理智与情感以及物质和精神的最高契合。

第三，引领。品牌的嗅觉不能落后于时代，而是对美的传承和创新，对人类宝贵品质的彰显，对未来时尚的引领。

基于此，未来的品牌直播不再只是带货，而是要回归品牌本身，通过优质内容与消费者进行深度沟通。这将极大考验品牌内容创造及整体传播规划的能力！

小品牌、大消费之困

品牌弱小的"沉疴旧疾"一直是众多中国企业的"心头大患"。中国企业号不准品牌做大做强的脉，究其原因，在于品牌发展的经典路径在中国水土不服。品牌发展的经典路径强调"慢工出细活"，根据知名品牌评估机构Interbrand发布的"全球最具价值品牌排行榜"，2018年上榜的企业平均创立时间是95.4年，其中最年轻的传媒行业品牌平均创立时间也有约42年。而在中国，改革开放以来飞速向前的发展速度已然渗透到社会的方方面面，扼住了品牌沿经典路线发育的"咽喉"。就大环境来看：

一是，中国经济迅速在世界经济之林站稳脚跟的同时，免不了陷于产业链低端，发展品牌力不从心。中国工业经济在短时间内从无到有，为中国跻身世界第二大经济体立下了汗马功劳。到如今，从一双几元钱的袜子到一部上万元的手机，都仰仗中国这个超级工厂。而这也客观导致中国大部分企业难以摆脱对外企品牌与技术的依赖，进而被国际大牌主导的全球分工价值链牵着鼻子走。

二是，即便有了品牌意识，但在"比学赶超"的发展模式下，市场迭代之快，让品牌"未老先衰"。相较于稳定的发达国家市场，中国消费市场还处在不断裂变升级的阶段。中国翻天覆地的变化使得中国消费者的习惯、偏好等以5~10年为一个周期，迅速迭代。更何况在空间上，还有从一线城市到小县城的巨大差异，让市场的变化脉络更难以捉摸，使得很多品牌甚至还没成长起来，就"在沉默中灭亡"。

与此同时，企业自身也在迅速增长的市场红利中抢走捷径，以"大干快上"式的"山寨"模仿阉割了品牌的创新生命力。"山寨"模仿大牌向来是迅速填补市场空白的利器，不可否认，模仿是创新的前奏，况且中国制造已将模仿式创新发挥到了极致。但以发展的眼光看，"山寨"文化背后是知识产权保护缺位等创新的绊脚石，最终只能使企业陷入"窝里斗"的窘境。如此这般，眼下的"生产—消费"秩序在中国速度下环环相扣，即使企业有心建设品牌，也会在巨大的惯性下落入"快炒"无法自拔。

而眼下，品牌发展迟滞的负效应愈发显山露水，不仅扼住了企业做大做强的"咽喉"，还牵动着国家综合实力的进退。首当其冲便是经济效益的损失。中国曾经量大面广的低附加值制造业，注定难以获取超额利润。以苹果手机为例，手握品牌核心价值的苹果公司每卖出一部iPhone，便独享近六成的利润，而组装加工的中国内地企业只占1.8%的利润份额。不仅是低端制造业利润被大品牌虹吸，就连金字塔尖的高科技企业同样难逃被挤压的命运。例如智能手机行业，即便2019年苹果手机的总销量比不上三星、华为，但整体营收却是后两者的1.33倍和2.12倍。其次，做到极致的"洋品牌"显现出了垄断市场的威力，阻截了竞争者的路。大牌深入人心的魔力在于，一旦目标用户产生相应需求，便会不假思索地选择该品牌产品，从"洋品牌"汽车在中国的高市占率即可见一斑。据统计，2019年中国自主品牌汽车市场占有率跌至39.2%，跌破了40%的市场红线。事实上，中国品牌市场份额萎缩是命中注定。大部分从低端起家的中国车企，为求增长牺牲了品牌积累，即便产品的品质和可靠性都不差，仍然逐渐形成的10万元"玻璃天花板"，让自主品牌在高端市场中不堪一击。一场行业的调整，便让自主品牌纷纷陷入至暗时刻。再加之外来大牌对本国文化软实力的冲击难以抵挡，比如从可口可乐到漫威英雄电影，越来越具象的美国文化跟随品牌强势输入，在点滴中改造着本土消费者的观念与审美，以至于普罗大众逐渐对本土文化产生钝感，文化软实力受到挑战，甚至让诸如熊猫、花木兰等中国文化的经典形象"墙内开花墙外香"。简言之，弱品牌已经触发了一系列的负向连锁反应。

经典品牌建设之路被中国速度架空，弱品牌的负效应又在敲响警钟，两面夹击下，中国企业进退维谷。殊不知，品牌发展的经典路径正在时代更迭中产生松动。信息时代的浪潮滚滚而来，重构了空间，压缩了时间，信息和渠道一体化，生产和消费间的无形壁垒被打破，在品牌的经典发展路径上隐隐生出"岔路"。福特的亨利·福特和亚马逊的杰夫·贝佐斯分别代表了工业经济和信息经济的商业标杆，两者对比，他们累积10亿美元财富的时间（也可视为品牌溢价速度）从23年压缩到3年，即可证明品牌的形成机制正在时代的催化下逐渐由慢转快。不仅如此，当数字虚拟经济蓬勃发展，又会引发人们对返璞归真的渴望，期望获得从感官刺激到心灵慰藉的全方位感受。由此，体验经济风生水起，以迎合层出不穷的市场需求，给个性化、差异化、小众化品牌以发展空间。尤其对于如今的消费生力军"90后""95后"来说，不同体验和新奇特事物的诱惑空前。在大市场的驱动力下，仅文创而言，全国一、二线城市购物中心品牌数量平均占比在2014～2016年间就增长了233%。从技术实现角度看，生产力的革新让高端定制化品牌以越来越经济的方式"飞入寻常百姓家"。从服饰、水杯到出游、家装，花样繁多，快品牌、小品牌的可行性已然得到验证。简言之，时代的浪潮正在刷新品牌成长的前提。以至于如今，一些品牌已经搭载上了中国速度。比如，借助互联网平台迅速跨界、创生的新老品牌，从故宫文创风生水起到"网红"李子柒、李佳琦的爆火，莫不如是；还有借高科技之势扶摇直上的品牌，早早涉足纯电动汽车领域并掌握核心科技的"流量新星"特斯拉即为一例；还有深挖新经济价值实现跃迁的品牌，在已达千亿元量级的中国原创经济中，以体验、创意等要素俘获消费者的心，如国货彩妆完美日记，就借此在短期内获得了现象级增长……

这样一来，相较于品牌发展的经典路径，中国速度叠加时代切换似乎成为国货品牌解困的万用良方。然则就品牌发展而言，快与慢并不是非此即彼的矛盾体。况且，能以中国速度崛起的品牌，往往"快中有慢"，厚积薄发。比如，以独特、个性的标签俘获Z世代的国潮品牌李宁，也曾是从品牌名称和设计风格均被美日潮牌碾压的"无名氏"，但它如今已经走上国际时装周的秀场，开启中国文化潮流引领者的逐步蜕变。而在高科技领域的无人区，要孵化出品牌将更需要长期积累。即便是看起来似乎一飞冲天的特斯拉，也是经历了3轮资本投入周期，在纯电动车领域的核心技术方面精耕细作之后，才从最初的Roadster试水发展到眼下的超级工厂模式，风头渐显。

不止于此，由经典路径成长的品牌，也正不断从时代红利中获取新动能，实现"慢中有快"。这从西方大牌不断调整的品牌营销策略中可见一斑。比如可口可乐这样的百年消费品公司，尽管已经几乎可以和"可乐"这一品类画上等号，拥有难以撼动的江湖老大地位，却仍以社交媒体、互联网等平台作为阵地，不断深化品牌在消费者心中的影响力。还有杜蕾斯在稳坐安全套第一品牌的前提下，又凭借"神文案"在社交网络火了一把，甚至让"文案标杆"成为其又一个新的品牌记忆点。

由此来看，与其把中国速度当作品牌的救命稻草，或者抱定经典发展路径埋头苦干，倒不如将二者结合，品牌既要精雕细琢，不断打磨核心竞争力，又要接受信息文明、体验经济的洗礼，与时代速度接轨。如此，方能长远发展。

非正规经济爆发前夜

疫情带来了新的风口，上半年是直播带货，下半年则是"地摊经济"。和直播带货一样，地摊没有中间商赚差价，可以直接触达消费者，更接地气、更低价、营销成本更低。事实上，随着互联网的发展和城市化进程的不断推进，城市经济结构发生了巨大的变革，非正规经济也随之同步更迭，主体日趋多元化，并衍生出不同的表现形式。既有夫妻店、个体户、流动摊贩等传统模式，也有代服务、短视频、自由职业等新兴模式，从事非正规就业的人员越来越多。根据人社部统计，2019年年末，城镇就业人员44247万人，其中参加城镇医疗保险的人数只有31177万人，按非正规就业人数等于城镇就业人员总数（包括农民工）减去参加城镇职工医保的人数计算，中国2019年年末的城镇非正规就业人员数达13070万，占城镇就业人员的比重高达29.5%。显然，非正规性经济正在构成国家经济的新范式。

然则，不同国家对待非正规经济的态度大相径庭。

这边是"除草"过度，进行"一刀切"整治，非正规经济不断被边缘化。根据国际标准，非正规经济既包括"没有被现有体制认可、约束与保护的有偿劳动和在创收型企业中的无偿劳动"，也包括"正规经济活动中因无登记等原因而不被计入的有偿劳动"。换言之，非正规经济不计入GDP，对经济的贡献无法直接表现，这就注定了它在追求GDP发展绩效的中国天然缺乏生存土壤，而且它的"脏乱差、贫困、失业"等形象时常被认为有悖于"现代文明"和"世界级"的城市愿景，往往被运动式整改"一刀切"。如对环保不达标、产能落后的小企业实施土地腾退政策，对小摊小贩、家庭作坊、小商店进行规范化管理，对城中村进行严格拆违整治等，以致非正规发展中的主体被边缘化。这部分群体生存基础没有保障，生活压力极大。

那边是包容过度，以致成为国家经济转型的一大障碍。非正式经济一直是印度经济的常态。在印度的劳动力市场，平均每10个人中有约9个人从事非正规经济活动，各种非正规经济占据印度经济活动的近一半，主要包括日工、单人商店和路边理发店。他们以现金经营结算，不缴税。近年来，虽然印度的一个关键目标是缩小非正规经济规模，但印度总理莫迪称，发展广泛的正规化经济，类似于"将一个古老的文明转变为现代社会"，其难度可想而知。"废止货币"事件便能说明——2016年11月，"废止货币"政策迫使印度人在纸币变成废纸前将大部分现金存放在银行，直接导致86%的纸币突然退出流通，引发了现金危机。再如扩大税收体系举措，使得非正规经济受到损失的同时，反过来抑制了消费需求，包括对上市公司和其他有组织的企业的产品需求，而这些企业原本应该从中获益，结果适得其反，造成印度现今这样的经济减速。不难想象，若是没有了非正规经济，印度发生动荡的可能性极大。

两种截然不同的态度，彰显了国家对非正规经济的爱恨两难。

很显然，对非正规经济采取过度"收"的一刀切模式，或过度"放"的野蛮生长模式，都是不合时宜的。要么是忽视了非正规经济释放的正效益，要么让非正规经济异化跑偏，都无益于经济发展，都是未将非正规经济纳入一个合理的范围视之。

事实上，非正规经济若在合理的管控范围内，它所释放的经济效能将是无穷的。具体表现在：

其一，看似混沌的非正规经济具备无可替代的社会弹性。非正规部门对就业起到了润滑和促进作用。以滴滴出行平台为例，司机车主与滴滴出行之间没有任何雇佣关系，曾被看作是非正规就业。中国劳动和社会保障科学研究院数据显示，滴滴平台网约车司机中，21%是家里唯一的就业人员，12%是退役军人，51.5%是进城务工人员，6.7%是国家重点扶贫人员，他们是滴滴平台服务百姓出行的中坚力量。从某种程度上来说，经济发展模式决定就业模式，在今后一段时期内，尤其是在经济危机形势严峻的当下，非正规就业将是增加就业的主要渠道。若是城乡非正规经济都被消灭，那么，建立在非正规经济基础上的弹性社会结构便将丧失，社会风险积累加大。显然，对非正规发展的包容，也是广义的社会救济和社会福利的一部分。

其二，非正规经济是自下而上满足不同层次市场需求的有效补充。随着城镇化的快速发展和产业链的延伸分化，原有的垂直等级体系被打破，传统工业中的劳动密集型就业岗位大量减少，越来越多的正规工作通过价值链体系外包，使得以小批量、多品种、零库存、反应快和成本低为主要特征的"柔性专业化"生产模式和以此为基础的非正规经济崭露头角，如同毛细血管般将其触角延伸至各个角落，吸纳了被排斥在正规就业渠道之外的非正规就业。这之中，劳动者的经济活动不再依赖于上级命令，而是围绕市场和消费者来自主决定，其经营活动、服务方式等完全按照市场机制来行事。

其三，非正规经济在国民经济增长中的贡献不容小觑。如今正是互联网技术打破时间与空间的时代，它为非正规就业提供了肥田沃土，诞生了大量稳定发展的新平台经济组织，且与正规经济之间具有紧密的经济关联，正作用渠道愈加通畅，拉动经济增长的潜力巨大。经济合作与发展组织的报告显示，在全球最发达的21个经济体中，非正规就业也贡献了14%～16%的

GDP。在中国，有学者研究发现，城镇非正规就业对经济总产出的带动作用是城镇正规就业的25%，其每增长1%，可带动GDP增长0.053%。显然，非正规经济在国家经济中具有高度嵌入的作用，是必然存在并将持续发展的一种经济活动。若把正规经济比作花草，那非正规经济便是湿地，没有它，经济系统便不稳定。

可见，非正规经济并非洪水猛兽，而是国家经济的有效补充。因此，政府应在管控与包容支持之间达到必要的平衡，创造出一种由正规经济和非正规经济共同构成的经济系统。

一是适度留白，"水至清则无鱼"，有进才有出，给予非正规载体留白空间。公共政策干预的结果并不一定要从非正规走向正规，而是在充分考虑非正规经济自身特性、需求和运作规律的"合适的正规化"理念下，给予其自由发展的空间。以夜间经济为例，扫黑除恶风暴一来，夜总会、酒吧会所、桑拿足浴、KTV等娱乐场所不论黑白是非，均被视为滋生黑恶势力的土壤。要知道，夜市的形成不是政府的招商政策使然，而是市场的自发行为，若是"一刀切"，很可能引发量大面广的负效应。换言之，从市场自发到城市自觉，重在适度留白。

二是守住底线，规划干预沿着"守住安全底线、保障基本功能、提升生活品质"递进。在保障用电安全、用水安全、食品安全等公共安全的基础上，确保非正规就业主体的生存保障，再提升生活品质。

三是适度收编，引导与激发其活力，让其效益最大化。在可以预见的未来，非正规经济不仅不会消亡，还将长期存在。一来，非标准就业、新就业形态或将层出不穷。未来，AI和生物科技等第四次科技革命的到来，更将加速全球就业形态和雇佣关系转型，催生出各式非标准就业和新就业形态。二来，非正规就业所代表的工作方式将愈发趋势化。在中国，以互联网为媒介的零工就业增长迅速，且呈明显上升趋势。阿里研究院预测，到2036年，参与零工就业的人数将接近4亿人。对于管控者而言，一个重要的先驱性思维是非正规经济是一种资产而非负债。非正规经济早已不再边缘化且愈发常态化，引导与激发其活力而非制定指标清单的管控，更顺应时代发展。在此趋势下，政府极有可能对其收编，将其计入官方GDP的增长数据中。

总之，"就业是民生之本、财富之源"，在这个日新月异、瞬息万变的年代，非正规就业所带来的经济新形态与就业新形态也将不断推陈出新，社会认知需要不断适应。政府政策不仅要积极包容，更要寻求劳动者保障与经济发展的平衡，创造一个政府、企业与个人共赢的工作世界，推动"人人尽责，人人享有"的可持续发展的经济社会"生态体系"的形成。

下沉市场，无限潜能

互联网的出现，让线上买卖成为可能。各类电商平台随之迅速崛起，如淘宝、京东等，承载了大规模的线上交易，商品的流通范围从生产地迅速扩展到了全国乃至全世界，2019年，中国电商交易规模就已经突破了30万亿元。各类商品的线上流通，使得消费群体可以不再仅是局限于特定的区域，因而当一、二线城市的红利接近饱和，以低线城市为代表的下沉市场成为下一个兵家必争之地。下沉市场开始真正进入大众视野的标志性事件，就是2018年7月的拼多多赴美成功上市，这也代表"万物皆下沉"阶段正式降临。其中下沉市场最为风光的掘金者，莫过于有"下沉三巨头"之称的拼多多、快手和趣头条。针对下沉人群普遍具有的熟人社会、价格敏感与休闲娱乐属性，这3家互联网新贵凭借低价拼团、短视频+直播与泛娱乐内容的撒手锏，率先在下沉市场中闯出一片天地。随着其他的电商劲旅纷纷瞄准这块大蛋糕，"下沉三巨头"也都在各自赛道上迎来了自己的强敌，竞争日渐激烈。其实早在2014年，农村市场就已跻身阿里三大战略之一，将近1年之后拼多多才上线。不过其一上线就借助拼购和百亿补贴的形式，打开了下沉市场大门。2020年上半年，受疫情影响，国内社会消费品零售额同比下降11.4%，但下沉市场却因此焕发了新的生机。2020年第二季度，拼多多实现营收72.9亿元，较2019年同期的27.09亿元同比增长169%，较2020年第一季度的45.45亿元环比增长60%。基于此，很多品牌趁机下沉，比如在线教育领域，51talk、好未来和新东方等，借助互联网技术对低线城市进行渗透，赛道瞬间变得更加拥挤。

事实上，下沉市场的浮现有多种不同原因。

其一，区域经济呈现出明显的增长态势，低线城市消费实力不容小觑。中国一、二线城市人口大约占总人口的18.1%，三线及以下城市和农村人口占比超过八成，规模接近11亿人。这些被摩根士丹利定义为低线城市的三、四线城市经济总量占中国名义GDP的59%。预计到2030年，这些低线城市将带动规模9.7万亿美元的消费市场。这其实就是长尾效应的一种显现，强调"客户力量"和"小利润大市场"。简言之，就是赚很少的钱，但是要赚很多人的钱。

其二，互联网普及率不断提升，物流等基础设施不断完善，也为下沉市场的出现和发展创造了条件。互联网的普及使得三、四线城市可以接收到一样的品牌信息，推动小镇青年们的消费升级。2020年疫情暴发时，网购发展速度更为迅猛。2020年3月，中国网络购物用户规模达7.1亿，比2019年同期增长16.5%。各大电商巨头也在布局下沉市场仓储物流，比如京东、海尔日日顺等，借物流先行争夺低线市场。

其三，随着一、二线城市的存量市场见顶，三、四线城市成为蓝海市场。在过去20年内，无论是PC（个人电脑）时代还是移动互联网时代，中国互联网发展主要在一、二线城市。但目前这个市场不仅饱和，且竞争十分激烈，已是典型的红海市场。对于新兴企业来说，通过"农村包围城市"的策略在下沉市场站稳脚跟，不失为一种可行的策略。

其四，面对下沉市场巨大红利，很多企业在诞生时的属性就迎合了下沉市场需求。在下沉市场中，信任交易成本比在一、二线城市更高，因而具备社交基因的企业更容易获得青睐。比如拼多多，从电商到社交，形成了自成一派的电商社交思维，填补了传统电商平台信任交易成本的空缺。

除此之外，将用户市场细分到极致，不去抢夺一、二线城市的存量市场，而是去开拓五、六线城市的增量市场，同时借助下沉用户熟悉的工具，接触用户的可能性更大，用户更容易上手，市场的"教育成本"相对也较低。比如拼多多和京东，都是借助微信这一端口进入，极大方便了下沉市场用户。从下沉市场本身的口味偏好来说，在低线城市中，占比较大的低收入人群更偏好短视频和段子，因为更有创作的参与感，且其中超过27%的用户愿意成为专业内容贡献者；各项基础设施的提速，进一步促进了短视频需求的井喷，也为快手的爆炸式增长提供了重要的前提条件。

互联网技术的出现，让买卖不仅只在线下，而是可以借助互联网这张无形的网，在不同时间和空间进行交易。由于品牌本身的定位及不同消费群体的不同消费诉求，最终会出现两种不同的发展模式。

第一种是通过抢占高地的形式来寻找突破口。根据二八定律，如果能够抢占到20%的头部用户，则意味着能够保证有80%的经济效益。对此，通过确定高端定位和打造高端品牌，争取到头部用户，是不少企业想要拿到的红利。定位之父艾·里斯在《商战》一书中写道，"以高价发动侧翼战的机会很多，几乎任何一种商品或服务项目，都有绝佳的机会在高端发动进攻"，如哈根达斯、奔驰等。很多企业之所以能够占领头部市场，一般是拥有核心的技术、个性化的体验和极致的服务，才能吸引高端用户。然而高端化的道路并不是一帆风顺的，很多企业为此付出了代价。

有些是在尝试高端化转型的过程中，选错了对标，只是简单复制其他企业转型之路，反而出现定位不明确甚至丧失原有客户群体的风险。比如，小米在2019年尝试高端化转型的过程中，选择了直接对标华为，而推出的产品形象又与市场原有的"高性价比"相悖，使得原有忠实客户群体丧失了对品牌的信心。有些是没有明确的细分市场的目标群体和清晰的产品定位，注定一败涂地。吉利曾瞄准高端化汽车这一市场，但由于过于急功近利，没有通过多品牌战略逐步重塑品牌形象来摆脱原有低端、低价的固有印象，造成了一次失败的尝试。

第二种是在互联网几乎全覆盖的背景下，如水银泻地般寻找一切可下沉的缝隙，通过更多的细分市场来覆盖和影响更多的人群和市场，从而获得更高的经济效应。首先，本土化比降维打击更重要。品牌本身带有的光环和品牌效应可能会带来一时的轰动，但只有积极实现本土化，才能够扎根生存下去。比如肯德基开启小镇模式，首店就落户在河南省封丘县（2019年正式脱贫），除常规菜单，还推出了一些独有的菜品，比如盐酥鸡、九珍冰茉莉等。在产品定价、市场推广上，小镇模式店也针对县域市场提供更个性化的思路，以贴近县域消费者需求。其次，相比较一、二线城市走流量和翻台的打法，三、四线更注重熟人社交和口碑。在下沉市场中，由于其本身具有熟人社会属性，因而打造好口碑至关重要。虽然刚开始的低价策略可以吸引到部分用户，但很难在下沉市场中形成口碑，带来复购率。从根本上说，下沉市场与一、二线城市拥有极大的文化差异，如果只是将一、二线城市现有的经验照搬到三、四线城市，一定会出现水土不服的情况。

未来，下沉市场依然存在巨大的发展潜能，尤其是当下中国进入内循环阶段，开发国内潜在市场势在必行。虽然下沉市场有无限的想象空间，但并不意味着进入下沉市场发展适合所有企业和品牌。究竟是应该遵循"二八定律"追求头部效应，还是应用长尾效应在下沉市场迅速铺开，抢占更多用户市场，还是要依据企业自身的定位和未来发展诉求来看，而不是盲目追风。

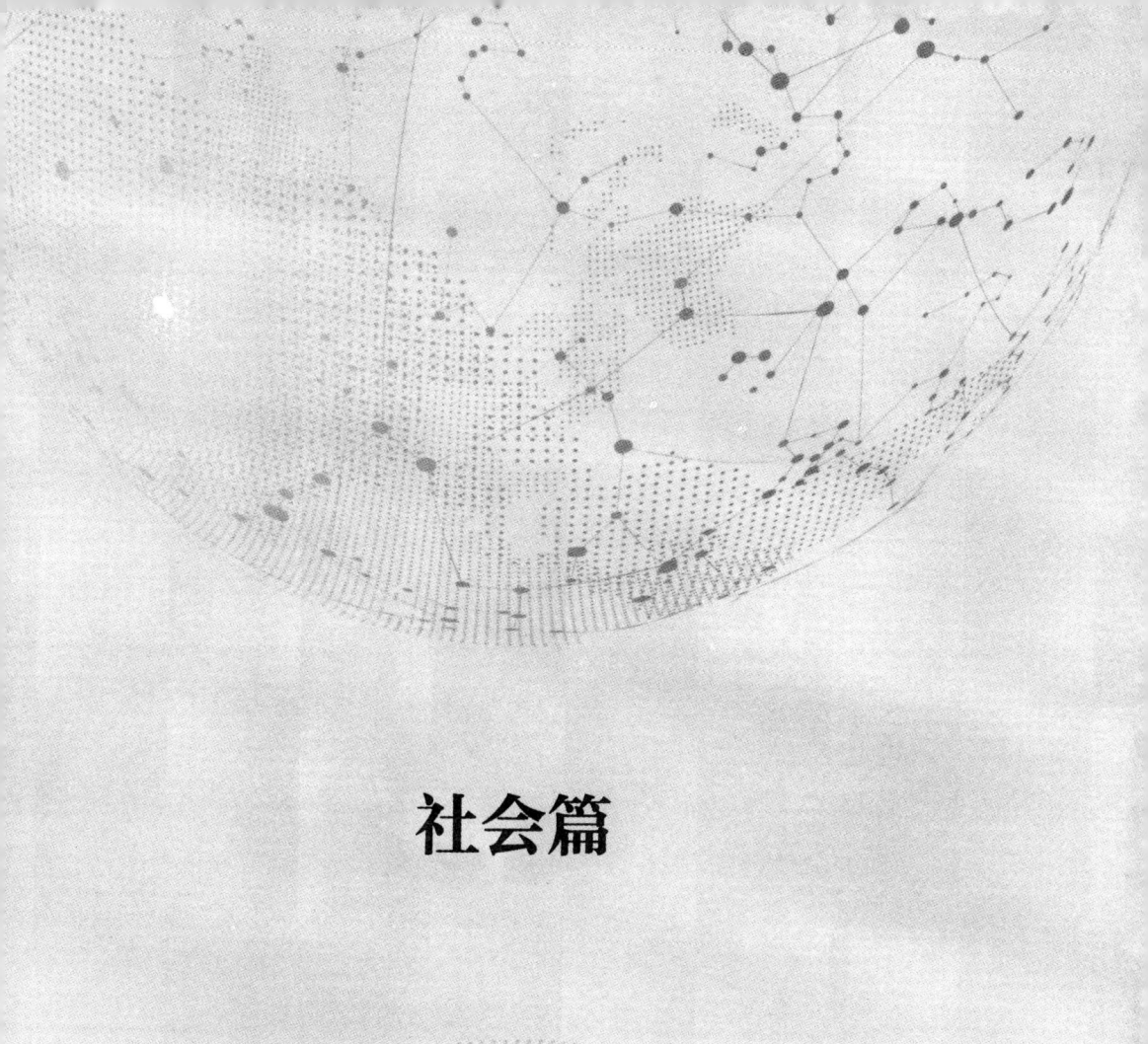

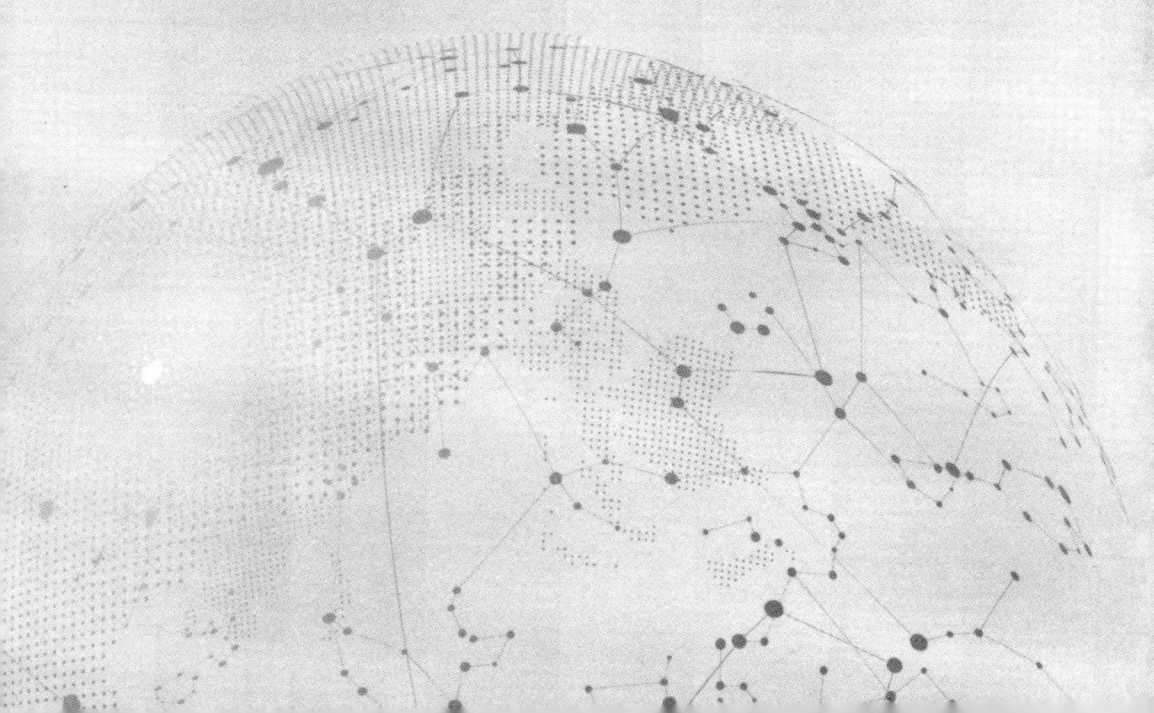

社会篇

第十六章　文化艺术已是经济基础

随着物质的极大丰富，文化艺术正从"上层建筑"变身为"经济基础"，"飞入寻常百姓家"。然而，现实中部分文化艺术虽兑现了经济基础，却陷入了要么市场化之路维艰，快要湮灭于历史长河之中，要么走火入魔，钻进钱眼出不来。关键还在于既要"进得去"，又要"出得来"，走向复式发展之路。

从"上层建筑"到"经济基础"

文化艺术已经成为人们日常生活中不可或缺的一部分，融入生活中的方方面面，与文化艺术相关的作品随处可见。2019年，生产电影故事片850部，相当于日均2.3部。2020年上半年，网络电影迎来井喷，36部网络电影票房破千万元，其中破2000万元的网络电影达到8部，赶超2019年全年数据，创下历史新高；《2019年国民经济和社会发展统计公报》数据显示，出版各类报纸315亿份，各类期刊22亿册，图书102亿册（张），人均图书拥有量7.29册（张）；《2019华语数字音乐年度报告》数据显示，QQ音乐、酷狗音乐、酷我音乐三大音乐平台共发布237472首正式版新歌，该数量几乎是2017年130992首与2018年151021首的数据总和；云端文艺创作以抖音为例，截至2019年7月，相关短片数量已达1.09亿，累计播放量超6081亿，点赞喜欢量超201亿，转发量、评论量分别超3.9亿、7.7亿。在此进程中，文化艺术的参与主体由专业人士变成人民大众。以往，人们一谈到文化艺术就言之"高大上"，仿佛只有小部分人才能接触艺术。然而，从2004年起，以《星光大道》《超级女声》为代表的电视选秀节目，一改以往以明星艺人表演为主的规则，让许多多才多艺的普通民众走向全国舞台。而今，大众参与文化艺术表演的方式升级，如以抖音为代表的短视频App的出现，大大释放了大众文艺创作的天性。借助短视频App，不仅人人可为、随时可用，而且不论身处何地都能自制内容分享文艺创作。如抖音用户"山里的造梦者"，用一些随处可见的木头、竹子做出木马、小车等，被网友称赞为"爱迪生的大脑、鲁班的手"；西瓜视频用户"阿木爷爷"凭借中国传统榫卯工艺，不用一钉一铆，打造出微缩版"中华艺术宫"；抖音用户"陆仙人"从庄稼地到纽约时装周，实力诠释时髦感。不仅如此，普通人还能获得更多粉丝量。如以传播美食和传统文化而闻名的李子柒，截至2020年4月底，在YouTube上的粉丝突破1000万，成为第一个拥有超过1000万粉丝的中文创作者。

让艺术普及大众，其实是一种润物细无声的文化浸润。当越来越多的人进行艺术创作，势必形成"更多人了解、爱上并创作文化艺术"的正向循环，最终达到人人参与的局面。2019年，全国短视频用户规模已达8.2亿。文化艺术从"小众化"走向"大众化"，普罗大众成为文化艺术创作的主体。在此过程中，大众对文化艺术的态度也在发生转变。

一方面，人们对经典文化艺术的态度从偏态走向正态。中国文化艺术的社会地位曾从一个极端走到另一个极端，要么低入尘埃——古代的"娱乐界"人士即伶人，其社会地位是处于"三教九流"之末；要么高高在上——新中国成立后，文艺界人士成立了中国文学艺术界联合会，成为建设社会主义文化事业的重要力量，这使他们的社会地位得到极大提高。而改革开放后的文艺界名人们更是名利双收，社会地位达到历史上最高点。在此期间，音乐、美术、舞蹈等文化艺术正在走进大众生活，通过最普通的感情，赢得了人们的承认和尊重。比如姜戎的《狼图腾》，显示了普通人在文化艺术领域拥有的生命力。文化艺术的舞台设置也在发生改变，走向传统意义上的私密空间，如卧室、客厅、厨房、阳台等。实际上，文化艺术本就源于生活，如今逐渐回归本质，兑现"从生活中来，到生活中去"。

另一方面，人们对电子竞技等新型文化产生改观。过去每每提到电竞，"不务正业""电子海洛因"等名词紧随其后，而继2003年国家体育总局将电子竞技正式列为体育竞赛项目后，人们对游戏"妖魔化"的态度开始改观；2016年，教育部将"电子竞技运动与管理"列入增补专业中；2019年，中国人社部等部门将"电子竞技员"列为新职业之一，进一步为游戏正名。自此，电竞为大众接受，化身为正常的文化娱乐活动，如2019年，中国电竞用户约为4.7亿人，呈现"全民皆电竞"的景象。在2018英雄联盟赛事决赛中，文娱价值官调查发现，共有1.27亿人在线观看，其中中国观众达1.26亿，RNG电子竞技俱乐部夺冠当天，百度搜索指数飙升为52万。

文化艺术不仅是大众的，也是城市的，更是国家与民族的。虽然文化艺术的直接财富效应并没有想象中的可观，《2019年国民经济和社会发展统计公报》数据显示：2019年全国规模以上文化及相关产业企业营业收入86624亿元，仅占当年GDP的8.74%。但文化艺术的真正意义体现在两方面。一、文化艺术能构筑国与国之间沟通交流的桥梁。文化交流无国界，各国不但要相互感知饮食、习俗、语言等"硬文化"，还要了解"软文化"中的理念、民族精神、核心价值观、人生观乃至思维方式，才能更好地在碰撞和学习中包容、融合、创新。二、文化艺术能收敛城市之魂。中国城市化前半段大都走的是拆迁、征地、盖楼房、修马路、建广场的"钢筋水泥化"道路，以致城市间发展同质化严重，缺乏辨识度，缺乏文化地标。如今，城市寻求功能回归，从上海新天地到广州永庆坊，各个城市开始更多关注精神层面、文化内涵的呈现。更重要的是，文化艺术的强大能量可与互联网比肩，所到之处"春风化雨"，赋能各行各业，文化艺术与产业挂钩，逐渐成为经济基础。如"文化+农业"，甘肃平凉培育出崆峒区寨子街村、赵堡村等集休闲娱乐、农事体验为一体的乡村文化旅游示范村，生产、生活、生态"三位一体"同步改善，推动乡村振兴。由此，文化艺术变身"生产力"，成为社会与经济发展的驱动力之一。

恩格斯《在马克思墓前的讲话》中曾说道："正像达尔文发现有机界的发展规律一样，马克思发现了人类历史的发展规律，即历来为纷繁芜杂的意识形态所掩盖着的一个简单事实：人们首先必须吃、喝、住、穿，然后才能从事政治、科学、艺术、宗教等等。"也就是说，物质是第一性，而文化艺术作为意识形态始终是第二性。然而，此经典思维具有其特定的时代背景。前工业时代（或称农业社会），物质匮乏是社会主旋律，人们为满足物质需求疲于奔命。正如马克思在《德意志意识形态》中写道："只有我们的基本物质需要得到满足之后，我们才会去学习弹琴、写诗词，或者装饰房间。"

而在工业化时代，机器化大生产从根本上解决了生产资料受劳动力的制约，人类快速告别了食物匮乏，进入了物质极大丰富乃至过剩的时代。当人们各项基本需求得到满足，生存图景发生巨大变化后，就开始积极寻求更高层级的精神满足，从构建棱角分明的物质家园走向寻觅抽象复杂的精神港湾，从寻找物质满足到寻找精神幸福感。如当下的游戏体验，恰好切合人们从收获物质到收获"精神"的心理需求，能给人们带来意义感、获得感和成就感：人们从音乐游戏和《俄罗斯方块》中学到"只要练习就一定会有结果"；从《精灵宝可梦》中知道"要发挥自己的长处"；从《牧场物语》中学到"坚持一件事情需要相当的觉悟和忍耐力"。由此，物质沦为第二性，以文化艺术为代表的精神体验上升为第一性。概言之，物质过剩情况下，人们的需求发生转变。

基于此,与精神体验相对应的劳动价值体现与劳动方式也随之发生改变。前工业社会时代,主要采用劳动力与土地相结合的生产方式,劳动的价值体现在作物产出上;工业时代,社会生产与机器绑定,劳动力从田间走向车间,生产流水线上的产品便是劳动价值的主要体现;而到后工业社会,信息技术快速迭代发展,越来越多的劳动力被机器化生产替代,尤其是步入AI时代,AI横扫各大行业,渐渐颠覆了人们之于劳动生产的"主体作用",随之而来的是传统工作岗位大面积消失,很多人被机器替代而失业。正如马云曾说:"如果我们继续以前的教学方法,让我们的孩子记、背、算,不让孩子去体验,不让他们去尝试琴棋书画,我可以保证,30年后孩子们找不到工作。"知识可以学,但智慧不能学,只能体验。

未来,唯有文化艺术体验与创作等精神层面是AI无法替代的,人类主要工作方式将不同以往,从实体走向精神。即取得的成果已经在"劳动"体验过程中"埋藏"于人的精神感受中,最终转化成创新创造、奇思妙想。

当下新兴职业的劳动,其实已从物质领域走向精神领域,如旅游体验师,将吃、住、行、游等感受与网友分享,提供可参考的旅游细节信息,表面上看是在游山玩水,实际上在"玩乐"体验中既有"消费"也在"产出"。换句话说,人们的任何一个行为都成为生产、消费的一部分,成为创造价值的一部分。

文化艺术陷入"冰火两重天"

文化艺术"冰火两重天"。一些文化艺术走向没落甚至消失于大众生活,而部分"飞入寻常百姓家"的文化艺术,虽热闹却又乱象频出。文化艺术究竟如何破局?

如果说"买卖是最好的保护，使用是最好的传承"，那么，为了文化艺术的繁荣及满足人们日益增长的精神需求，融入大众生活、兑现生产力是文化艺术发展的路径之一。然而，在现实中，部分文化艺术遇到的问题是，市场化之路维艰。一方面，文化艺术受制于工艺制作的烦琐与复杂，难以由市场直接评判。如被称为"燕京八绝"的花丝镶嵌，所用材料全是金银等贵重金属和珠宝，工艺极其复杂，从设计到备料、搓丝、编丝、掐丝、烧丝、填丝、镶嵌宝石，往往耗时数年。而这不过是中国传统工艺制作的缩影。实际上，中国拥有数量丰富且技能高超、遍布各行各业的手工业者，但大都由个人或小作坊、小团队组成，且分布相对零散，缺乏像欧洲那样能够将工厂、供应商与分销商连接在一起的生态系统。而由于所有产品均是手工制作，不能规模化生产，且缺乏管理和运作流程化，很难与市场衔接，无法以市场价格来衡量。另一方面，文化艺术面临不能"为了保护而保护"的无奈。后工业时代，工业产品具有低成本、高效率及更高的精细度等优势，渐渐充斥着大众生活，挤压了传统文化艺术产品的生存空间，传统文化艺术不可避免地衰退、萎缩。如皮影戏曾是数代人童年快乐的源泉，但如今，大银幕、小银屏等视觉媒介占据了观感体验的主流；旗袍是具有中国特色的女性服装，给人传递了"慢文化"——制作过程缓慢，穿上后走路要慢等，而今，快时代快节奏下，旗袍逐渐演变成小众文化。

而部分文化艺术虽兑现了经济利益，却又走火入魔，钻进钱眼出不来。不可否认，文化艺术借助市场可以更有效地推向社会，普罗大众之所以能够量大面广地接触到文化艺术，离不开文化艺术的市场化、商业化运作。如堪称"中国科幻片的开山之作"的电影《流浪地球》，若不是得益于北京文化上亿元的注资，将无限延后甚至可能胎死腹中。

然而，市场以追求利润为先，资本关心利润，有时就无暇顾及文化艺术内涵与思想价值。过分追求利润，文化艺术也将无以为继。但悖论是文化艺术企业若不追求利润，就无法持续正常运营，甚至难以生存。若没有相应的利润回报，企业与创作者的热情很可能冷却，错失很多优秀作品；但若只关注利益，就会被金钱蛊惑，沦为资本的奴隶。如不少被包装为"千年古镇"的景点，大部分没有浪漫事迹，只有资本套路——打着"文化"的旗号，先是进行主题公园式的一揽子建造，表面复制乌镇经验，砸钱宣传迅速打出名气，快速收割一波红利，然后任其凋零。其中最为诟病的，当属已成为成都人笑谈的"龙潭水乡古镇"，这个曾经冠以"成都清明上河图""成都周庄"头衔的"古镇"，号称投资20亿元，是集酒店、购物、餐饮、休闲、娱乐、旅游为一体的复合业态，试营业3天就吸引超13万游客，却在运营4年后成为一座空镇。

同时，文化艺术在商业化过程中，容易因一味迎合大众口味而失去自我。以歌曲为例，近年来，古风音乐甚是流行，表面上看，这些歌曲朗朗上口，实际上作品良莠不齐。如某高校文学院副教授曾批评古风歌曲《盗将行》，"歌词为了做到古风古韵，进行了大量典故与古人作品的堆砌，但典故里的内容与歌曲想要表达的内容完全不搭"。文化艺术异化为消费主义时代的螺丝钉。

由此看，文化艺术若只想着兑现经济利益，必会因急功近利而失去本心，而文化艺术的政治与社会属性决定了它不单是经济基础，还是上层建筑。

第一，文化艺术代表着国家软实力，是文化自信的内容承载。文化艺术具有引领、传承、传播等功能，是国家凝聚力的重要组成要素。从一个国家的文化艺术可以看出其文化自信程度，而这也是国家更基本、更深沉、更持久的力量。如以好莱坞电影为代表的美国文化，把美国精神与文化价值观推向全球各地，其效应已然超过一般的政治说教与外交宣传。又如法国巴黎，是古城保护的楷模、建筑艺术的代表、文化环境的典范，在巴黎城市的各个社区中，博物馆、影剧院、花园、喷泉和雕塑到处可见，充斥着浓厚的艺术气息，被誉为"文化艺术之都"，吸引各国艺术家前往体验与交流。

第二，文化艺术具有社会引导功能。文化艺术绝非一般意义上的商品，而是具有一定社会属性的精神作品，它既是文化艺术创作者的精神劳动，又作用于人们的精神世界，不能完全由市场价格等指标衡量。因而，文化艺术兼具娱乐体验与教育引导的功能，在潜移默化中影响着大众的常识判断，甚至人生观、价值观及综合素质等。以青少年为例，青少年心智尚未完全成熟，正处于塑造正确观念的关键时期，善于模仿、学习，也容易被不良信息误导，文化艺术内容是真善美还是假恶丑，很可能影响到他们看待世界及处理人际关系的方式。由此看，文化艺术在兑现经济利益时，还要超越经济基础，进入社会领域，因而，文化艺术不只要"进得去"，还要"出得来"。

当文化艺术已经到了重塑各行各业的阶段，并融入大众生活的方方面面，这意味着文化艺术在兑现经济利益的过程中，不是为市场、资本服务，而是"为我所用"，借市场实现初心，承担起社会功能。换句话说，文化艺术既不能高高在上，也不能被市场捕获，而是要走向复式发展之路。

第一，政府与市场的复式。文化艺术的特殊性决定其不能完全由政府管控，否则又回到了纯意识形态的老路。但若放任文化艺术自我演化，乱象频发只是开始，最后很可能是自我毁灭。政府应给予自由空间，激发市场活力，同时制定规则而不是"一刀切"式地管控。美国为适应各年龄段群体的观影需求，制定影视分级制度，根据主题、语言、暴力程度等划分等级，如G级为大众级，任何人都可以观看；PG级为辅导级，一些内容可能不适合儿童观看。鉴于此，中国也可对文化艺术作品采取分级方式阅读、观赏等。

第二，文化艺术自身的复式。文化艺术有内容、有思想，不能只把它当作商品，而是赚钱与保持初心"两手抓"。如通过跨界、融合、创新等，放大文化艺术附加值。大英博物馆围绕馆中展品，设计出水杯、手机壳、冰箱贴等文创作品，开张即售罄，既实现了新创收，又激活了文化艺术新的生命力。木版年画拥有千年历史，而今已被各类机器胶印的年画和挂历取代，但传承人郁立平通过与手游《QQ华夏》合作，在游戏中设计还原出带有浓郁年画特色的"威武门神"皮肤天衣、"五福祥瑞狮"坐骑等，让年轻人通过游戏走进木版年画的世界，既赚取了创作费，又传播了年画文化。如此，文化艺术既能"进得去"，也能"出得来"。

粉丝文化：文化主体回归大众

没有任何一个时代像今天这样，粉丝文化成为一种如此引人注目的社会现象。一方面，粉丝背后代表的是不容小觑的经济增长点；另一方面，在快速扩张、积累原始流量的潮起后，也不得不面对流量"反噬"的潮落——"爱你时捧你上天，恨你时踩你下地狱"已成粉圈的思维定式。

粉丝文化俨然已呈搅海翻江之势。究其根源，在偶像与粉丝这架天平上，重心正逐渐从偶像这端转移至粉丝那端。偶像崇拜自古已有，譬如，杜甫是李白的"真爱粉"，李白则是谢灵运的"忠粉"，葛清又是白居易的"骨灰粉"……很长一段时间内，明星一直是一种稀缺资源，无论是颜值、演技，抑或才华，只有少数佼佼者才有机会进入大众视野，成为头顶光环、众人膜拜的偶像。偶像、明星的稀缺决定了偶像和粉丝之间地位差别，追星也呈现出一种宗教化倾向：法国社会学家埃德加·莫林在《电影明星们：明星崇拜的神话》一书里指出，明星宛如奥林匹斯山上的众神，粉丝是他的信徒，信徒把自己关于美好生活的期待寄托在神身上，并追随他的一切行为。

同时，限于信息渠道和传播模式的单向性，偶像与粉丝间的横向勾连十分微弱。粉丝与偶像相隔千山万水，粉丝只能被动地接受偶像的信息，能做的也仅限于对偶像作品的追随。那时，粉丝专情且热烈，他们购买偶像的海报贴在房间里，裁剪偶像的剧照粘贴在日记本里，四处搜罗偶像的录像带和公开资料与朋友分享，真可谓"我喜欢你，与你无关"，粉丝只是娱乐文化的局外人。换句话说，尽管粉丝的好恶会影响到一个明星的知名度，但更多时候，粉丝都是事后干预，他们处于这个行业链条的末端，对这个行业的游戏规则并没有多少话语权。例如，1926年，"全世界的情人"鲁道夫·瓦伦蒂诺在纽约病逝。当时，瓦伦蒂诺的不少影迷自杀了，他们不相信没有瓦伦蒂诺的股市还能继续开盘，他们无力改变没有瓦伦蒂诺的演艺圈的格局，无力撼动一个没有瓦伦蒂诺的世界，只好以自己的肉身献祭。

如今，时移势易，当粉丝文化成为一门生意，偶像与粉丝的关系也随之走向另一个极端。

第一，当下量产式的偶像赤裸裸地揭示了当代偶像的本质，他们带有歌手或者演员的部分属性，但实际上是流水线产品。就像本雅明曾经论述过的，在一个机械复制的时代里，艺术品没有了那种闪耀着的某时某地独一无二的光晕，因为一切都是仿制，无所谓原作。明星也是如此，在娱乐工业的生产线上，已经有一整套现成的模具，而明星只需要按照经纪公司的打造，一个萝卜一个坑地填到那个模具里，也就是所谓的"卖人设"。

第二，当明星从职业时代进入流量时代，其工作重心也逐渐从专注于自身业务向主动讨好观众转移，粉丝与偶像两者的权力关系发生逆转。偶像们再也不是隔着屏幕，只贡献银幕形象和作品的"神"，他们自愿走下神坛，主动缩短与粉丝之间的距离鸿沟，实现直接平等的对话沟通。粉丝活动也不再是一切唯明星是从，粉丝越来越多地参与到了明星的事业上，明星个人品牌甚至影视作品宣发，都越来越倚重粉丝的力量。《偶像粉丝平等，追星"宗教改革"》一文中这样形容粉丝地位的变化："粉丝与明星共同组成了互联网时代的社会化族群。粉丝的各种活动不再是以偶像为中心，而是基于自身的喜好进行自由联合与协作，将社会化网络，尤其是微博的赋能转化为实实在在的权益。"

粉丝文化从诞生、崛起到如今成为主导娱乐圈的"半边天"，其意义不仅在于打破了原本横跨在明星和大众间不平等的权利结构，更是文化主体回归个人、回归群众的一种典型表现。很长一段时间以来，文化的主导权和话语权更多地掌握在少部分精英手中，精英文化成为主流代表文化。在西方的学者眼中，大众的形象往往是负面的，甚至是群氓，从勒庞的《乌合之众》及奥尔加·加塞特的《大众的反叛》对大众政治兴起的担忧中，可见一斑。美国记者沃尔特·李普曼还将公众比喻成"坐在剧场后排失聪的观众"。

显然，普通群众话语权的失落，媒体的表达限制，塑造了所谓的"精英文化"，而与之相对的大众文化、通俗文化等，只能面临着被挤压、被边缘化的局面。而互联网的出现彻底打破了这一局面，互联网所创造的赛博空间成为新的公共领域，这种公共领域可以突破统治者的话语霸权而实现自由信息的传输与制造；同时，网络技术造就了崭新的媒体平台，门槛超低、传播速度极快、受众面达到最广，这样的媒体孕育出的文化真正成为"大众文化"——所有的人都可以发表自己的作品和言论，无须特别的技术手段也可以流传到世界各个角落。

可以说，人民群众在文化领域的角色身份得到充分的延伸与拓展，既是文化的参与者，真正成为文化主体，又是生产者，还是消费者。一方面，精英文化的垄断局面被打破，大众文化、通俗文化逐渐崛起。"平凡叙事""草根叙事"模式取代了往昔文化中单一的"英雄叙事"或"辉煌叙事"模式，突出了平常事、平常心的文化意义，在对日常现象的描述中表达对草根生活的关注，对大众情怀的关怀，这恰恰为大众抵御精英们凭借资本优势与认知优势侵蚀其真实意思表达，提供了基石。另一方面，网络打开了大众文化的释放口。互联网的出现，使得"网红"和明星之间的界限日趋模糊，偶像泛化的趋势越来越明显，不分行业、不论地位、不管年龄的偶像泛化，体现在方方面面的社会生活中。偶像泛化的趋势开启，娱乐明星不再是被追逐的唯一对象，人人都可以成为他人的粉丝，也有机会拥有自己的粉丝。正如人民网曾这样评价杨超越的走红：她的逆袭是一种被忽视的草根力量，她的背后有大量"努力却得不到关注"的普通人，他们渴望发光，相对精英阶层，他们的日常充满了压力和焦虑，看到杨超越在节目里放声大哭，理直气壮地释放自己的害怕和不安，他们有着同感，从中获得压力的释放。

文化的本质在于自由、流动与包容，而只有开放才能释放多元、灵动的文化。比如，古罗马文化的开放源自疆域扩张带来的流动，而美国文化的开放源于移民带来的思想融合和碰撞等。当文化主体回归人民群众，文化产业也将进行一场深刻的供给侧改革。

第一，文化的多元化、创新化成为大势所趋。粉丝文化等根植于网络的亚文化，丰富了社会文化产业，打破了传统的传播话语体系，有利于社会文化生态的多元化发展，推动社会文化的进步，对文化产业大有益处。

第二，文化的篱笆和圈层在一点点拆除，同样也是积极迹象。当文化突破了时间和空间的阻隔，它所携带的信息就具有这样一种非常神奇的力量，可以凝聚共识，可以焕发情感，能够形成一种强大的社会动员力量。甚至于粉丝们如此团结，动员能力如此之强，在互联网表达和文本创造上如此活跃，那么，粉丝有没有可能从"圈地自萌"的状态中分离出来，去关注社会议题，比如宏观经济、养老和生育率？毕竟，在粉丝文化集结下，一些粉圈在网络性和执行力上是非常完善的，并且已经表现出一些积极的行动，比如为环保和慈善事业聚集力量，发出声响。尤其是所谓的"饭圈女孩"在疫情期间驰援武汉等行动中表现出的超强执行力，也令外界对粉丝文化积极的一面及其公共价值有了更全面的认知。更重要的是，在丰富多样的文化产生、碰撞、融合的过程中，中国势必将进一步打开文化输出的大门。正如李子柒凭着一系列古风美食视频在海外备受追捧，影响力堪比CNN（美国有线电视新闻网），无数外国粉丝留言"她让我爱上中国文化""求英文字幕跟进"。

未来，这种以民间形式、个人方式来输出文化的现象或将更为普遍，而且是以网友自发传播、粉丝主动接受的方式进行，这是海外市场的自主选择。

短视频，"长文化"

疫情之下，短视频愈发风靡，它成为科普疫情知识、实时更新新闻的一大途径。比如，根据抖音发布的《抖音2020年春节数据报告》，春节期间，抖音用户共搜索了4373万次和武汉疫情有关的内容，包含"武汉冠状病毒最新通报""武汉现状""武汉疫情"等内容。事实上，作为一个新兴行业，短视频用户规模增长快速。中国互联网络信息中心（CNNIC）数据显示：截至2020年3月，我国网络视频（含短视频）用户规模达8.5亿，较2018年年底增长1.26亿，占网民整体的94.1%。其中短视频用户规模为7.73亿，较2018年年底增长1.25亿，占网民整体的85.6%。可谓是，短视频，"快生长"。短视频之所以爆炸式增长，有以下几点原因：

第一，移动互联技术发展为其提供了良好的硬件基础。伴随智能手机普及化，视频拍摄技术升级，以及网络提速降费，人们可以随时随地观看、分享短视频，为短视频的内容生产及传播、用户增长提供了极大的空间。

第二，短视频吻合生产者与用户的双向需求。在生活和工作节奏飞速的当下，用户更愿意在有限的时间内获取最大的信息量，5分钟以内甚至15秒时长的短视频，正好符合碎片化环境的信息接收习惯。对于生产者而言，短视频门槛低、成本低，而短视频的特点正是从技术上让每个人"被看见"，让那些日常的、个体的点滴创意和微小创新在"可见"中，汇聚成生生不息的创新源泉。短视频不但激发人们发挥才能、创造艺术作品，实现个体"赋能"，而且还能让人们在最短的时间内迅速走红，兑现财富和价值。20世纪艺术领袖安迪·沃霍尔曾提出"15分钟定律"——每个人都可能在15分钟内出名。然而在移动互联网时代，一个人成名只要15秒，更短、更碎片的时间正打破原有规则。

第三，短视频在时间上的延展、叙事性的承载、互动性的体现，让其在广告、电商、IP打造等三大吸金领域有了特有的发挥渠道，可兑现的商业模式支撑其蓬勃发展，毕竟在流量时代，离钱更近才有生存的空间。如抖音、西瓜视频、火山小视频的母公司字节跳动，成立于2012年，其营收达到倍数级增长，2016~2018年营收分别为60亿元、160亿元、500亿元，2019年营收则高达1400亿元，超过了成立于2000年的百度（2019年营收1074亿元）。

然而，就在短视频成为市场赢家的同时，良莠不齐的内容生态现状引起社会广泛担忧。比如内容同质化严重、毫无创意，"二改"视频侵权现象严重；盲目模仿、恶搞低俗、内容涉黄，一些短视频平台已沦为低俗秀场；制假售假，销售三无产品；"网红"人前人后两个样，为搏出名不择手段等。就连《人民日报》也不止一次发文，直斥短视频在"审丑"的道路上越走越远。短视频成瘾现象也不容忽视，其能在短时间内刺激人的大脑，使大脑分泌多巴胺，产生快感，从而形成"一直刷一直爽"的心理依赖。也有人认为，短视频这种"短平快"的形式很难提供深层次的文化含义，所传达的信息亦十分有限，其中有意义和有价值的观念少之又少，当短视频的受众群体习惯了走马观花的内容接受模式，对视听效果产生依赖，进而将促使短视频从"短"时长演变为"短"文化。

事实上，从卷帙浩繁的书籍到"日更"的报纸，从无线电广播到全球同一张互联网，文化传播载体不断更迭，传播样式不断翻新，这背后是文字时代向图像时代的切换，与此对应的是印刷文化向视觉文化的转换。在文字时代，承载知识和信息的载体是文字，它所要求、所表达的是一种典型的文本思维，印刷技术的突破曾将文字时代推向巅峰。然而，"野蛮人"就埋伏在前进的道路上。约200年前摄影技术的发明，使得人们通过感光技术将人类最真实的情况定格在画面当中。如今，现代影像技术迅速迭代，在融合了文字、语音和视频的基础上，更是将视听效果方面的优势发挥到极致，"短平快"的短视频即是典型代表。大量的视觉符号营造了人们生活的空间，日常生活和文化越来越依赖于视觉，视觉传播渗透到社会的方方面面，在传播中占到主导地位，一如德国哲学家海德格尔所言，"世界被把握为图像"。在印刷时代，虽然文字作为一种符号也作用于人的视觉，但它必须以想象为中介，阅读和写作都可以看作是一种理性的精神行为。而图像时代以视觉为中心，正在脱离以文字为中心的理性主义形态，经由视觉传播，形成更加感性化的视觉文化形态，并改变人们的生活方式、行为方式和思维方式。

美国学者丹尼尔·贝尔指出，"当代文化正在变成一种视觉文化，而不是印刷文化，这是千真万确的事实"。基于此，短视频在本质上不过是顺应时代变化而生的一种传播方式，一种文化载体，一种展现形式。在某种程度上，它其实跟文字、图像、音频是同一件事，承载着传播功能。从文化观来讲，短视频的自由表达，促进主流文化、精英文化、大众文化、民间文化在此碰撞交融，使多元文化得以深入发展，或可以说，短视频文化是主流文化、精英文化、大众文化的整合。而中华文化源远流长，既是千百年历史的沉淀，也源于人民群众当下的创造。在人类历史上，从来没有像今天这样，每一个普通民众都可以成为活跃的内容生产者，也从来没有像今天这样，海量内容源源不断地从各个角落冒出来，而"每一条视频都是对生活的微观记录，而海量的微内容显然在更广阔的层次上，展现了社会的样貌、时代的情绪"。概言之，一方面，短视频是用短小精悍的碎片化方式对"长文化"形式展开的一种颠覆；另一方面，短视频短中见深，仍然隐含着"长文化"的本质性和穿透性，在令人会心一笑中，起到感悟道理、点化生命的作用，因此两者并不矛盾。这也喻示着短视频未来的发展方向是在内容生产上更重视文化内涵，即构建"短视频+长文化"的传播生态。

第十七章　教育回归初心

过去留学生有多耀眼，如今就有多困惑，其根本原因在于，留学生正站在多重因素叠加的时代拐点上。工业时代中教育"投入—产出"的路径依赖走到了头，随着信息文明和体验经济的洗礼，教育将由成绩、学历的结果导向转变为学习体验的过程导向。

新时代教育的五大趋势

不可否认，当下围绕着教育，相关的每个人都处于焦虑中。现阶段，教育正面临百年一遇之大变局，其边界将发生改变，从教育的发展趋势中就可见端倪：

第一，教育成为就业"减压器"。自20世纪90年代末以来，中国高等教育规模不断扩张。2002年，中国高校招生人数为321万人，到2019年扩招至820万人，录取率也从2002年的60.91%上升到2019年的81.13%，中国高等教育呈现普及之势。但在此期间，这些"文化程度较高"的年轻人的含金量迅速下降，从"天之骄子"变成"有知识的普通劳动者"，本科文凭明显贬值。对毕业生而言，每年"史上最难就业季"更是避无可避，许多毕业生选择将考研作为入职前的缓冲期，教育被异化为就业的减压器、缓冲阀，就业压力被转化为升学压力。2020年我国研究生报考人数达到341万人,比2019年增加51万人,较2017年翻了一番,再创历史新高。读研要花费3年的时间,这无疑是目前"慢就业"心态下的一座避风港。然而,不管是本科毕业生还是硕博毕业生,最终都要面临就业问题。由此,虽然教育演化成为就业的缓兵之计,但却抵消不了就业形势的严峻。

第二,教育职业化。当高校毕业生人数持续增加,"高学历低就业"的过度教育现象渐显。2013年,日本就因学历普遍过高,超三成上班族认为被"大材小用";2019年,韩国有大约30%的人口高学历低就业。西方的精英教育在中国更是演变为大众教育,于是,一边是高校毕业生规模快速庞大,但对等学历的岗位需求相对较少,因"高不成"而导致就业难;一边是人们被学历思维裹挟,随着学历晋升,对工作的预期也在不断上行,因"低不就"而导致用工荒。

就业与用工之间的结构性矛盾,反映在教育上是人才培养与人才市场需求的错位。为应对这一难题,我国加快职业教育改革发展。2002年,我国拉开对职业教育大规模投入的序幕。截至2019年年底,中国拥有中等职业学校1.01万所,全国高职高专院校共计1423所,初步建立现代职业教育体系。然而,作为产业主体的企业缺乏参与,作为学习者的个体又因对职业教育的误解而不愿被分流,各类高职院校沉迷"升本"而想"去职业化",多而不精成为中国职业教育的痛点。纵观发达国家,德国的职业教育模式值得借鉴。德国采取职业学校教育与企业培训相结合的双元制职业教育模式,职业教育学也作为大学的一门独立学科,培养了大批高水平职业教育师资。然而,中国职业教育还未塑造出经典的德国职业教育模式,教育的边界就在实践中被突破——由以学校为主的职业教育逐渐走向由企业办学的非典型之路。如阿里湖畔大学、阿里学院、海尔大学、华为大学、美团大学等企业大学,其中,商学院的崛起也成为企业家们重要的"加油站",但不管是企业家还是在职员工能力的持续提升，这些新形态无一不在分担着职业教育的功能。未来，在工作实践中学习，在学习中工作，"职教相融"的职业化教育将是大势所趋。

第三，教育终身化。虽然职业化教育是解决就业难的一种有效方案，但不管是普通高等教育还是职业教育，从本质上来说都还没有摆脱功利化的束缚。未来，终身教育的流行化将打破僵局，回归教育的本来意义。一方面，过去中国传统的教育模式把学生当成机器，学生成年后继续学习的兴趣并不浓厚，然而，当下时代快速迭代，"一个人拥有一定的知识和技能后便可以终身应付自如"的观念也在迅速过时，不管是源于自身需求还是外部需求的压力，教育正处于实现其真正意义的觉醒过程之中，这种意义不在于获得大量知识，而在于个人的持续发展和自我实现。另一方面，在一定意义上，真正的教育是通向学习自由的教育，让人有动力、有权利、有能力去自由地探索未知，正如美国作家柯林斯与哈尔弗森在《技术时代重新思考教育：数字革命与美国的学校教育》一书中写道："在终身学习时期，乐于提高自己学习水平的人会开始从国家手中收回教育责任。"尤其是在工业时代向信息时代转变的当下，接受教育的场所不再局限于学校和家庭，教育的对象也不仅是儿童和青少年，而是覆盖全年龄段，教育正经历从学校教育时代走向终身学习时代的第二次革命。与此同时，大数据、云计算等新兴技术的发展，也给终身学习提供了前所未有的契机。以慕课为例，截至2019年8月底，中国慕课上线数量增加到1.5万门，学习人数上涨至2.7亿人次。慕课等平台由于不受时间、空间的限制，可以随时随地学习，深受年轻人追捧。而老年人也不甘示弱，比如在合肥，有老人为了进入老年大学，凌晨4点在校门口排队等待，这也印证了那句谚语："活到老，学到老"。

第四，教育体验化。工业时代，归纳演绎知识吻合工业思维下的迭代逻辑，拥有知识便拥有话语权。而在信息时代，在技术变革中，突变成为常态，拥有知识已经不能洞见真理，此时智慧拿下接力棒，社会从知识时代转向智慧时代。对个人而言，智慧不是来自外部输入，而是源于自我的修炼，教育不再是老师的事情，而是由自己做主。教育也不再集中发生在象牙塔中，正如教育思想家陶行知先生所说"生活即教育"，智慧时代的教育将融于生活的方方面面，践行"从生活中来，到生活中去"，变成多元化体验。人们在体验中学习，在学习中体验，教育自己、发展自己。当教育泛化到生活中，教育回归体验，人们为了学习而学习、为了体验而体验时，教育的本质才会得以体现，并且这也意味着教育进入百年一遇之大变局。著名哲学家雅斯贝尔斯在其作品《什么是教育》中写道："教育的本质意味着一棵树摇动一棵树，一朵云推动一朵云，一个灵魂唤醒一个灵魂。"此时，学生从标准化、微差异的物质产出走向个性化的精神回归，寻找"自我与幸福"。教育的功利性被化解，投入与产出的评判标准被打破，教育不再需要物质化产出，因为已获得应有的幸福和感觉。教育体验化让教育回归其本身，教育模式将随之发生改变，教育理念也将面临调整。

第五，产业互联网将从教育行业突破。在教育领域，有一个著名的"乔布斯之问"：世界上所有的政府加起来对教育信息化的投入，是其他行业无法匹敌的，但是为什么没有生产和流通那样的效率？投入和产出为什么如此不成比例？而今，新冠疫情让依托于产业互联网的线上教育成为线下教育的有效补充，针对线下教育的不足，有的放矢，提高学生接受教育的便捷程度与质量，敲响了未来教育转型的冲锋号，也为"空中课堂"未来的常态化提供了可能。在此进程中，"产业互联网+教育"最主要的不是技术问题，而是根据颠覆传统的教育结构与模式，对学校形态进行新的设计：国家将用AI、5G、大数据等技术赋能，把教育资源整合起来，并建立基于互联网的教育考试评价制度，把静态的课程变成动态的。全国乃至全世界的学生，都可以通过国家教育资源平台学习。无论在城市还是乡村，都无须按部就班地学习各门课程，而是可以在大规模的产业互联网协助下，基于个人兴趣进行自主性学习。彼时，基于产业互联网的混合学习必然会成为未来教育的基本模式，这之中，上海作为中国产业互联网的排头兵，也是教育需求的集聚地，教育产业互联网将大概率在上海率先突破。

从"教育投资"到"学习体验"

随着各项红利消退，教育"投入—产出"的线性逻辑不一定成立。"读书改变命运"的人在一定程度上也是踩准了时代的节奏，抓住了红利的风口。比如1977年恢复高考后首两届招收的大学生无疑是时代的幸运儿，他们迅速填补了政界、学界、商界的人才缺口，并成为中坚力量。而如今，随着改革开放以来各项红利所撕开的时代性风口逐步收敛，教育收益的"天花板"愈发显山露水。从天价学区房到海外留学的高昂学费与生活费，最终换来的往往是拿着平均工资、朝九晚五的普通白领工作；再加上父母的教育投入往往水涨船高，个人所获得的收益也不可避免地被加速稀释。况且，当父母仍在老路上蒙眼狂奔时，时代的车轮已然滚滚向前。

一方面，信息化浪潮让传统知识的价值不断在"信息通胀"中贬值。20世纪以前，知识或者人类积累的信息大约每100年增加1倍，而今，每一两年就会翻番。即将降临的万物互联时代，人类的知识量将可能以12个小时为单位翻倍。而围绕知识传授的经典教育模式，永远比时代的需求慢半拍。比如全球汽车产业深度调整，智能化、网联化、无人驾驶技术等行业新潮流，使得大量汽车工程系学生面临"毕业即失业"的窘境，4年苦读所积累的专业知识几乎变得一文不值。

另一方面，人力逐渐被AI替代，体验经济崛起，以职业"鄙视链"衡量教育收益的法则失效。新技术对生产力的革新摧枯拉朽，不仅是工厂生产无人化、智能化，过去"金字塔尖"的金融、法律精英也极有可能在不远的未来被AI取代。反之，体验经济所引领的注重人性化、情感表达的职业将大放异彩。正如"一千个人眼中有一千个哈姆雷特"，体验经济时代使得个人的价值评价将摆脱职业、财富、地位的束缚，转而迈向多元化。简而言之，当时代在切换，工业时代流水线教育模式生产的标准化知识型人才难以匹配新时代的需求，教育"投入—产出"的线性逻辑也失去了锚点。

既然如此，就需要转换思维、调整赛道，顺应时代发展。教育不仅在于成绩、学历等可量化的标准，更在于学习体验的过程，而教育的本质也将在其中凸显。具体而言，教育不再局限于课堂，而是扩展至家庭中、社会里。比如此次新冠疫情便是最鲜活的"教材"。无论是从保护野生动物引申出孩子对生命的敬畏；抑或是通过鉴别网络与生活中的科学与谣言，培养孩子反思与辨别能力；甚至是在超长假期里梳理亲子关系，从陪伴中获得幸福感与满足感等，皆是源自生活的教育。在不断体验中，人们进而收获超越理性的感性认知，实现创造性的突破。

未来学家丹尼尔·平克认为，未来的人有6种技能很重要：设计感、讲故事的能力、整合事物的能力、共情能力、玩的能力、找到人生意义感。比如看似"野蛮生长"的苹果前CEO史蒂夫·乔布斯，将生活方方面面的洞察与体验化为天马行空的想象力，成就了数字时代的传奇。而当体验式学习发展到极致，便是在自我修炼中不断提炼内化的智慧。如同打通了任督二脉，融合了包括批判性思维、好奇心、适应能力、社会文化意识等各方面的能力与品质。实际上，拥有大智慧的"通才"还往往是历史前进的推动者。比如，在过去百年间，冯·诺依曼和赫伯特·西蒙等人在计算机科学、经济学、心理学等领域做出的突出贡献，至今仍对社会有深远影响。更何况在未来引领今天的当下，智慧正是拨开时代迷雾的可贵品质。对普罗大众来说，即便无法成就一番大事业，仍能在学习、体验的过程中获得无可比拟的幸福感和快乐感。实际上，看似寻而不得的幸福感恰恰来源于个人内心对日常体验的过滤与阐释，如若跑偏，便会"这山望着那山高"，陷入对物质欲望无止境的焦虑与追寻中。积极心理学奠基人米哈里·契克森米哈赖的研究表明，当一个人完全沉浸于某种活动的体验中时，便会感受到莫大的喜悦。比如艺术家、运动员、棋手和外科医生等，莫不如是，他们的幸福感无关职业、财富等外在因素，而在于内心的富足。可见，当教育的功利性外壳被剥离，其体验的内核将熠熠生辉。

进一步说，在时代的牵引下，教育体系也面临巨大挑战。一方面，教育理念将向人性回归。《教育与技术的赛跑》一书指出，当技术的发展超越教育时，教育要做的第一件事情，就是重新定义"有价值的能力"，即凸显人性的多元和个性。比如，没有标准化考试的芬兰中小学教育更注重激发学生的兴趣与主动性，该教育模式就已经走在了世界前列。另一方面，教育模式将在技术的加持下趋于无界化、弹性化。比如，在学习方式上，学生将从分科教学转向以问题为导向的跨学科学习。而这不仅可以在教室里完成，更可以在社区、科技馆、企业里，利用混合现实技术将虚拟场景融入真实世界，在丰富的亲身体验中完成。还比如在教育管理上，束缚在条条框框里科层化的机构组织将走向弹性组织，构建全社会参与的教育生态。

总而言之，当教育回归本质，即不以"传授任何知识和技能"为目的，人生的意义也将挣脱世俗标准的枷锁，向体验感受的过程收敛，回归人性的本真。

最困惑的群体——留学生

2020年还有一个群体比较尴尬。"新冠疫情，中国打上半场，外国打下半场，中国留学生打全场"。疫情之下，被"吊打"的中国留学生是最困惑的：第一，留守学校的中国留学生纠结回不回国。如果不回国，国外疫情可能一发不可收拾，他们将陷入险境。如果回国，暂不论归国机票一票难求，仅高达几万甚至十几万元的票价，就让人望而却步；就算好不容易踏上归途，还得冒着中途被感染的风险。

第二，已回国的留学生面临返不返校的抉择。如果返校，就得冒着生命危险中转第三方国家"曲线返校"。如果不返校，不仅要因为时差起个大早或是挑灯夜战，还受制于不同国家的留学生签证新规，如"只上网课的留学生不允许在美居留"，让中国留学生们一度只能在"保命"与"保签证"之间二选一，恐有毕不了业的风险。

第三，在国内的准留学生们也陷入去不去读书的矛盾。如果去，家长们恐怕要担忧到集体失眠；如果不去，国内本学年中高考考试已相继结束，耽搁了在国内升学入学的打算。2020年两会期间，有人大代表提出"针对那些需要回国完成学业、有特殊困难的留学生'建议入学高职高专'"的建议，更是引发了留学生们的焦虑。

第四，对于那些原本计划留学的学生而言，留不留学也是个问题。如果留学，除了考虑疫情和签证政策的不确定性，诸如美国近几年加紧对留学专业和敏感专业工签限制，专业选择受限，更重要的是留学的含金量在不断下降。过去，留学生可谓是耀眼的存在。20世纪八九十年代，只有少数人能享有国家公费出国留学的机会，彼时，物以稀为贵，海归是"高水平"与"高薪酬"的代名词。而进入21世纪后，留学从"精英化"走向"大众化"，越来越多的家庭有经济实力供养孩子出国留学，出国留学人数大幅增加，从2001年的8.4万人上涨到2019年的77万人左右。其中，自费留学几乎连年占比九成以上。自改革开放以来，我国各类出国留学人员累计已达585.69万人，形成可观的留学生群体。一时间，留学含金量被稀释，海归贬值成"海藻""海带"。而留学背后是一笔巨额支出，比如美国本科平均费用大约为30万~50万元/年，研究生甚至达到70万元/年；英国硕士花费高达60万元/

年。然而《2019海归就业力调查报告》显示，近三成海归2018年实际工资不足10万元，16%的海归认为需要7~10年或10年以上才能收回留学的经济成本，35%的海归认为4~6年可以收回成本，投资回报不再那么诱人。那么，到底还要不要留学？

留学生之所以遭遇前所未有的困惑，根本原因在于，这一群体目前正站在多重因素叠加的时代拐点上。

第一，从全球化流动到"封国"限制。疫情之前，在全球化背景下，教育的开放程度与日俱增，人们可以相对自由地选择留学目的地，但疫情的暴发打破了人口近乎自由迁徙的状态。因各国"封国"或发布严格入境禁令等防疫措施，人口流动受限。而鉴于西方国家的"群体免疫"策略，疫情长期化或是趋势，人口流动受限也随之常态化。

第二，以美国为首的西方国家自身社会紊乱，安全感骤降。美国自2020年6月开始的反歧视、反暴力执法的抗议活动，已从简单粗暴的打砸抢烧变为"推倒一切"，"哥伦布"们的雕像一个接一个被破坏甚至倒下，正如福克斯主播塔克·卡尔森在2020年6月5日的节目中直呼，"文化革命已经来到美国"。如今，美国社会矛盾只是开了个头，这股风又吹到了隔壁的加拿大，英国、丹麦等多个欧洲国家也相继爆发反歧视运动。

第三，以前到处是老师，现在老师"没处找"。近代发展进程中，中国先后经历了如洋务运动侧重于学习西方先进技术，辛亥革命侧重于学习西方政治制度，新文化运动时期侧重于学习西方思想文化。到改革开放后，除了先进技术，西方国家科学管理经验等也是中国所要模仿与学习的。如今，一方面，以美国为首的西方国家已经走下神坛，对经济、抗疫、治乱等疲软无力：美国经典市场经济发展到最高阶段，过度依赖以金融业为代表的虚拟经济，导致制造业空心化等一系列问题；以市场价格决定稀缺资源分配的逻辑抗疫，并急于重启经济致疫情反扑；在疫情防控上消极无力，却在镇压民众抗议示威中极为强硬，进而引发警民对立……另一方面，以美国为首的西方国家"不带中国玩"，且在某些领域已被中国赶超。2018年以来，美国除贸易上制裁中国，还打压中国企业。如一方面美国联手台积电"断供"华为，英国禁用华为5G。另一方面对"协助限制香港自治"的中国实体和个人实施制裁。原本根据卡内基国际和平基金会研究，预计到2035年，中国GDP将超过美国，跻身第一大经济体，如今美国因疫情造成经济衰退，其中第二季度GDP暴跌32.9%，戏剧性地让中国GDP超美在2020年几乎成为现实，中国经济安全岛的作用更加凸显。而中国不仅实现了经济赶超，在一些领域，如以5G技术为代表的科技领域早已进入无人区。总而言之，全球化面临退潮拐点，决定了留学生处在去与留的岔路口。

其实，出国留学的本质在于体验——体验异国风土人情、西方教育方式与理念等，与互联网留学无甚关联。疫情过后，出国留学将陆续恢复。毕竟，中国是坚持走全球化发展的国家，而留学生属于国际化人才，是中国与世界接轨的重要纽带。况且，中国的综合指标与发达国家还有很大差距。对于青年学生而言，在全球范围内追求更好的教育，了解各国文化，奔走四方"采天地之灵气"，才能更好地"撰人间之华章"。而且，全球市场不会因为疫情被打断，留学生们可以从中选择合适的国家，一些中间状态国家或将迎来新的机缘：如新加坡，凭借完善的医疗体系、科学有效的防疫方法，获得WHO的不断"点赞"，且该国不仅治安良好，教育水平也处于全球领先地位；又如瑞士，生存环境更为多元并且十分安全，还拥有来自世界各地的强大师资，其人均诺贝尔奖得奖率与人均专利数都居世界首位，教育水平可见一斑；再如瑞典，教育系统素以宽松自由、尊重学生个性著称，基础教育比较注重学生的生活能力和人文素质的培养，其在2018年全球创新指数排行榜中排名第3，在全球幸福指数排行榜中排名第9。

进一步而言，无论留学与否，评判人才的标准正发生切换。

第一，从学历到经历再到能力。一直以来，"唯学历论"大行其道，不管是用人单位招聘，还是教师职称选评等，学历都是关键因素。然而，学历仅仅代表过去的知识学习状况，如今，时代飞速进化，陈旧的知识已经无法跟上时代迭代的脚步，"唯学历论"越来越站不住脚。而且，仅有知识储备，没有将知识运用于实践、积累经验形成自我的经历，也不过是"纸上谈兵"。但是，经历虽然能帮助"解决问题"，而能力却可以做到"解决好问题"，尤其是在急剧变化的时代，拥有了创新、创造、集成、沟通、协调等能力，才能真正将过往学历、经历等转化体现。

第二，从智商到情商再到逆商。智商代表着智力的高低，智商高往往意味着头脑聪明。然而一旦进入社会，面对的不再是熟知和擅长的规律性的知识及固定的公式，而是要面对以人为核心的复杂局面，此时需要的是与自我、他人和社会交流互动的能力，是心智上的较量，也是知识、见识与智慧的考验。且当下正处百年一遇之大变局，波动和不确定性越发普遍，衡量一个人是否成功的标志，不再只是看他登顶的高度，而是看他跌到低谷的反弹力。此时，抗压抗挫折能力，即逆商，起着重要作用。如褚时健，每次都能从困境中重生，他在玉溪卷烟厂鼎盛时期锒铛入狱，却能在75岁出狱后东山再起。越挫越勇就是对逆商最好的注解和褒扬。而如何看待社会与时代变化，处理好社会、家庭、工作及生活等方方面面的问题，考验的更是人的综合素质。由此，纠结于留学还是不留学，恐已失去意义，关键还是要回归到能力的培养与逆商的锻造。

综上，当前形势下还要不要送孩子出国留学，取决于以下几个前提因素：

第一，个体差异。如果孩子身心发育成熟，具有较强的学习、适应和自理能力，社交方面理智，具备自制力，出国学习走偏的概率就不太大；相反，如果孩子是"妈宝男""爹宝女""玻璃心"，或者随波逐流型、放任自流型，硬去留学，碰到类似租房子遇到黑心房东，小组作业遇到刻薄搭档，上课听不懂，坐车坐错方向等细微事情，就可能被其吞噬。

第二，是否去投机化。逃避国内高考，或者因为学习成绩不好而借出国扭转现状，又或者把孩子出国的目标简单定义为掌握新语言，这些投机的做法意义并不大。留学生的世界里没有"容易"二字，而是充满了做不完的讨论和论证，写不完的发现和论文，熬不完的考试周。生活也不会因为出国而改变，只会因为努力而改变，抱着投机意识出国，将很难改变现状。

第三，是否具有正确的得失观。寄希望于留学后在国外出类拔萃，取得永久居住权，"镀金"回来必然对应"高薪优岗"等，都属于苛求完美。客观形势是，中国市场经济体制近30年的时间跨度已足以让留学的光环褪色暗淡，留学的目标应更多向扩大格局视野、丰富看待生活的方式、提升多层次的幸福观等切换。思想堤坝坚固，"不背包袱"地走出国门，才不至于使落差感成为"压垮骆驼的稻草"。

进一步，出国留学潮的新变化、新发展必将出现，体现在：

第一，出国留学将不再是盲目跟风。既然有个体差异的考量，是不是要出国，以及去哪个国家、哪座城市、哪个学校，就应摒弃从众、攀比的心理，更多地去结合家庭经济状况、孩子性格、专业特长、城市和学校状况等来做出选择。留在国内的学生，也将能趁"中国速度""中国高度"而别有一番天地。

第二，出国留学将回归"海外研修"的本质。去国外寻找轻松的学习方式，混个"洋文凭"，将不再可行。留学生的整体学风学貌将向习技能、修态度靠拢，质量问题便迎刃而解。

第三，出国学习的新业态将不断涌现。接受国外教育并非一定会兑现傲人的成绩。没有了"一定要成就什么"这个硬核压力，学生或许将可以通过游学的方式，接触多元化的文化、价值观念，增长见识，感悟人生；摒弃正规教育中严格的学制，将学习和旅行、参观相结合，或许更能在学习之中潜移默化地接受异域文化熏陶，充沛心灵和精神，在体验中巩固技能和本领。

综上，不难得出结论，那些率先预见和把握出国留学新趋势的家长、学生将避免走弯路、走错路，并间接缔结、推动国家和全球化的良好运行。